前言

成本会计起初属于财务会计体系，主要是根据财务会计理论来研究成本核算的，并被纳入财务会计体系。到了19世纪末，由于重工业的发展和生产规模的扩大，生产过程趋于复杂化，为了准确地确定收益，要求对成本进行比较精确的计算，从而导致了成本会计的产生，并逐渐形成了比较完整的成本会计理论和方法体系。

随着全球经济一体化和市场经济的日益发展，成本会计的功能越来越受到社会各行业的关注。成本会计作为现代化企业会计的重要组成部分，是一门应用性很强的经济管理学科，在整个会计体系乃至经济管理中都占有十分重要的地位。本书以新的会计理论、会计法规制度为依据，充分吸收新颁布的《企业会计准则》的内容，并充分考虑独立学院的实际情况和要求，由活跃在教学一线、经验丰富的多位教师精心编写而成。本书在编写体例上有一定的创新，每章基本按照“学习目标—案例导入—正文—本章小结—练习题”的体例编写而成，不仅便于教学，而且有利于锻炼和提高读者的会计基本技能。“实践性强、应用性突出”是本教材的特色，这主要体现在以下几点：

1. 学习目标——每一章开头都列示了学习目标。学习目标分知识目标和技能目标，目的是引起学生对本章主要内容的注意，分清理论知识和技能要求。

2. 案例导入——这些问题的设计具有探索性，目的是引导学生积极思考，增加教学过程中的互动性，允许学生对同一问题有不同的见解或解决方案，力求提高学生运用所学知识解决实际问题的能力，从而激发学生学习的兴趣及学习的主动性。

3. 正文——正文部分有两个主要特点：第一，插入窗口（资料卡），窗口内容涉及流行观点和法规摘编等，可丰富学生的知识、开阔其视野。第二，将理论知识实践化，重视明细核算，如，费用分配表（原始凭证的设计与填制）—会计分录（记账凭证）—明细账。

4. 本章小结——每一章对知识体系的内容都进行了归纳和总结，以便于学生在学习时准确把握各章的重点问题，以及有关知识点之间的联系。

5. 练习题——每一章的内容都有同步练习题，目的是使学生进一步理解所学的内容，扎实地掌握相关的知识，并能做深入的思考。特别是实训题，仿真性强既便于教师教改：将实践教学融入成本会计课程课堂教学之中，又便于学生将书本知识尽快转化为实际操作技能。

本书在编写过程中得到了许多专家学者的热情关怀和悉心指导，也得到了许多企业人士的热情指点和帮助。彭志芳教授、马黎光教授、陈炳辉教授对本书的内容和结构提出了许多宝贵的意见；本书能够顺利出版，也离不开西南财经大学出版社孙婧老师等付出的辛勤劳动，我们在此一并向他们致敬。

本书由广东外语外贸大学南国商学院吴再芳副教授担任主编，朱宝安、陈星平、苏翠莲担任副主编，负责全书的框架设计、章节总撰和定稿，并组织具有专长的骨干教师参加编写。

本书既可以作为普通高等院校会计学和财务管理专业的主干教材，也可以作为其他工商管理类专业学生的教材或参考书，还可供会计、财务、金融、证券类等实际工作者阅读参考。

全书内容围绕成本核算展开，主要包括六大部分，即成本会计基本理论、成本费用的归集和分配、产品成本计算方法、成本报表的编制和分析、成本控制和成本会计前沿，并分布于八章中。本书编写的具体分工是：广东外语外贸大学南国商学院吴再芳负责编写了第6章、华南农业大学珠江学院朱宝安负责编写了第4章、广东师范职业技术学院天河学院陈星平负责编写了第7章、广东工业大学华立学院苏翠莲负责编写了第3章、广东外语外贸大学南国商学院刘双凤负责编写了第1章、广东师范职业技术学院天河学院张海燕负责编写了第2章、云南师范大学商学院周瑜负责编写了第5章、广东岭南职业技术学院李水姑负责编写了第8章。

因作者水平与时间有限，书中难免存在不妥之处，恳切希望读者批评指正。

编 者

2011年4月

目录

第一章　成本会计概述 …………………………………………………（1）
第一节　成本会计的含义 …………………………………………………（1）
第二节　成本会计的产生与发展 ………………………………………（9）
第三节　成本会计的职能 ………………………………………………（11）
第四节　成本会计工作的组织 …………………………………………（13）

第二章　成本核算的要求和一般程序 …………………………………（21）
第一节　成本核算的基本要求 …………………………………………（21）
第二节　费用要素和产品成本项目 ……………………………………（26）
第三节　成本核算的一般程序 …………………………………………（28）

第三章　产品成本构成要素的核算 ……………………………………（35）
第一节　材料费用的核算 ………………………………………………（36）
第二节　人工费用核算 …………………………………………………（38）
第三节　辅助生产费用核算 ……………………………………………（41）
第四节　制造费用核算 …………………………………………………（50）
第五节　损失性费用的核算 ……………………………………………（54）
第六节　在产品成本的核算 ……………………………………………（58）

第四章　产品成本计算的一般方法 ……………………………………（82）
第一节　生产类型与成本计算方法概述 ………………………………（82）
第二节　产品成本计算的品种法 ………………………………………（89）
第三节　产品成本计算的分批法 ………………………………………（100）
第四节　产品成本计算的分步法 ………………………………………（108）

第五章　产品成本计算的辅助方法 ……………………………………（139）
第一节　产品成本计算的分类法 ………………………………………（139）
第二节　产品成本计算的定额法 ………………………………………（142）
第三节　各种产品成本计算方法的实际应用 …………………………（147）

第六章　成本报表和成本分析 …………………………………………………………(153)
第一节　成本报表 ……………………………………………………………………(153)
第二节　成本分析 ……………………………………………………………………(167)

第七章　成本控制 ………………………………………………………………………(195)
第一节　成本控制概述 ………………………………………………………………(195)
第二节　标准成本法 …………………………………………………………………(197)
第三节　成本差异的计算 ……………………………………………………………(205)
第三节　作业成本法 …………………………………………………………………(217)

第八章　现代成本会计的新兴领域 ……………………………………………………(227)
第一节　资本成本会计 ………………………………………………………………(227)
第二节　质量成本会计 ………………………………………………………………(230)
第三节　环境成本会计 ………………………………………………………………(232)
第四节　人力资源成本会计 …………………………………………………………(235)
第五节　资源消耗成本会计 …………………………………………………………(238)

参考文献…………………………………………………………………………………(242)

21世纪普通高等教育应用型人才培养规划教材

主　编◎吴再芳
副主编◎朱宝安　陈星平　苏翠莲

成本会计

CHENGBEN KUAIJI

西南财经大学出版社
Southwestern University of Finance & Economics Press

21世纪普通高等教育应用型人才培养规划教材
编写委员会

第一章　成本会计概述

学习目标

【知识目标】通过本章的学习，理解成本会计的概念和对象，明确成本和费用的区别和联系，了解成本会计、管理会计与财务会计的关系，熟悉成本会计发展的历史、职能以及在企业中成本会计所承担的任务，为学好成本会计以后各章做好准备。

【技能目标】通过对有关成本、费用的理解，熟悉一个企业的成本会计工作的组织方法。

案例导入

王华、林晓彬和姜一飞是大学时的好友，他们分别毕业于会计学、市场营销和计算机专业。毕业后他们合办了一家公司，专门从事会计核算软件的开发、生产和销售业务。该公司的办公和生产经营用房是租用的，每年租金15万元，购买设备30万元，可使用5年。第一年度共购进用于软件开发和生产的材料10万元，用于推销产品发生的开支15万元，职工工资20万元，办公费用5万元，支付有关管理部门的罚款5万元，全年总收入95万元。看到这种情况，姜一飞说："收入95万元，成本100万元，辛辛苦苦干了1年还总共亏了5万元，不合算。"林晓彬接着说："真是的，还不如受聘到雾都电脑公司搞营销，每年还能拿到5万元工资。但你说成本100万元是不对的，应该说支出共100万元。"王华听了以后，扑哧一笑说："你们说的都不正确，不是成本或支出100万元。确切地讲，应该是成本、费用和支出100万元；另外，今年也不是亏本5万元，而是盈利近20万元。但林晓彬说的，如不办该公司，而是受聘到雾都电脑公司搞营销能拿到的5万元工资，对林晓彬个人来说也是成本。"听了王华的话他俩犯糊涂了，到底是怎么回事呢？成本还这么麻烦和重要？

对此，本章内容将给出明确的回答。

第一节　成本会计的含义

一、成本的概念、分类及作用

（一）成本的概念

产品成本是为了生产某一种产品（获得某一使用价值）而在生产要素上耗费的资金价值——个别的物化劳动和个别的生产者必要活劳动，并应从其销售收入中得到补偿的价值。

马克思指出："按照资本主义方式生产的每一个商品 W 的价值，用公式来表示是 W = C + V + M。如果我们从这个产品价值中减去剩余价值 M，那么，在商品中剩下的，只是一个在生产要素上耗费的资本价值 C + V 的等价物或补偿价值。"

"商品价值的这个部分，即补偿所消耗的生产资料价格和所使用的劳动力价格的部分，只是补偿商品使资本家自身耗费的东西，所以对资本家来说，这就是商品的成本价格。"马克思这里所说的"商品的成本价格"，指的就是产品成本。即产品成本的经济内容包括物化劳动 C 和生产者必要活劳动 V 两部分。物化劳动 C 是指生产过程中所耗费的原材料等劳动对象和磨损的劳动工具等的价值。生产者必要活劳动 V 是指相当于一定生产力水平下劳动力再生产所需平均生活资料的价值。劳动者在进行生产时，要耗费一部分必要劳动（必要产品）以保证劳动力自身再生产。对于生产者必要活劳动 V，目前是以工资形式向职工支付的。

马克思还指出："不论生产的社会形式如何，劳动者和生产资料始终是生产的因素。"马克思这一经典论述说明，不论是在资本主义市场经济条件下，还是在社会主义市场经济条件下，成本的经济内容都应该是一样的，都包括物化劳动 C 和生产者必要活劳动 V 两部分。成本是商品经济的产物，是商品经济中的一个经济范畴，是商品价值的主要组成部分。

成本的内容往往要服从于管理的需要。此外，由于从事经济活动的内容不同，成本的含义也不同。随着社会经济的发展以及企业管理要求的提高，成本的概念和内涵都在不断发展、变化，人们所能感受到的成本范围也逐渐在扩大。

不同的经济环境、不同的行业特点，对成本的内涵有不同的理解。但是，成本的经济内容归纳起来有两点是共同的：一是成本的形成是以某种目标为对象的。目标可以是有形的产品或无形的产品，如新技术、新工艺；也可以是某种服务，如教育、卫生系统的服务目标。二是成本是为实现一定的目标而发生的耗费，没有目标的支出则是一种损失，不能叫成本。

综上所述，会计学成本的一般含义是：特定的会计主体为了达到一定的目的而发生的可以用货币计量的代价。

（二）成本的分类

为了适应成本计算、成本控制和成本规划的需要，寻求进一步降低成本的途径，成本可按不同的标准进行分类。

1. 成本按转为费用的方式分类

为了贯彻配比原则，生产经营成本按其转为费用的不同方式可分为产品成本和期间成本。费用是指应从营业收入中扣除的已耗用成本。企业发生的全部成本转为费用的方式（即与收入配比的方式）分为三类：①可计入存货的成本，按"因果关系原则"确认为费用。②资本化成本，按"合理地和系统地分配原则"确认为费用。③费用化成本，在发生时立即确认为费用。

（1）产品成本

作为期间成本的对称，产品成本是指可计入存货价值的成本，包括按特定目的分配给一项产品的成本总和。

“产品”在这里是广义的，不仅指工业企业的产成品，还包括提供的劳务。实际上它是指企业的产出物即最终的成本计算对象。

“分配”给产品的成本，可能是全部生产经营成本，也可能是其中的一部分。

（2）期间成本

期间成本是指不计入产品成本的生产经营成本，包括除产品成本以外的一切生产经营成本。期间成本不能经济、合理地归属于特定产品，因此只能在发生当期立即转为费用，是“不可储存的成本”。正因为期间成本不可储存，在发生时就转为费用，因此也称之为“期间费用”。无论是产品成本还是期间成本，都是生产经营的耗费，都必须从营业收入中减除，但它们减除的时间不同。

期间成本直接从当期收入中减除，而产品成本要待产品销售时才能减除。期间成本一般包括管理费用、销售费用和财务费用。

管理费用是指企业行政管理部门为组织和管理生产经营活动而发生的各项费用。管理费用属于期间费用，在发生的当期就计入当期的损益。管理费用一般包括工会经费、职工教育经费、业务招待费、税金、技术转让费、无形资产摊销、咨询费、诉讼费、开办费摊销、公司经费、上缴上级管理费、劳动保险费、待业保险费、董事会会费以及其他管理费用。

销售费用是指企业在销售产品、自制半成品和提供劳务等过程中发生的费用。它包括由企业负担的包装费、运输费、广告费、装卸费、保险费、委托代销手续费、展览费、租赁费（不含融资租赁费）和销售服务费、销售部门人员工资、职工福利费、差旅费、办公费、折旧费、修理费、物料消耗、低值易耗品摊销以及其他经费等。

财务费用指企业在生产经营过程中为筹集资金而发生的各项费用。它包括企业生产经营期间发生的利息支出（减利息收入）、汇兑净损失（有的企业如商品流通企业、保险企业进行单独核算，不包括在财务费用内）、金融机构手续费，以及筹资发生的其他财务费用如债券印刷费、国外借款担保费等。

2. 成本按其计入成本对象的方式分类

产品成本按其计入成本对象的方式分为直接成本和间接成本。这种分类的目的是为了经济合理地把成本归属于不同的成本对象。成本对象是指需要对成本进行单独测定的一项活动。成本对象可以是一件产品、一项服务、一项设计、一个客户、一种商标、一项作业或者一个部门等。成本对象可以分为中间成本对象和最终成本对象。

（1）直接成本

直接成本是指生产费用发生时，能直接计入某一“成本计算对象”的费用。某项费用是否属于直接计入成本，取决于该项费用能否确认与某一“成本计算对象”直接有关和是否便于直接计入该“成本计算对象”。企业生产经营过程中所消耗的原材料、备品配件、外购半成品、生产工人计件工资通常属于直接成本。

（2）间接成本

间接成本是指生产费用发生时，不能或不便于直接计入某一“成本计算对象”，而需先按发生地点或用途加以归集，待月终选择一定的分配方法进行分配后才计入有关成本计算对象的费用。

车间管理人员的工资、车间房屋建筑物和机器设备的折旧、租赁费、修理费、机物料消耗、水电费、办公费等，通常属于间接成本。停工损失一般也属于间接成本。

3. 成本按其习性来分类

成本习性也称为成本性态，指在一定条件下成本总额的变动与特定业务量之间的依存关系。这里的业务量可以是生产或销售的产品数量，也可以是反映生产工作量的直接人工小时数或机器工作小时数。成本按其习性可划分为固定成本和变动成本两大类。

（1）固定成本

固定成本是指其总额在一定时期和一定业务量范围内不随业务量发生任何变动的那部分成本。属于固定成本的主要有按直线法计提的折旧费、保险费、管理人员工资、办公费等。单位固定成本将随产量的增加而逐渐变小。

（2）变动成本

变动成本是指其总额随着业务量成正比例变动的那部分成本。直接材料、直接人工等都属于变动成本，但产品单位成本中的直接材料、直接人工将保持不变。与固定成本相同，变动成本也存在相关范围。

一般总成本习性模型为 $y = a + bx$，其中：y 指总成本，a 指固定成本，b 指单位变动成本，x 指业务量。

（三）支出、费用与产品成本之间的关系

由于“成本是一种耗费”，因此成本与费用有着密切关系；而费用又与支出有关。因此，要深刻理解成本会计的对象，就必须对支出、费用、成本之间的关系有明确的认识。支出、费用、成本是三个关系极为密切的概念。下面就工业生产企业的支出、费用和产品成本，以及它们之间的联系与区别，做简要介绍。

1. 支出

支出是指企业在经济活动中发生的一切开支与耗费。一般而言，企业的支出可分为资本性支出、收益性支出、所得税支出、营业外支出和利润分配支出五大类。资本性支出是指该支出的发生不仅与本期收入有关，也与其他会计期间的收入有关，而且主要是为以后各期的收入取得而发生的支出。如企业购建的固定资产、无形资产以及递延资产、对外投资等。收益性支出是指一项支出的发生仅与本期收益的取得有关的支出。因而，它直接冲减当期收益，如企业为生产经营而发生的材料、工资等开支。所得税支出是指企业在取得经营所得与其他所得的情况下，按国家税法规定向政府交纳的税金支出。所得税支出作为企业的一项费用，也直接冲减当期收益。营业外支出是指与企业的生产经营业务没有直接联系的支出。如企业支付的罚款、违约金、赔偿金以及非常损失等。这些支出尽管与企业生产经营活动没有直接联系，但是与其收入的取得还是有关系的，因而它也被作为当期损益的扣减要素。利润分配支出是指在利润分配环节的开支，如支付股利等。

2. 费用以及费用与支出的关系

费用是指企业在获取收入的过程中，对企业拥有或控制的资产的耗费。企业在生产经营活动和提供商品或劳务的过程中，为获取营业收入需提供商品或劳务，会发生各种耗费，如原材料、动力、机器设备和人工耗费等。这些耗费或为制造产品而发生，或为实现产品销售而发生，或为以后确定的期间取得收入等而发生。

费用按其同产品生产的关系，可划分为生产费用和期间费用两类。生产费用是指产品生产过程中发生的物化劳动和活劳动的货币表现，如直接材料、直接人工和制造费用等耗费。它同产品生产有直接关系。期间费用是指同企业的经营管理活动有密切关系的耗费。它同产品的生产没有直接关系，而是直接计入当期损益的各项费用，包括销售费用、管理费用、财务费用等。

费用是企业支出的构成部分。在企业支出中，凡是同企业的生产经营有关的部分，即可表现或转化为费用；否则，不能列为费用。如，企业用于购建固定资产、无形资产、其他资产及购买材料等与生产经营有关的支出，就能表现或转化为费用；而像长期的投资支出、利润分配性支出以及营业外支出等，因同企业的生产经营活动没有直接的关系，所以不能视为费用。

3. 生产费用与产品成本的关系

生产费用和产品成本是两个既相互联系又相互区别的概念。生产费用按一定产品加以归集和汇总，就是产品成本。所以，生产费用是产品成本的基础，而产品成本则是对象化的生产费用。但是，生产费用反映的是某一时期内发生的费用，而产品成本则是反映某一时期内某种产品所应承担的费用。根据权责发生制原则，企业某一时期发生的生产费用与归属产品的期间并不完全一致。即归属于当期产品成本中的生产费用有一部分是当期发生的，有一部分则可能是以前会计期间的产品来负担的。所以，企业某一会计期间实际发生的生产费用总和，不一定等于该期产品成本的总和。

资料卡 1.1

《企业会计准则——基本准则》第七章对费用做出了详细的解释。

第三十三条　费用是指企业在日常活动中发生的、会导致所有者权益减少的、与向所有者分配利润无关的经济利益的总流出。

第三十四条　费用只有在经济利益很可能流出从而导致企业资产减少或者负债增加且经济利益的流出额能够可靠计量时才能予以确认。

第三十五条　企业为生产产品、提供劳务等发生的可归属于产品成本、劳务成本等的费用，应当在确认产品销售收入、劳务收入等时，将已销售产品、已提供劳务的成本等计入当期损益。

企业发生的支出不产生经济利益的，或者即使能够产生经济利益但不符合或者不再符合资产确认条件的，应当在发生时确认为费用，计入当期损益。

企业发生的交易或者事项导致其承担了一项负债而又不确认为一项资产的，应当在发生时确认为费用，计入当期损益。

第三十六条　符合费用定义和费用确认条件的项目，应当列入利润表。

（四）成本的作用

在市场经济条件下，成本在经济管理中具有极其重要的作用。

1. 成本是计量经营耗费和确定补偿尺度的重要工具

为保证企业再生产的正常进行，企业生产中的耗费必须从商品销售收入中得到补偿。整个补偿数额的多少，是以成本为衡量尺度的。只有按成本数额得到足额补偿，才能保证再生产的正常进行，否则企业的正常再生产就会受到威胁。另外，任何企业成立的目的就是为了追求经济利益，即企业除了用收入补偿耗费外，还必须有盈余，这样才能满足企业扩大再生产的需要。企业盈余的多少主要取决于成本的高低。因此，成本作为计量经营耗费和确定补偿尺度的重要工具，对确定企业的经营损益有重要的意义。

2. 成本是决定产品价格的基础和产品竞争能力的重要条件

产品的价格是产品价值的货币表现。产品价格的制定，固然要考虑价格政策和市场供求关系，以制定具有竞争力的价格，但也必须考虑企业的实际承受能力，即产品实际成本水平。因为成本是产品价格制定的最低经济界限。如果商品的价格低于它的成本出售，那么企业生产经营费用便不能全部由商品销售收入来补偿。相应的，成本更低的产品，在同样市场定价的前提下也能获得更多的补偿，即成本更低的产品会有更强的市场竞争力。因此，成本就成为制定产品价格的一个重要依据，是决定产品竞争能力的重要条件。

3. 成本是企业进行经营决策、核算经济效益的重要因素

在市场经济条件下，市场竞争异常激烈。企业要在激烈的市场竞争中取胜，就要面向市场，对生产计划的安排、工艺方案的选择、新产品开发等，都采用科学的现代化管理手段进行经营预测，从而做出正确的决策。同时，为了更好地对企业的生产经营活动进行管理和控制，还必须定期与不定期地对企业的生产经营情况进行分析，从而采取有效措施，促使企业完成各项计划任务。只有及时提供准确的成本资料，才能保证预测、决策和分析等活动建立在可靠的基础之上。所以，成本指标就成为企业进行经营预测、决策和分析的重要数据资料。

4. 成本是衡量企业管理水平和各方面工作的重要指标

由于成本是生产耗费的综合货币反映，所以，产品设计的好坏、生产工艺的合理与否、企业劳动生产率的高低、固定资产利用率的高低、原材料的利用程度、费用开支的节约或浪费、质量的好坏、管理工作和生产组织的水平，以及供产销环节时候的衔接协调等，最终都会在成本中反映出来。因此，成本是衡量企业管理水平和各方面工作的重要指标。

（五）降低成本的途径

如前所述，成本对企业非常重要，企业应该尽量降低成本。企业降低产品成本的途径很多，归纳起来主要有以下几个方面：

1. 降低物资采购成本

企业要通过分析供货市场来调整采购策略，也应该通过信息技术、网络技术，如

电子商务，搜寻市场信息、查询市场价格的方式来指导成本核算、指标的确定和目标控制工作以达到严格控制采购成本的目的。

2. 降低原材料成本

在企业的产成品中，原材料的成本占到大约60%到70%，其所占的比重相当大，因此，企业应当降低成本。企业应当节约材料，杜绝生产过程中的跑、漏、滴等现象。在企业的生产过程中，原材料成本的降低也起着至关重要的作用，它直接影响着材料采购的多少。因此，如果企业在生产过程中，能够使原材料的成本降低，而产品的价格又不变，那么企业的利润将会大大的增加。

3. 提高领导和员工的管理意识及技能

许多企业领导认为，降低企业成本并不能直接为企业带来经济效益，更无法体现他们在任期内的政绩。因此，企业单纯追求产量，将产值作为经济责任的主要任务。对于抓管理特别是成本管理，他们认为难度大，不易奏效，因此不能持之以恒，效益不好时就抓，效益好时就放松，甚至不抓，没有真正把加强成本管理作为企业管理工作的主体，而只是将其作为增加效益的附属工具。这种管理意识的结果，必将使降低企业成本的任何方法或途径失效。

4. 建立健全科学的企业成本管理体系

企业成本管理体系的建立将会大大提高企业管理者的自信心，降低企业的成本，使其成为一个不随企业政策或企业领导改变而改变的一个方针。它应该起到使企业进入良性循环的作用，使每一个企业领导都能感受到它的威力，并围绕着这套管理体系来制订企业的远景发展蓝图和近期的企业发展目标，实现企业价值最大化。它是降低企业成本的基础，也是企业降低成本的根本途径。

5. 创新是节约成本的源泉

在传统经济环境中，节约开支、修旧利废、堵塞漏洞、降低消耗都能大幅度地降低生产成本。但是在新的经济环境下仅从这些方面来降低成本，效果有限，只有创新才是降低成本最有效的途径，是企业降低成本、增加效益的不竭源泉。科技进步使先进的设备、工艺及材料应用于生产领域，依靠技术创新，发挥科技第一生产力的作用，是降成本、增效益的有效途径。

二、成本会计的对象

（一）成本会计的对象

成本会计的对象是指成本会计核算和监督的内容。工业企业成本会计的对象是工业企业在产品制造过程中的生产成本（或制造成本）和期间费用。商品流通企业、交通运输企业、施工企业、农业企业、旅游企业、饮食服务企业等其他行业企业在生产经营过程中所发生的各种费用，部分地形成各该行业企业的生产经营业务成本，部分地作为期间费用直接计入当期损益。综上所述，成本会计的对象可以概括为：各行业企业生产经营业务的成本和有关期间费用，简称成本、费用。因此，成本会计实际上是成本、费用会计。随着经济的发展与科技的进步以及企业经营管理要求的提高，成本的概念和内容在不断发展、变化。随着成本概念的发展、变化，成本会计的对象也相应地发展、变化。现代成本会计的对象，应该包括各行业企业生产经营业务成本、有关的期间费用和各种专项成本。

（二）成本会计的种类

1. 按成本会计制度分类，成本会计可分为实际成本制度、估计成本制度和标准成本制度

（1）实际成本制度

实际成本制度是根据实际发生的各项支出计算成本的一种成本会计制度，也称为历史成本会计制度。采用实际成本会计制度进行成本核算时，产品成本是在实际费用的基础上进行计算的。在计算时，有时存货等可采用计划成本计算，产品成本也可采用定额成本计算，但在最后，都要将其调整为实际成本。计算出来的产品的实际成本，可为企业正确计算当期损益提供重要的资料。

（2）估计成本制度

估计成本制度是在产品生产前预先估算单位产品成本，凭以确定售价，然后将算出的估计成本与账面实际成本比较，据以修改估计成本的一种成本会计制度。它是过去所采用的一种不是十分完整的成本会计制度。采用估计成本会计制度时，主要是因为有些企业往往在产品生产前需要定价，并以估计的成本作为定价的基础。同时，估计成本会计制度也可以减轻会计核算的工作量。

（3）标准成本制度

标准成本制度是以预先制定的产品标准成本为基础，用标准成本同其实际相比较并记录和分析成本差异的一种成本会计制度。采用标准成本制度时，应根据产品的标准数量和标准单价制定产品的标准成本。至于标准成本与实际成本之间的差异数额，应采取全部记入当期损益或在各种标准产品当中进行分配的方式处理。标准成本制度是将成本计算、成本控制等结合起来的一种方法，它是进行成本控制、衡量生产效率高低的一种成本会计。

2. 按成本计算模式分类，成本会计可分为全额成本计算模式和变动成本计算模式

（1）全额成本计算模式

全额成本计算模式也称为吸收成本计算模式。它是在计算产品成本时，不仅包括变动成本，而且还包括固定成本，以此来确定存货估价和确定已售商品成本的一种成本计算模式。采用全额成本模式计算时，要将本期发生的期间费用，如财务费用和管理费用列入当期损益，不计入产品成本中。

（2）变动成本计算模式

变动成本计算模式是指产品成本只按变动成本计算而不包括固定成本的一种成本计算模式。采用变动成本计算模式计算产品成本时，需将生产过程中发生的费用，区别为固定费用和变动费用。在计算产品成本时，只将变动费用列入产品成本中，变动费用包括直接材料、直接工资和变动制造费用等，而将本期发生的固定费用列入当期损益中。由于将固定费用全部列入当期损益，使得当期利润相应地减少，会影响国家

的财政收入，因此，它主要用于企业内部在进行成本分析和成本考核时使用，并为成本预测和决策提供信息。

（三）成本会计、管理会计与财务会计的关系

财务会计、管理会计和成本会计都是会计的范畴。而财务会计由于在本质、对象上均不同于会计，因此管理会计与财务会计组成会计学的两大分支，两者分别负责对内、对外发布会计信息，同时两者也有着密切联系，因此属于第二层次。成本会计属于第三层次，它作为会计信息系统的一个子系统，记录、计量和报告有关部门成本的多项信息，这些信息既为财务会计提供资料，又为管理会计提供资料。

1. 成本会计与财务会计的关系

财务会计要依据成本会计所提供的有关资料进行资产计价和收益确定，而成本的形成、归集和结转程序也要纳入以复式记账法为基础的财务会计总框架中。因此，成本数据往往被企业外部信息使用者用于对企业管理当局业绩的评价，并据此做出投资决策。同样，成本会计所提供的成本数据，往往被企业管理当局作为决策的依据或用于对企业内部管理人员的业绩评价。

2. 成本会计与管理会计的联系

管理会计与成本会计交叉重复的内容包括：变动成本法、标准成本法、作业成本法、成本预测、成本决策、日常业务预算、差异的计算、经济批量等。

成本核算是成本会计的主要内容，同时成本会计对提供的信息资料有两个基本要求：一是要满足财务会计对外报告的需要，二是要满足企业内部管理的需要。这两者在成本的内涵、确认、计量、分配与核算方法等方面都存在着巨大的差异。而管理会计主要是为企业内部管理提供信息资料，这与成本会计中成本核算的对内职能完全一致。但管理会计信息的加工、处理完全不受会计制度的约束，只体现管理会计预测、决策、规划控制职能，专门为企业内部管理提供信息，又是其独有的特点。基于以上的分析，我们已经清楚地看到管理会计区别于成本会计的特点，它通过成本会计提供的相关信息，从量的方面对企业的日常生产经营活动进行管理。它有自己完整的理论体系和方法体系，利用成本性态分析、变动成本法、本量利分析等方法围绕企业日常生产经营活动中的产供销开展工作，履行预测、决策、规划、控制、考评的职能。

第二节　成本会计的产生与发展

成本会计先后经历了早期成本会计、近代成本会计、现代成本会计和战略成本会计四个阶段。成本会计的方式和理论体系，随着发展阶段的不同而有所不同。

一、成本会计经历的阶段

（一）早期成本会计阶段（1880—1920）

随着英国产业革命的完成，机器大工业和工厂制的市场竞争会因企业规模之扩大

而日趋激烈，如何降低企业成本而在市场竞争中取胜，已成为企业管理的首要议题之一。这就由起初在会计账簿之外的采用统计方法计算成本的方式改进为将成本计算同普通会计相结合的方式，这便形成了初期阶段的成本会计。这个时期的记录型成本会计也取得了一定的进展，主要表现在：设立材料账户和材料卡片等建立的材料核算和管理办法；按部门归集和分配人工成本所建立的工时记录和人工成本的计算方法；在实践中先后提出了按实际数进行间接费分配的正常分配理论；在制造业开始推广时采用了分批成本法和分步成本计算法来计算产品成本等。被称为第一本成本会计著作的是1885年出版的梅特卡夫著的《制造成本》一书。

（二）近代成本会计阶段（1921—1945）

随着科学技术的迅猛发展和市场竞争的日趋加剧，成本管理在企业管理中的重要性日渐显现，在制造业科学管理之父泰勒的科学管理方法的启发下，美国会计学家将标准成本制度从实验阶段推进到了实施和广泛推广阶段。这就使得原来的事后成本核算转变为事先制定成本标准、事中控制及事后核算与分析相结合。到了1928年，美国一些会计师和工程师还提出并实行了分别制定弹性预算和固定预算来合理地控制不同属性的费用支出，这也使得成本会计的应用范围从原来的工业企业扩展到其他行业。这一时期代表性的成本会计名著包括美国尼科尔森和罗尔巴克合著的《成本会计》及陀耳著的《成本会计原理和实务》等。

（三）现代成本会计阶段（1945—1980）

20世纪50年代后期，随着科技进步和企业生产自动化程度的提高，跨国公司纷纷涌现，为适应企业管理现代化的要求，运筹学、系统工程和电子计算机等各种科学技术成就在成本会计中得到了更为广泛的应用，形成了新型的注重管理的经营型成本会计。它主要表现在：开展成本的预测和决策、实行目标成本计算、实施责任成本计算、实行变动成本计算法、推行质量成本计算、作业成本计算法的提出和应用以及成本会计的电算化等。在成本会计理论体系上，形成了企业会计中财务会计、成本会计和管理会计的三分局面。

（四）战略成本会计阶段（1980至今）

战略成本会计是指企业通过对投资决策和实施、研究开发与设计、原料采购、产品生产、销售与售后服务进行全面的监控，将这些监控贯穿于产品进入市场到退出市场的全过程，从战略的角度研究影响成本的各个环节，规划并控制成本使之保持在适度水平，以便在市场上取得持久的竞争优势，确保企业有效地完成既定的业绩要求，实现企业的战略目标。

现代企业管理是企业全员管理、全过程管理和全方位管理。由于电子技术运用于产业形成了高度电脑化、高度自动化的生产，形成了新的制造环境。在新的制造环境下，企业必须有与之相适应的现代成本会计技术。战略成本会计突破了传统成本会计把成本局限在微观层面上的研究，而把重点转向企业整体战略这一更为广阔的领域，从而有利于企业正确地进行成本预测、决策，正确地选择经营战略，提高企业整体经济效益。

二、当代成本会计的发展趋势

当代成本会计正经历着前所未有的变化，这种变化主要体现在两个方面：一方面，成本会计的技术手段与方法在不断更新，会计电算化的普及使用使报告系统成为可能；另一方面，成本会计的应用范围在不断拓展，如医院、计算机生产厂商、航空公司等企业对成本控制也越来越重视。

以自动化和电脑为基本特征的新制造环境，对传统的成本会计技术与方法提出了挑战，如人工成本的大幅度降低、间接制造费用的剧增并多样化，就使得使用传统的分配标准分配的结果无法准确计量。同时，成本控制还可能产生反功能行为。例如，为获得有利的材料价格差异，采购部门可能大宗采购或买进低质材料，就可能导致材料超储或产品质量问题；为获得有利的人工成本差异，人力资源部门可能配备技术结构较低层次的员工，因为缺乏战略发展眼光，就可能导致企业丧失可持续发展的竞争能力等。

管理理论与方法的创新对成本会计产生了重大影响，其影响主要表现在：第一，适时制。适时制作为一种严格的需求带动制度，它要求从材料采购到生产各环节之间确保实施的时间衔接，尽可能实现“零库存”，以降低存货的库存成本。第二，全面质量管理。全面质量管理是传统质量管理的再发展，它以事先预防为主，侧重于管理产品质量赖以形成的工作质量，引导全体操作员工自我质量的纠正和监控。企业绩效衡量指标中也包含了产品可靠度、服务的及时性等非货币性指标。第三，战略成本管理。战略成本管理是使用成本数据来开发和识别产生持续性竞争优势的战略。其管理内容主要包括：战略衡量指标（如低成本战略、差异化战略和集中战略等）、用成本数据支持的产业价值链分析和企业内部价值链的分析及作业管理、目标成本、约束理论和生命周期成本等。第四，基准管理和持续改进。基准管理就是用以公司外部或内部最优的业绩标准来衡量自身的生产活动；持续改进是指确定的基准是一个动态的、不断改进提高的过程，把降低成本看成是永无止境的比赛。第五，限制理论。限制理论是把企业看成一系列链状相连的过程，如果薄弱的连接处（制约着企业发展的瓶颈）得到了加强，那么，整个链也就得到了加强。这就启示成本管理人员要有逆向思维，在薄弱环节加大投入量，以提高整个链的综合效益。第六，成本企划。成本企划是指在产品的策划和开发中，根据用户需要设定相应的目标，希望同时达成这些目标的综合性利润管理活动。成本企划对成本会计的影响，是要求成本会计管理领域尤其要深入延伸到产品形成过程的产品策划、开发设计、工艺准备等整个技术领域，实行预防性控制，以保证目标利润的实现。

第三节　成本会计的职能

成本会计的职能，是指成本会计在经济管理中的功能。成本会计作为会计的一个重要分支，其基本职能同会计一样，具有反映和监督两大基本职能。但从成本会计产生和发展的历史来看，随着生产过程的日趋复杂，生产、经营管理对成本会计不断提出了新的要求，成本会计的具体内容也在不断发展。成本会计的职能，随着社会经济发展和管理水平的提高在不断地扩大。一般而言它主要包括成本预测、成本决策、成本计划、成本控制、成本核算、成本分析和成本考核七大职能。

（一）成本预测职能

成本预测职能是根据有关的成本资料及其他资料，通过一定的程序、方法，对本期以后的某一个期间的成本所做的估计。成本预测可就某种产品的成本进行预测，也可就企业的总成本进行预测。通过成本预测，可以了解未来企业的成本水平，从众多的方案中选择最佳的方案。同时，还可以通过成本预测，检查企业能否完成既定的成本计划，从而采取相应的措施以降低成本。

（二）成本决策职能

成本决策职能是指在成本预测的基础上，通过对各种方案的比较、分析、判断后，从多种方案中选择最佳方案的过程。成本决策的好坏，直接关系到日后成本水平的高低。所以，要进行正确的成本决策，应进行多种方案的比较，考虑多种因素，才能做出正确的决策。做好成本决策工作，对于完成成本计划、提高企业的经济效益也有着十分重要的意义。

（三）成本计划职能

成本计划职能是根据计划期内所确定的目标，具体规定计划期内各种消耗定额及成本水平以及相应的完成计划成本所应采取的一些具体的措施。成本计划是成本管理工作的一项重要内容，它对于建立成本管理责任制、控制成本和降低成本具有重要的意义。

（四）成本控制职能

成本控制职能是预先制定成本标准作为各项费用消耗的限额，在生产经营过程中对实际发生的费用进行控制，及时揭示实际与标准的差异额并对产生差异的原因进行分析，提出进一步改进的措施，以消除差异、保证目标成本实现的过程。进行成本控制，不仅可以使成本目标得以实现，同时，也可以通过有效的成本控制，不断降低成本。

（五）成本核算职能

成本核算职能是指对生产过程中发生的费用按一定的对象进行归集和分配，采用适当的方法计算出成本计算对象的总成本和单位成本的过程。成本核算是成本管理中最基本的内容。成本管理的其他内容，都是在成本核算的基础上进行的。所以成本核算在成本管理中占有十分重要的地位。通过成本核算，计算出产品的总成本和单位成本，可以考核企业成本计划的执行情况，揭露生产过程中存在的问题。同时，它还为制订产品的价格提供了重要的依据。

（六）成本分析职能

成本分析职能是根据成本核算所提供的资料及其他有关的资料，对实际成本的水平、构成情况，采用一定的技术经济分析方法计算其完成情况、差异额，分析产生差异的原因的过程。通过成本分析，可以总结成本管理工作中的成绩、找出存在的问题、提出解决问题的办法、掌握成本变动的规律、提出改进的措施。这样，有利于实现降低成本的目标，并为以后编制成本计划和制订下期的成本决策提供重要的参考资料。

（七）成本考核职能

成本考核职能是根据企业制订的成本计划、成本目标等指标，分解成企业内部的各种成本考核指标，并下达到企业内部的各个责任单位或个人，明确各单位和个人的责任，并按期进行考核。成本考核是实行内部经济责任制必不可少的一个环节，它可以调动各责任单位完成成本计划的积极性。所以，在进行成本考核时，应与一定的奖惩措施相联系，以经济手段促使企业成本不断降低。

在成本会计的各个职能中，成本核算是最基本的职能，没有成本核算就没有成本会计。成本会计的各个职能是相互联系、互为条件的，并贯穿于企业生产经营活动的全过程，在全过程中发挥作用。

第四节 成本会计工作的组织

为了有效地进行成本会计工作，充分发挥其应有的作用，必须加强成本会计工作的组织，也就是要建立健全成本会计机构，配备必要的成本会计人员，制定和推行合理的成本会计制度。

一、成本会计工作的组织原则

成本会计工作的组织原则，一般应包括以下几点：

（1）成本会计工作必须从观念上强化职工的成本意识和法制观念。

企业应积极通过各种方法和渠道，采取多种形式，坚持不懈地宣传、教育全体职工，不能将成本管理看成是几个管理人员的专项工作，应在专职人员的指导下，通过各种消耗定额指标，从厂部到车间，再到班组的层层分解，使每个职工都充分理解和深刻认识开源节流的重要性，熟悉和掌握国家有关成本开支范围及其有关成本的计量原则、计量方法等明确规定。同时还必须充分调动员工在成本管理上的能动性和创造性，建立企业的全员成本控制和从产品设计到生产加工直至销售、售后服务等全过程的成本控制体系。

（2）成本会计工作必须加强与企业采购、生产、技术等其他职能部门的协调与密切配合。

成本是一项综合性的经济指标，内容涉及多个职能部门，因而，成本控制不能仅仅局限于实地归集、登记、分配和计算结转所发生的成本费用，更重要的是要与企业的生产技术、材料采购供应、产品设计、工艺技术改革等工作，以及材料的配方、生产设备配置、生产调度组织等职能部门密切配合，通过这些职能部门来落实成本计划和成本目标，不断寻求降低成本的途径。专职的成本会计人员不可能完全通晓成本耗费所涉及的各个部门的各种技能，这就要求成本会计人员要加强与企业其他职能部门的沟通、协调和合作。

（3）成本会计工作必须健全成本管理责任制。

成本管理责任制的建立和健全，是企业进行有效成本管理的保证。企业应在实行成本分级管理的情况下，发挥成本会计工作的核心作用，具体负责组织成本指标的制定和分解落实、日常的监督检查、成本信息的反馈和调节，以及成本责任的考核、分析、奖惩等工作。因此，企业应不断完善从厂部到车间、再到生产班组的纵向的成本会计工作，以有效贯彻经济责任制的原则。

（4）成本会计工作必须树立社会经济可持续发展与社会经济效益的整体意识。

在人类可利用资源日益稀缺、环境污染日趋严重的情形下，企业在原材料配方设计上切忌过度开发和利用不可再生资源，而且在决策时，应充分考虑因企业不适当经营给社会带来的噪音、水污染、大气污染等负面影响，并将其纳入企业经营成果的考察范围，坚决抵制那些以偷工减料、以劣充优、假冒伪劣等不正当经营手段牟取暴利的违法行为，维护消费者利益；正确处理企业当前利益与长远利益、企业利益与国家利益的关系，当企业利益与国家利益发生矛盾时，企业应当始终以大局为重，服从国家和社会的长远利益。

二、成本会计机构

企业的成本会计机构是指组织、领导从事企业的成本会计工作的职能部门或组织，是企业会计机构的组成部分。一般来说，大中型企业应在专设的会计部门中，单独设置成本会计机构，而在规模较小、会计人员不多的企业，可在会计部门中指定专人负责成本会计工作。另外，在有关生产车间和生产班组，也可根据工作需要配备专职或兼职的成本会计人员。

企业内部各级成本会计机构之间的组织分工，有集中工作和分散工作两种基本方式。

所谓集中工作方式，是指成本会计的主要工作集中在厂部成本会计机构进行。在这种方式下，凭证的审核和整理、耗费的归集和分配、成本的计算和结转以及成本计划的制订、成本分析考核等，都集中由厂部成本会计机构来完成。车间或其他部门的成本会计机构及人员只负责原始记录和原始凭证的填制，并对它们进行初步的审核、整理和汇总。在这种情况下，企业的各车间、部门一般只配备专职或兼职的成本核算员，不单独设置成本会计机构。采用集中工作方式，机构较为精简，有利于厂部会计部门随时了解全厂各车间部门的成本费用信息，但不利于基层成本会计人员成本管理主动性和创造性的发挥。

所谓分散工作方式，是指把成本会计的主要工作分别下放给各车间、各部门的成本会计机构或成本核算员，厂部会计机构只根据下面各车间、各部门上报的成本计算资料进行全厂成本的汇总核算以及对全厂成本进行综合的计划、控制、分析和考核。这种工作方式的特点正好与集中核算方式相反。

一般来说，大型企业采用分散工作方式，中小企业采用集中工作方式为宜。也可以根据企业实际，将两种方式结合起来运用，即对某些部门采用分散工作方式，而对另一些部门则采用集中工作方式。

三、其他职能部门的相关成本工作

根据成本责任制的原则，企业的其他职能部门都应对企业成本承担一定的责任。

（1）企业的技术开发及工艺管理部门负责制订有关物资消耗定额，从产品设计和工艺技术上确保合理利用社会资源，确保低成本、高质量、高效率。

（2）企业的生产部门负责制订各车间的生产定额，编制生产计划、组织均衡生产，力求充分、合理地利用生产环节的人、财、物等基本资源，提高工时利用率，减少生产资金的占用。

（3）企业的质检部门负责全面的质量管理，确保不断提高优质品率、合格品率，减少次品率和废品率。

（4）企业的物流管理部门负责制订物资储备定额、控制物资的消耗、合理组织物资的采购和运输，减少流通环节的耗费。

（5）企业的设备管理部门负责制订设备利用定额、提高设备的完好率和利用率、降低设备修理频率、减少维护保养费用。

（6）企业的动力部门负责水、电、气消耗定额的制订和管理，在保证生产需要的前提下，努力控制能源消耗。

（7）企业的人力资源部门负责劳动力的合理配置、制订劳动定额、提高工时利用率和劳动生产率、控制职工薪酬的支出、节约劳动保护费用的开支。

四、成本会计人员

在成本会计机构中，配备一定数量的成本会计人员，是做好成本会计工作的关键。而且，随着成本会计的复杂性和市场竞争的加剧，以及成本管理要求的提高，对成本会计人员的素质提出了更高的要求，即除了要有较高的政治素质、职业道德和基本专业知识能力外，还要适应战略成本管理的需要，从市场的角度，能够用目标成本法来确定企业的目标成本，根据产品生命周期成本的变化，设计、建立和控制上游成本、生产成本和下游成本；通过价值链的分析，用作业管理的理论与方法减少各环节的非增值作业，也要熟悉迈克尔·波特所阐述的现代市场经济条件下的三种基本竞争战略，即成本领先战略、差异化战略和目标集聚战略；用质量成本核算所提供的信息进行全面的质量管理，从而增进企业可取得的“顾客价值”。

在当代的企业环境下，成本会计师的角色已由财务业绩的记录者转换为企业高层管理者的业务伙伴。企业为了制定战略、实施战略、评估战略的执行情况，就需要一套比产品成本信息更广泛的成本信息。这些信息包括企业外部环境和企业内部活动的信息，不仅包括财务信息，也包括非财务信息。其中，财务信息包括企业政策、企业生产经营流程对当期财务状况和经营成果的影响；非财务信息则主要从顾客、业务内部流程和人力资源诸方面反映企业当期和潜在的竞争地位。这就要求成本会计人员必须刻苦钻研业务，不断充实和更新自己的专业知识，在不断提高自身综合素质的过程中适应新形势下的成本管理的要求，充分发挥好会计的职能作用。

就思想品格而言，要求成本会计人员应具备脚踏实地、实事求是、敢于坚持原则的作风和高度的敬业精神；就业务素质而言，要求成本会计人员不仅要具备较为全面的会计知识，而且要掌握一定的生产技术和经营管理方面的知识。为了充分调动和保护会计人员的工作积极性，国家在有关的会计法规中对会计人员的职责、权限、任免、奖惩以及会计人员的技术职称，都做了明确的规定。这些规定对于成本会计人员也是完全适用的。

成本会计机构和成本会计人员应在企业总会计师和会计主管人员的领导下，忠实地履行自己的职责，认真完成成本会计的各项任务。要从降低成本、提高企业经济效益的角度出发，参与制订企业的生产经营决策。为此，成本会计人员应经常深入生产经营的各个环节，结合实际情况，向有关人员和职工宣传、解释国家的有关方针、政策和制度，以及企业在成本管理方面的计划和目标等，并督促他们贯彻执行。会计人员应让负责人了解企业生产经营的实际情况，注意发现成本管理中存在的问题并提出改进成本管理的意见和建议，当好企业负责人的参谋。

成本会计人员履行一定的职责也应赋予他们相应的权限。这些权限主要有：成本会计人员有权要求企业有关单位和人员认真执行成本计划，严格遵守国家的有关法规、制度和财经纪律；有权参与制订企业生产经营计划和各项定额，参加与成本管理有关的生产经营管理会议；有权督促、检查企业各单位对成本计划和有关法规、制度、财经纪律的执行情况。

五、成本会计制度

成本会计制度是组织和处理成本会计工作的规范，是会计法规和制度的重要组成部分。企业在制定成本会计制度时，应符合国家颁布的《中华人民共和国会计法》、《企业会计准则》和《企业会计制度》等有关规定，满足企业内部管理和战略成本管理的需要，适应企业的生产特点和管理要求，确保及时、全面地提供成本管理信息。

成本会计制度的内容一般包括以下几个方面：①关于成本预测决策的制度；②关于定额成本、计划成本和标准成本编制的制度；③关于战略成本管理的制度；④关于成本核算的制度；⑤关于成本控制的制度；⑥关于责任成本的制度；⑦关于企业内部结算价格和内部结算办法的规定；⑧关于成本指标完成的奖惩制度；⑨关于成本报表的制度；⑩关于成本分析的制度。

成本会计制度是开展成本会计工作的依据和行为规范。在成本会计制度制定的过程中，必须适应全球经济一体化的世界范围竞争的要求，从战略成本管理的高度，立足企业长远发展目标。而且要随经济形势的变化，适时和有益地修订和完善成本会计制度，以保证其科学性、先进性和可行性。

资料卡 1.2　　《会计法》关于会计机构、会计人员的要求

会计机构是各单位办理会计事务的职能部门，会计人员是直接从事会计工作的人员。建立健全会计机构，配备与工作要求相适应、具有一定素质和数量的会计人员，是做好会计工作、充分发挥会计职能作用的重要保证。

为了进一步保障各单位的会计机构和会计人员切实履行《会计法》赋予的职责，加强会计机构和会计人员管理，在《规范》第二章会计机构和会计人员中专门对会计机构设置和会计人员配备、会计机构负责人和会计主管人员、总会计师、会计工作岗位、会计人员职业道德等问题做了具体规定。

《会计法》中关于会计机构和会计人员的具体规定如下：

第三十六条　各单位应当根据会计业务的需要，设置会计机构，或者在有关机构中设置会计人员并指定会计主管人员；不具备设置条件的，应当委托经批准设立从事会计代理记账业务的中介机构代理记账。

国有的和国有资产占控股地位或者主导地位的大、中型企业必须设置总会计师。总会计师的任职资格、任免程序、职责权限由国务院规定。

第三十七条　会计机构内部应当建立稽核制度。

出纳人员不得兼任稽核、会计档案保管和收入、支出、费用、债权债务账目的登记工作。

第三十八条　从事会计工作的人员，必须取得会计从业资格证书。

担任单位会计机构负责人（会计主管人员）的，除取得会计从业资格证书外，还应当具备会计师以上专业技术职务资格或者从事会计工作三年以上经历。

会计人员从业资格管理办法由国务院财政部门规定。

第三十九条　会计人员应当遵守职业道德，提高业务素质。对会计人员的教育和培训工作应当加强。

第四十条　因有提供虚假财务会计报告，做假账，隐匿或者故意销毁会计凭证、会计账簿、财务会计报告，贪污、挪用公款，职务侵占等与会计职务有关的违法行为被依法追究刑事责任的人员，不得取得或者重新取得会计从业资格证书。

除前款规定的人员外，因违法违纪行为被吊销会计从业资格证书的人员，自被吊销会计从业资格证书之日起五年内，不得重新取得会计从业资格证书。

第四十一条　会计人员调动工作或者离职，必须与接管人员办清交接手续。

一般会计人员办理交接手续，由会计机构负责人（会计主管人员）监交；会计机构负责人（会计主管人员）办理交接手续，由单位负责人监交，必要时主管单位可以派人会同监交。

本章小结

成本作为一种信息资源，其作用表现为以下三点：一是作为制订和选择决策方案的重要依据；二是作为业绩评价的重要依据；三是作为制定价格的依据。

成本会计对象指的是成本会计核算和监督的内容。现代成本会计的对象，不仅包括生产业务经营成本和经营管理费用，还包括各项专项成本，如边际成本、机会成本、可控成本和责任成本等。

成本会计职能是成本会计所具有的功能。现代成本会计职能包括成本核算、成本分析、成本预测、成本决策、成本计划、成本控制和成本考核等七项职能。成本会计的

任务受制于成本会计的对象和职能。因此，成本会计任务一般包括：进行成本预测、成本决策、编制成本计划和费用预算；核算成本、费用，并对其进行审核和控制；定期进行成本分析并考核其成果。为发挥成本会计的职能作用，完成成本会计任务，必须科学地组织成本会计工作。成本会计工作组织具体包括三个方面，即设置成本会计机构、配置成本会计人员、建立企业内部成本会计制度。成本会计制度是发挥成本会计职能作用的重要保证，但其前提是会计人员要遵守职业道德。

随着经济和计算机技术的发展，成本会计核算手段、方法和内容正在发生变化。典型的表现是：计算机系统的发展几乎已经代替了人工簿记，成本管理越来越受到重视，作业基础成本计算方法正在成为广泛应用的一种产品成本方法等。

练习题

一、简答题

1. 成本会计是怎样产生和发展的？
2. 成本信息有哪些主要作用？
3. 什么是成本和产品成本？
4. 工业企业的支出、费用、产品成本之间的关系如何？
5. 如何理解成本会计的对象？
6. 现代成本会计职能有哪些？它们之间的关系如何？
7. 成本会计主要有哪些任务？
8. 企业成本会计工作组织形式有哪些？简要说明它们的特点。

二、单项选择题

1. 大多数学者认为的成本会计奠基时期为（　　）。

A. 1480—1920 年　　B. 1880—1920 年
C. 1900—1945 年　　D. 1921—1945 年

2. 第一本《成本会计》著作是（　　）。

A. 1885 年出版的加克和费尔斯合著的《制造成本》
B. 1885 年出版的梅特卡夫所著的《制造成本》
C. 1887 年出版的加克所著的《工厂会计》
D. 1887 年出版的梅特卡夫所著的《工厂会计》

3. 标准成本制度产生于（　　）。

A. 1880—1920 年　　B. 1921—1945 年
C. 1945—1960 年　　D. 1960 年以后

4. 分批和分步成本计算制度产生于（　　）。

A. 1880 年以前　　B. 1880—1920 年
C. 1921—1945 年　　D. 1945 年以后

三、多项选择题

1. 现代成本会计阶段的主要内容包括（　　）。

A. 开展成本的预测和决策　　B. 实行目标成本计算

C. 实施责任成本核算　　D. 实行变动成本计算法

E. 推行质量成本核算

2. 按成本会计制度分类成本会计可分为（　　）。

A. 实际成本制度　　B. 计划成本制度

C. 估计成本制度　　D. 标准成本制度

E. 全面成本制度

3. 战略成本管理包括的范围一般认为有（　　）。

A. 价值链分析　　B. 战略定位

C. 分散战略　　D. 成本动因分析

E. 集中战略

4. 企业限制因素通常分为（　　）。

A. 资源　　B. 市场

C. 政策　　D. 原材料

E. 后勤

5. 变动成本计算模式将生产过程中发生的费用，区别为固定费用和变动费用。在计算产品成本时列入产品成本中的费用包括（　　）。

A. 直接材料　　B. 直接工资

C. 变动制造费用　　D. 固定制造费用

E. 期间费用

四、判断题

1. 在早期成本会计阶段，成本会计仅限于对生产过程的生产消耗进行系统的会计和计算，也称记录型成本会计。（　　）

2. 在近代成本会计阶段，成本会计发展重点由事中控制、事后计算和分析转移到事前预测、决策和规划，形成了新型的着重管理的经营型成本会计。（　　）

3. 随着经营管理的发展，在企业会计中形成了财务会计、成本会计和管理会计的三分局面。（　　）

4. 作业成本法是根据一种或两种不同的标准分配制造费用的方法。（　　）

5. 适时制要求尽可能实现“零存货”，在存货水平很低的情况下，采用倒推成本法计算产品成本。（　　）

6. 全面质量管理的绩效衡量标准只包括货币性指标。（　　）

7. 基准管理和持续改进也称“永无终点”的比赛，企业应谋求不断提高。（　　）

8. 成本企划要求成本会计领域由制造阶段拓展到制造前后阶段。（　　）

9. 按成本计算模式分类，成本会计包括全额成本计算模式和变动成本计算模式。
（　）

10. 估计成本制度和标准成本制度同属于预计成本，两者制订的方法和会计处理有相似之处，但两者的观念和作用是不同的。（　）

五、实训题

周五，万红和张瑞同学在王老师安排的讨论课上，为一个案例的支出、费用、生产费用和产品成本结果争论得面红耳赤。万红同学认为，该公司该月份的支出总额为708万元，费用为619.5万元，生产费用为464.25万元，产品成本为464.25万元。张瑞同学认为，万红同学说得结果都不对。

该案例背景材料为：中贸公司8月份购买了一台设备支出了5万元，为购买该设备支付增值税8.5万元。该设备预计使用10年，无残值。支付公司行政人员薪酬总共30.251万元，支付公司办公等费用10万元；支付本月生产产品的工人薪酬共117.5万元、生产管理人员工资11.75万元；支付广告费50万元、销售产品差旅费5万元；支付运动会赞助费20万元、被行政罚款10万元。本月折旧费50万元，其中公司管理部门15万元，车间35万元。本月应交所得税20万元；应分配给投资人利润20万元；生产领用材料300万元；购进材料500万元。

请问：

（1）万红同学的数据划分是否正确？你是如何判断出的？

（2）请报告出正确的各项目数据。

第二章　成本核算的要求和一般程序

学习目标

【知识目标】了解在企业成本核算中应当划清的各种支出的界限；掌握各期生产经营费用的界限、产品成本与期间费用的界限、各种产品（各成本核算对象）成本的界限、本期完工产品与期末在产品的界限。

【技能目标】熟悉成本核算的一般程序（审核和控制生产经营费用、在各成本核算对象之间进行费用分配和归集、在本期完工产品成本和期末在产品成本之间进行费用分配）。

运用初步掌握的成本核算一般程序和账务处理，在进一步学习成本核算过程中能判断各成本费用的处理。

案例导入

艾媚尔服装有限公司是一家集服装生产与销售为一体的合资公司，公司每月需支付厂房租赁费10 000元，店铺租赁费5 000元，而厂房与店铺每月共发生水电费20 000元。作为公司财务主管来讲就必须要将租赁费和水电费区分清楚，哪些费用该计入产品成本，哪些费用该计入期间费用，共同费用应按什么比例分配。

第一节　成本核算的基本要求

企业的生产过程既是产品的生产过程，又是各项费用的消耗过程。进行产品成本的核算要遵守国家规定的成本开支范围和费用开支标准，做好各项基础工作，同时也要正确划分各种成本费用的界限。

一、遵守国家规定的成本开支范围和费用开支标准

进行成本核算要根据国家有关的法规和制度，以及企业的成本计划和相应的消耗定额，对企业的各项费用进行审核和控制，看应不应该开支；已经开支的，应不应该计入生产经营管理费用；计入生产经营管理费用的，应不应该计入产品成本。

（一）应计入产品制造成本的支出

应计入产品制造成本的支出主要包括：

（1）产品生产过程中实际消耗的原材料、辅助材料、修理用备件、外购半成品、

燃料、动力、包装物等。

（2）企业直接从事产品生产的生产人员工资及提取的社会保险费用及住房公积金等。

（3）生产部门固定资产折旧费用、租赁费等。

资料卡 2.1

生产部门固定资产的修理费通过“管理费用”科目核算，不计入产品制造成本。例如：某企业生产车间机器设备发生的日常修理费，在发生时直接计入“管理费用”科目。发生的更新改造支出符合固定资产确认条件的，应当计入固定资产成本，同时将被替换部分的账面价值扣除；不符合固定资产确认条件的，应当计入“管理费用”科目。

（4）生产部门使用的低值易耗品摊销等。

（5）停工损失、废品损失等。

（6）生产部门为组织、管理生产经营活动所发生的制造费用。

（二）不应计入产品制造成本的支出

不应计入产品制造成本的支出包括：

（1）购置和建造固定资产的支出，应计入无形资产和其他资产的支出。

（2）对外投资及分配给投资者的利润。

（3）被没收的财物及支付的滞纳金、罚金。

（4）企业自愿赞助及捐赠支出。

（5）企业的期间费用，包括销售费用、管理费用、财务费用。

（6）国家规定不得列入产品制造成本的其他支出。

二、完善各项成本核算的基础工作

成本核算是对产品生产过程中发生的各项费用进行汇集、分配和计算的过程，进而确定产品总成本和单位成本。完整、准确的计算数据是企业进行成本核算的基础。因此，在正确计算产品成本并对其进行控制后，应该从以下方面完善成本核算的基础工作。

（一）建立健全各项原始记录

原始记录是对企业生产经营管理活动中的具体事实所做的最初的书面记载，是成本核算的第一手材料，是进行成本预测、编制成本计划、进行成本核算、分析消耗定额和检查成本计划执行情况的依据。如果企业成本核算的基础不扎实、不完善，就不可能提供正确的成本资料，成本核算就没有实际意义。所以企业在成本核算过程中，应建立各方面的原始记录，统一规定其格式、内容和填写方法，明确各种领、发、存制度，保证全面、准确、及时地提供有关信息。常用的与成本核算相关联的原始记录主要有：

1. 工时记录

工时记录包括各产品生产所耗生产工人工时记录和所耗机器工时记录。前者是计算和分配生产工人工资费用的主要依据，后者是分配有关生产费用的主要依据。

2. 产量记录

产量记录包括产品品种、规格、数量、质量、完工日期、废品等方面的记录。产量记录是计算计件工资时进行生产费用分配和计算完工产品成本的主要依据。

3. 财产物资收发领用的原始记录

财产物资收发领用的原始记录包括各项实物资产的收发、领用、耗费等方面的记录。如材料物资验收入库、发放领用、多余退库的记录单，固定资产的转移单、处置和报废清理单、盘盈盘亏记录以及工程竣工验收单等。

4. 有关费用支出的原始记录

有关费用支出的原始记录包括各项费用支出的原始凭证、发票、账单等。

5. 其他原始记录

如工资分配制度记录、职工人事记录等都属于其他原始记录。

企业必须建立健全原始记录制度，做好原始记录的登记、传递、保管和审核工作，落实责任人，以便为成本核算提供准确、及时的原始资料。

（二）建立健全科学的定额管理制度

定额是指在企业的生产经营活动中，对人力、物力、财力的配备规定的标准。产品的各项消耗定额既是编制成本计划、分析和考核成本水平的依据，也是审核控制成本的标准。而且在计算产品成本时，还可以将原材料、人工工时、机器工时等定额作为分配实际发生费用的标准。因此，定额既是衡量企业工作数量又是评价企业工作质量的客观尺度。

在成本会计中，企业应制定的定额主要有：生产工时定额、机器工时定额、材料消耗定额、燃料动力消耗定额、制造费用消耗定额等。

（三）建立健全材料物质的计量、收发、领退和盘点制度

成本核算依据的各种原始数据，主要是反映企业各项材料物资增减变动的数量资料。计量制度是保证原始记录准确无误的有效措施，验收制度是保证物资质量的有效保证。为了保证材料物资在实物数量上的真实性和可靠性，必须建立健全材料物资的计量、收发、领退和盘点的制度。

为了保证计量的准确性，企业还必须做好对原材料、在产品、半成品、产成品以及周转材料等各项物资的收发、领退、转移、报废和清查盘点工作，建立健全审批手续，填制必要的凭证，防止材料物资任意转移、丢失、积压、损坏变质和被贪污、盗窃。

（四）建立企业内部结算价格和结算制度

内部结算制度是指对企业内部各部门、车间相互提供的原材料、燃料、动力、半成品、产成品和劳务等，进行收付结算的制度。

制定企业内部结算价格，通常有三种方式：一是采用生产单位的计划成本作为企业内部价格；二是以生产单位的计划成本加上一定的内部利润作为企业内部价格；三

是按内部供需双方协商确定的价格作为企业内部价格。企业内部结算价格，应由企业管理当局根据管理的需要统一制订，无论采用哪种方式来制订，都应尽可能接近实际并保持相对稳定，年度内一般不做变动。

企业制定了内部结算价格，对于内部各单位的材料领用、半成品转移、劳务提供都应先按计划价格结算，月末再按一定的方法计算价格差异，据以调整计算产品的实际成本。

三、正确划分各种费用界限

产品成本的计算过程就是费用界限划分的过程。在成本计算过程中应划清以下各项重要的费用界限。

（一）正确划分收益性支出和资本性支出的界限

企业的经济活动是多方面的，企业发生的支出也是多方面的。企业的支出多种多样，按照现行会计准则的规定，有的支出属于资本性支出，构成资产的价值；有的属于收益性支出，计入当期损益；有的属于产品生产成本，计入产品的价值。因此，企业必须根据国家有关的规定，制定成本开支范围和成本开支标准，并据以正确划清收益性支出与资本性支出。划清资本性支出与收益性支出的界限，其目的是为了正确计算资产的价值和正确计算各期产品成本及损益。如果把资本性支出列为收益性支出，其结果将会导致少计了资产价值，多计了当期费用，导致当期营业净收益减少；反之，则可能多计了资产价值，少计了当期费用，导致当期营业净收益增加。

工业企业的支出多种多样，企业在确定支出的归属时一定要注意支出的目的。只有生产产品所发生的费用，才能计入产品成本，不是生产产品所发生的支出不能计入产品成本，如筹资活动和投资活动的支出等就不能计入产品生产成本。

（二）正确划分产品生产费用和期间费用的界限

企业的费用一般分为计入产品成本的费用和期间费用。

计入产品成本的费用是指用于产品生产的各项费用，包括生产过程中所发生的直接材料、直接人工和制造费用。计入产品成本的费用形成产品成本，并在结转产品营业成本以后计入损益，与营业收入进行配比以确定盈亏。当期投产并完工的产品不一定当期销售，因此，当期的生产费用通常不一定计入当期的销售成本即营业成本。

期间费用是指与一定期间相联系，与当期收入配比的费用。期间费用通过损益类账户核算，不计入产品成本直接由当期营业收入弥补。

如果将期间费用列为成本，就会虚增成本导致利润不实，减少国家财税收入。如果将应计入成本中的费用列为期间费用，就会造成成本不实，不利于产品的成本管理，同时期间费用计算不正确会影响到利润的计算。为了正确计算产品成本和企业的盈亏，要正确划分计入产品的生产费用和期间费用的界限。

（三）正确划分各个会计期间的费用界限

为了分期考核成本计划或定额的完成情况、正确计算成本和损益，还应正确划分各个会计期间的费用界限。

应计入生产成本的跨期费用，还应在各月之间进行分配，以便分月计算产品成本。应由本月产品负担的费用，应全部计入本月产品成本；不应由本月负担的生产费用，则不应计入本月的生产成本。

在划分各期间费用时，应该以权责发生制为基础，正确地核算长期待摊费用。对于本月支出但属于以后各期受益的预付费用（受益期超过一年的预付费用，记为长期待摊费用），应分期摊配并计入以后各期的成本、费用；对于本月虽未支付但本月已经受益的应计费用，应预先计入本月成本、费用，到实际支付时予以冲销。企业要防止利用待摊和预提的办法人为地调节各月的产品成本和经营管理费用以及任意调整各月损益的事情发生。

（四）正确划分不同成本对象的费用界限

对于应计入本月产品成本的费用还应在各种产品之间进行划分：凡是能分清应由某种产品负担的直接成本，应直接计入该产品成本；各种产品共同发生、不易分清应由哪种产品负担的间接费用，则应采用合理的方法分配计入有关产品的成本，并保持一贯性。

尤其要注意亏损产品与盈利产品的成本划分，不能人为地将此两类产品成本相互调整以达到粉饰产品生产成本和财务报表的目的。

（五）正确划分完工产品和在产品成本的界限

在划分不同成本对象费用界限的基础上，归集的某成本计算对象负担的生产费用合计（包括期初在产品成本以及本期直接或间接计入该成本计算对象的生产费用），应在完工产品和在产品成本之间进行分配。

当月末计算产品成本时，如果生产的某种产品已经全部完工，应将全部生产费用（即期初生产成本加上本月发生的生产费用）作为完工产品成本，然后根据完工产品数量计算单位产品的成本；如果某种产品全部没有完工，则将全部生产费用作为月末在产品成本；如果某种产品既有完工产品又有在产品，则将全部生产费用采用适当的方法，在同一产品的完工产品和在产品之间进行分配。

在划分完工产品和在产品成本的过程中，应该避免任意提高或降低完工产品成本，从而影响资产负债表中存货计量的准确性和利润表中营业成本计量的准确性的行为发生。

四、为适应生产特点和管理要求，应采用适当的成本计算方法

产品的生产过程同时也是产品成本的形成过程。产品的生产组织、工艺特点以及管理的要求不同，决定了企业应选择不同的成本计算方法。产品生产的特点主要表现在产品的生产工艺过程和生产组织方式两方面。从生产工艺过程的特点看，有单步骤生产和多步骤生产。多步骤生产又可分为装配式多步骤生产和连续式多步骤生产。从生产组织方式的特点看，有大量生产、成批生产和单件生产。成本管理的要求主要表现为对主要产品要求提供详细的成本信息，对次要产品可以提供简要成本信息，详略要适当。企业选择成本计算方法时，应适应各种类型生产的特点和与它相适应的管理

要求。如果成本计算方法选择不当，将会影响产品成本的准确性和及时性。

第二节　费用要素和产品成本项目

为了科学地进行成本管理和成本核算，必须对工业企业的各种费用进行合理的分类。工业企业费用要素和产品生产成本项目是对工业企业各种费用的两种最基本的分类。

一、工业企业费用要素

产品的生产经营过程，也是劳动对象、劳动手段和活劳动的耗费过程。因此，工业企业发生的各种费用按其经济内容（或性质）划分，主要有劳动对象方面费用、劳动手段方面费用和活劳动方面费用三大类。前两方面为物化劳动耗费，即物质消耗；后一方面为活劳动耗费，即非物质消耗。这三类可以称为工业企业费用的三大要素。

（一）要素费用的分类

为了具体地反映工业企业中各种费用的构成和水平，还应在此基础上，将工业企业费用进一步划分为以下八个费用要素：

（1）外购材料。它是指企业耗用的一切从外部购进的原材料及主要材料、半成品、辅助材料、包装物、修理用备件和低值易耗品等。

（2）外购燃料。它是指企业耗用的一切从外部购进的各种固体、气体、液体燃料。外购燃料属于外购材料的重要组成部分，但由于燃料是重要能源，需要单独考核，因而单独作为一个要素进行核算。

（3）外购动力。它是指企业耗用的从外部购进的各种电力、蒸汽等动力。

（4）职工薪酬。它是指构成工资总额的各组成部分及企业支付的社会保障、工会经费和职工教育经费、非货币性福利、辞退福利、股份支付（现金股权）等。

（5）折旧费。它是指企业按照规定的固定资产折旧方法计算提取的折旧费用。经营性出租固定资产的折旧费不包括在内。

（6）利息费用。它是指企业的借款利息支出减去利息收入后的净额。

（7）税金。它是指企业应交纳的应计入管理费用的各种税金，包括房产税、车船税、印花税、土地使用税等。

（8）其他费用。它是指不属于以上各要素的费用，如差旅费、租赁费、邮电费、保险费及外部加工费等。

按照上列费用要素反映的费用称为要素费用。

（二）要素费用分类的作用

要素费用分类的作用有以下几点：

（1）可以反映工业企业在一定时期内耗费了哪些资源、数额是多少；有利于分析和考核企业各个时期各种生产费用的构成和支出水平。

（2）可以反映企业生产经营中外购材料、外购燃料的支出情况以及职工工资的实际支出情况，为编制材料采购计划和劳动工资计划提供资料。

（3）可以为企业核定储备资金定额和考核储备资金周转速度提供资料。

（4）可以为计算工业净产值和国民收入提供资料。这是因为费用要素的分类可以划分企业的物质消耗和非物质消耗，而工业净产值是根据工业总产值减去工业生产中的物质消耗计算出来的，国民收入是根据各行各业的净产值汇总计算出来的。

（三）要素费用分类的不足

要素费用分类不能反映费用的经济用途、不能说明费用发生与企业成本之间的关系，因而不便于分析各种费用的支出是否节约、是否合理，也不便于计算产品成本。所以，对企业的生产费用还必须按其经济用途进行分类。

二、产品生产成本项目

工业企业的各种费用按其经济用途分类，首先应分为生产经营管理费用和非生产经营管理费用。生产经营管理费用还应分为计入产品成本的生产费用和不计入产品成本的经营管理费用。

计入产品成本的生产费用在生产过程中的用途也各不相同。有的直接用于产品生产，有的间接用于产品生产。为了具体地反映计入产品成本的生产费用的各种用途，还应进一步划分为若干个项目，即产品生产成本项目，简称产品成本项目或成本项目。

根据生产特点和管理要求，工业企业一般设立以下五个成本项目：

（1）直接材料是指企业生产经营过程中直接用于产品生产、构成产品实体的原料、主要材料以及有助于产品形成的辅助材料。

（2）直接燃料和动力是指企业为生产产品所发生的各种燃料和动力费用。在当今高科技时代，生产过程的机械化和自动化都要消耗大量的燃料和动力。为了正确地计算和考核产品生产过程中所消耗的燃料和动力，有必要将生产过程中消耗的燃料和动力成本单独作为一个成本项目来反映。

（3）直接人工是指企业直接参与产品生产人员的工人工资、奖金、津贴和补贴、福利费、社会保险费、工会经费和职工教育经费、住房公积金等。

（4）制造费用是指企业内部生产经营单位（分厂、车间）为组织和管理生产经营活动而发生的各项费用，包括间接用于产品生产的各项费用（如机物料消耗、车间厂房折旧等），以及虽直接用于产品生产，但不便于直接计入产品成本，因而没有专设成本项目的费用，如机器设备的折旧费等。

（5）废品损失是指企业在生产过程中，产出了不符合产品质量要求的废品所产生的损失，包括可修复废品发生的修复费、不可修复废品的全部生产成本。这些损失应由当期生产的合格品负担，所以废品损失也构成了合格品产品生产成本的一个项目。通过废品损失的单独核算，有利于促进企业提高产品生产质量、降低产品成本。

为了使成本项目更好地适应工业企业的生产特点和管理要求，工业企业或主管企业的上级机构可以对上述成本项目进行适当的调整。在规定或者调整成本项目时，应该考虑以下几个问题：①费用在管理上有无单独反映、控制和考核的需要；②费用在产品成本中比重的大小；③为某种费用专设成本项目所增加的核算工作量的大小。对于管理上需要单独反映、控制和考核的费用，以及产品成本中比重比较大的费用，应该专设成本项目，否则，为了简化核算工作，不必专设成本项目。例如，我国的能源比较紧张，因而一般应按产品制定工艺用燃料和动力的消耗定额，并且专设“燃料及动力”成本项目，以便单独进行反映、控制和考核。但如果工艺上耗用的燃料和动力不多，为了简化核算工作，可能将工艺用燃料费用并入“原材料”成本项目，将工艺用动力费用并入“制造费用”成本项目。又如，在生产过程中可能发生废品，如果废品损失在产品成本中的比重比较大，需要作为一项重点费用进行核算和管理，也可以增设“废品损失”成本项目。如果没有废品，或者废品损失不大，则不必增设“废品损失”成本项目。

将计入产品成本的生产费用划分为若干成本项目，可以按照费用的用途考核各项费用定额或计划的执行情况，分析费用支出是否合理、节约。因此，产品成本不仅要分产品计算，而且要分成本项目计算，要计算各种产品的各个成本项目的成本。产品成本计算的过程，也就是各种要素费用按其经济用途划分，最后计入本月各种产品成本，按成本项目反映完工产品和月末在产品成本的过程，也就是前面所述五个方面费用界限的划分过程。

第三节　成本核算的一般程序

一、成本核算主要的会计科目

在实际工作中，企业生产费用的归集和分配，以及成本的计算都是通过建立生产费用核算的账户体系来进行的。为了正确划分各种费用界限，按成本计算对象分成本项目来归集和分配生产费用，计算产品成本，企业一般应设置“生产成本”“制造费用”“销售费用”“管理费用”“财务费用”“长期待摊费用”等账户。如果需要单独核算废品损失，还应设置“废品损失”账户，从而形成一个完整的生产费用核算体系。其中，“生产成本”账户一般下设“基本生产成本”和“辅助生产成本”两个明细账户，以分别核算基本生产车间和辅助生产车间的生产成本。为了减少二级科目，简化会计分录，也可将“生产成本”总账科目分为“基本生产成本”和“辅助生产成本”两个总账科目。

（一）“基本生产成本”总账科目及其明细账的设立

基本生产是指为完成企业主要生产目的而进行的商品产品生产。“基本生产成本”总账科目是为了归集进行基本生产所发生的各种生产费用和计算基本生产产品成本而设立的。基本生产所发生的各项费用，记入该科目的借方；完工入库的产品成本，记入该科目的贷方；该科目的余额，就是基本生产在产品的成本，也就是基本生产在产品占用的资金。该科目应按产品品种等成本计算的对象分设基本生产成本明细账，该账也称产品成本明细账或产品成本计算单。账中应按成本项目分设专栏或专行，登记各该产品、各该成本项目的月初在产品成本、本月发生的成本、本月完工产品成本和月末在产品成本等。其格式举例详见表 2.1。

表 2.1　产品成本明细账（产品成本计算单）

车间：二车间　　　　　　　　×年×月　　　　　　　　产品：B　单位：元

月	日	摘要	产量	成本项目			成本合计
				直接材料	直接人工	制造费用	
		月初在产品成本					
		本月生产费用					
		生产费用合计					
		本月完工产品成本					
		完工产品单位成本					
		月末在产品成本					

在产品种类较多的企业中，为了按照成本项目（或者既按车间又按成本项目）汇总反映全部产品的总成本，并便于核对账目，还可设立“基本生产成本”科目的二级账。这种二级账的格式举例如表 2.2 所示。

表 2.2　基本生产成本二级账

车间：二车间

月	日	摘要	直接材料	生产工时	直接人工	制造费用	合计
		在产品成本					
		本月生产费用					
		全部产品累计间接计入费用及其分配率					
		本月完工产品转出					
		在产品成本					

在设有基本生产成本二级账的情况下，对于“基本生产成本”总账科目、基本生产成本二级账和产品成本明细账，都要按照平行登记的原则进行登记。这样，基本生产成本二级账，就可以作为“基本生产成本”总账科目与产品成本明细之间核对账目的中介。在按车间和成本项目设置基本生产成本二级账的情况下，该账还可以配合车间经济核算，为考核和分析各车间的产品总成本提供资料。

(二)“辅助生产成本”科目

辅助生产是指为基本生产服务而进行的产品生产和劳务供应，例如工具、模具、修理用具备件等产品的生产和修理、运输等劳务的供应。辅助生产提供的产品和劳务，有时也对外销售，但这不是它的主要目的。辅助生产所发生的各项费用，记入“辅助生产成本”总账科目的借方；完工入库产品的成本或分配转出的劳务费用，记入该科目的贷方；该科目的余额就是辅助生产在产品的成本，也就是辅助生产在产品占用的资金。

该科目应按辅助生产车间和生产的产品、劳务分设辅助生产成本明细账，账中按辅助生产的成本项目或费用项目分设专栏或专行进行登记。

（三）“制造费用”科目

为了核算企业为生产产品或提供劳务而发生的各项间接计入费用，应设置“制造费用”账户。该账户的借方登记实际发生的间接费用；贷方登记月末分配转出至基本生产成本某产品制造费用成本项目的间接费用；除季节性生产的企业外，该账户月末应无余额。

该账户应按车间、部门设置明细分类账，按费用项目设专栏进行费用核算。

（四）“销售费用”科目

为了核算企业在产品销售过程中所发生的各项费用以及为了销售本企业产品而专设销售机构的各项经费，应设置“销售费用”账户。该账户的借方登记实际发生的各项产品销售费用；贷方登记期末转入“本年利润”的数额；期末结转后该账户应无余额。

该账户应按费用项目设置专栏，进行明细核算。

（五）“管理费用”科目

为了核算企业行政管理部门为组织和管理企业生产经营活动而发生的各项费用，应设置“管理费用”账户。该账户的借方登记发生的各项管理费用；贷方登记期末转入“本年利润”的数额；期末结转后该账户应无余额。

该账户应按费用项目设置专栏，进行明细核算。

（六）“财务费用”科目

为了核算企业为筹集生产经营所需资金而发生的各项费用，应设置“财务费用”账户。该账户的借方登记发生的各项财务费用；贷方登记应冲减财务费用的利息收入、汇兑收益以及期末转入“本年利润”的财务费用；期末结转后该账户应无余额。

该账户应按费用项目设置专栏，进行明细核算。

（七）“废品损失”科目

需要单独核算废品损失的企业，应设置“废品损失”账户。该账户的借方登记不可修复废品的生产成本和可修复废品的修复费用；贷方登记废品残料回收的价值、应收的赔款以及转出的废品净损失；该账户月末应无余额。

该账户应按车间设置明细分类账，按产品品种分设专户，并按成本项目设置专栏或专项进行费用核算。

二、成本核算的一般程序

生产费用的发生过程也就是产品成本的形成过程。因此，成本核算的一般程序就是对企业在生产经营过程中发生的各项费用，按照成本核算的要求，逐步进行归集和分配，最后计算出各种产品的总成本和单位成本以及各项期间费用的过程。根据企业生产过程中费用的发生情况和成本核算的要求，成本核算的一般程序归纳如下：

（1）按生产费用要素进行核算，对企业的各项支出进行严格的审核和控制，并按照国家的有关规定确定其是应计入产品成本还是期间费用。生产费用要素是企业生产经营过程中所发生的各项费用，通过对生产费用要素的核算可以了解企业在某个会计期间所发生的生产费用的内容和数量，它是产品成本计算的基础。

（2）按生产费用的用途进行核算，以确认其归属对象即承担者。由于生产费用要素只能反映企业在某个会计期间所发生费用的内容和数量，而无法了解其用途。因此，生产在按其费用要素进行核算的基础上，还应按其经济用途进行核算。将生产费用在各种产品之间按其用途分为直接材料、直接人工、制造费用等成本项目，以便直接或间接地计入产品成本。也就是说，在归集和分配各生产费用要素的基础上，根据成本开支范围的规定，进一步确定应计入产品成本的生产费用。能直接确定费用为某某产品承担则直接计入“基本生产成本”某某产品；不能直接确定为某某产品承担则先计入“制造费用”账户，再分配计入各产品的“基本生产成本”账户。

（3）按成本计算对象计算产品成本。在按成本计算对象和成本项目归集和分配费用的基础上，在成本计算单或生产成本明细账中，将生产费用在完工产品和月末在产品之间进行分配，从而计算出完工产品的总成本和单位成本，并将完工产品总成本从“基本生产成本”账户转入“库存商品”账户。

综上所述,为了对成本核算账务处理有一个概括性的了解,根据成本核算的一般程序和成本核算所设置的主要账户的对应关系,产品成本核算的主要账务处理程序如图2.1所示。

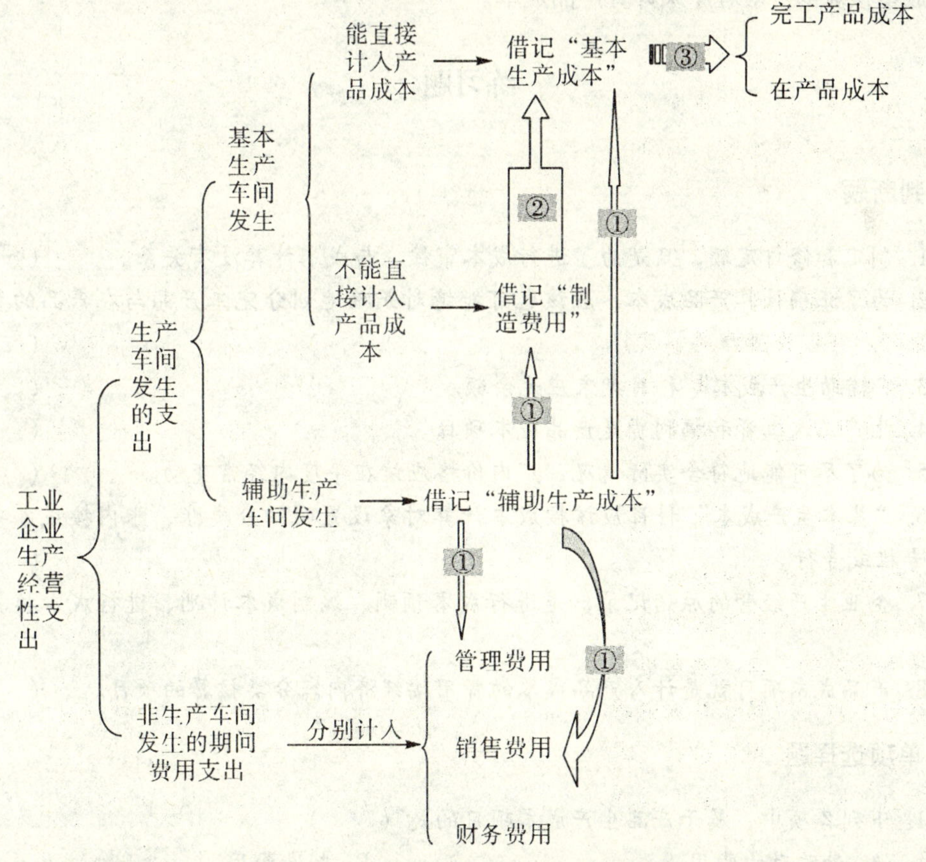

图2.1　产品成本核算的主要账务处理程序

备注：(1)“①”表示月末第一步进行辅助生产成本的分配与结转。管理部门耗用的辅助生产成本计入“管理费用”；销售部门耗用的辅助成本计入“销售费用”；基本生产车间耗用但不能直接确定产品的先计入“制造费用”；能直接确定是某某产品耗用则直接计入“基本生产成本”。月末分配完“辅助生产成本”账户后通常无余额，除辅助生产车间有在产品外。

(2)“②”表示月末第二步进行制造费用的分配与结转。分配完“制造费用”账户后通常无余额，除季节性生产企业外。

(3)“③”表示月末第三步进行完工产品与在产品的成本结转与分配。

本章小结

本章主要阐述了产品成本核算的要求，包括：遵守国家规定的成本开支范围和费用开支标准，哪些是应计入产品制造成本的开支，哪些是不应计入成本制造成本的开支；完善各项成本计算的基础工作；正确划分各种费用界限和成本计算方法的选择。

首先，企业应完善各项成本计量的基础工作，建立和健全原始记录、定额管理制度、材料物资的收发、领退等制度、内部结算以及内部转移价格。其次，要正确划分5类界限。最后，企业还应正确选择成本计算方法。

对于费用的分类，最基本的费用按照经济内容和经济用途分类。产品成本计算必须按成本核算的一般程序来计算产品成本。

练习题

一、判断题

1. 制定和修订定额，只是为了进行成本审核，与成本计算没有关系。 ( )

2. 为了正确计算产品成本，应该也可能绝对正确地划分完工产品与在产品的费用界限。 ( )

3. “辅助生产成本”科目期末应无余额。 ( )

4. 生产工人工资和福利费是产品成本项目。 ( )

5. 为了尽可能地符合实际情况，厂内价格应该在年度内经常变动。 ( )

6. “基本生产成本”科目应该按成本计算对象设置明细分类账，账内按成本本项目分设专栏或专行。 ( )

7. 企业生产经营的原始记录，是进行成本预测、编制成本计划、进行成本核算的依据。 ( )

8. 产品成本项目就是计入产品成本的费用按经济内容分类核算的项目。 ( )

二、单项选择题

1. 下列各项中，属于产品生产成本项目的是（ ）。

A. 外购动力费用　　B. 制造费用

C. 工资费用　　D. 折旧费用

2. 为了保证按每个成本计算对象正确地归集应负担的费用，必须将应由本期产品负担的生产费用正确地在（　　）。

A. 各种产品之间进行分配

B. 完工产品和在产品之间进行分配

C. 盈利产品与亏损产品之间进行分配

D. 可比产品与不可比产品之间进行分配

3. 下列各项中，不计入产品成本的费用是（　　）。

A. 直接材料费用　　B. 辅助车间管理人员工资

C. 车间厂房折旧费　　D. 厂部办公楼折旧费

4. 制造费用应分配记入（　　）账户。

A. 基本生产成本和辅助生产成本

B. 基本生产成本和期间费用

C. 生产成本和管理费用

D. 财务费用和营业费用

5. 下列各项中，属于工业企业费用要素的是（　　）。

A. 工资及福利费　　B. 燃料及动力

C. 工资费用　　D. 原材料

6. 下列各项中不应计入产品成本的是（　　）。

A. 企业行政管理部门用固定资产的折旧费

B. 车间厂房的折旧费

C. 车间生产用设备的折旧费

D. 车间辅助人员的工资

7. 下列各项中应计入管理费用的是（　　）。

A. 银行借款的利息支出　　B. 银行存款的利息收入

C. 企业的技术开发费　　D. 车间管理人员的工资

三、多项选择题

1. 下列各项中，应计入产品成本的费用有（　　）。

A. 车间办公费　　B. 季节性停工损失

C. 车间设计制图费　　D. 在产品的盘亏损失

E. 企业行政管理人员工资

2. 为了正确计算产品成本，应做好的基础工作包括（　　）。

A. 定额的制定与修订

B. 做好原始记录工作

C. 正确选择各种分配方法

D. 材料物资的计量、收发、领退和盘点

E. 成本计划的制订和修订

3. 为了正确计算产品成本，在费用界限划分过程应贯彻的原则是（　　）。

A. 成本效益原则

B. 受益原则

C. 收付实现制原则

D. 负担费用多少与受益程度成正比原则

E. 一致性原则

4. 工业企业成本核算的一般程序包括（　　）。

A. 对企业的各项支出、费用进行严格的审核和控制

B. 正确划分各个月份的费用界限，正确核算待摊费用和预提费用

C. 将生产费用在各种产品之间进行分配和归集

D. 将生产费用在本月完工产品与月末在产品之间进行分配和归集

E. 做好定额的制定和修订工作

四、简答题

1. 简述费用要素和成本项目的区别与联系。
2. 正确计算产品成本应该正确划清哪些方面的费用界限?
3. 简述成本与费用的区别。

五、实训题

试说明以下支出性质：

（1）车间生产产品，消耗原材料5 000元。

（2）购置车间固定资产，以银行存款形式支付50 000元。

（3）支付职工薪酬26 000元。

（4）支付行政罚款3 000元。

（5）以现金2 000元购买办公用品。

第三章　产品成本构成要素的核算

学习目标

【知识目标】通过本章的学习，要求了解产品成本的构成要素及其内容；熟悉各种成本要素的分配方法和核算方法，掌握生产费用在同种产品中完工产品与月末在产品之间分配和归集的具体方法及计算该种产品的完工产品成本和月末在产品成本的程序。了解生产性损失的归集和核算过程。

【技能目标】能从企业实际情况出发，对产品成本的构成要素进行科学、合理的分类；能用本章所学知识，有针对性地选择恰当的核算及分配方法对各成本要素进行分配和核算；在期末利用适当的方法对完工产品和在产品成本进行分配计算；正确计算完工产品成本。

案例导入

艺联公司的主要业务是纺织印染。该公司设有五个生产部门：纺纱分厂、织布分厂、染印分厂、供电车间和蒸汽车间，其中供电车间和蒸汽车间这两个劳务部门向全公司（包括三个分厂）提供电力和蒸汽。每个部门都设有一个部门负责人，通过内部结算价格实行单独核算，成为成本中心。公司根据五个部门成本指标的完成情况给予奖金奖励。

年末，在公司召开的由各部门负责人出席的下年度指标分析讨论会上，公司的主管会计提出一项成本核算改革意见，即五个部门的成本都应加上接受公司内部其他劳务部门提供的劳务费用，包括两个劳务部门之间相互提供劳务发生的费用。该主管会计同时认为两个劳务部门的费用应按照预先制订的计划或定额成本进行分配，包括交互分配和对外分配，实际费用和计划或定额成本之间的差额由管理费用负担；另外，五个部门发生的材料和人工等费用也用计划或定额成本归集和分配。理由是：这样处理不仅方便核算，还能及时提供信息，同时比较合理、科学，也有利于分清各个受益对象的经济责任，便于分析考核。

假如你是艺联公司的财务顾问，你认为该主管会计的意见如何？

第一节 材料费用的核算

对材料成本进行核算，就是对产品生产过程中发生的材料耗费根据领料凭证归集到有关成本计算对象中。在核算过程中，能直接明确成本计算对象的就直接归集到该成本计算对象中，由几种成本计算对象共同耗用的材料则要采用适当的方法分配计入这几个成本计算对象中。本节主要说明材料费用的分配和核算。

一、原材料费用分配对象的确定

原材料是指企业通过采购或其他方式取得的用于制造产品并构成产品实体的物品，以及取得的供生产耗用但不构成产品实体的辅助材料、燃料等。通常情况下，原材料费用分配是按用途、按部门和按受益对象来分配的。原材料费用的分配对象，要视企业的生产特点和管理要求而定，不能随意确定。

二、原材料费用分配的方法

原材料费用的分配方法是指将原材料费用计入各负担对象的方法。材料定额耗用量比例法和材料定额费用比例法是两种常用的方法。

（一）定额耗用量比例法

材料定额耗用量是指一定产量下按照材料消耗定额计算的可以消耗的数量，其中材料消耗定额是指单位产品可以消耗的材料数量限额。

1. 计算步骤

（1）计算某种产品材料定额耗用量；

（2）计算单位材料定额耗用量，即计算材料耗用量分配率；

（3）计算某种产品应分摊的材料数量；

（4）求出某种产品应分摊的材料费用。

2. 具体计算公式

某种产品材料定额耗用量 = 该种产品实际产量 × 单位产品材料消耗定额

材料耗用量分配率 = 材料实际消耗总量 ÷ 各种产品材料定额耗用量之和

某种产品应分配的材料数量 = 该种产品定额消耗的材料总量 × 材料耗用量分配率

某种产品应分配的材料费用 = 该种产品应分配的材料数量 × 材料单价

［例3.1］假定某企业生产A、B两种产品分别为200件、300件，共同耗用某原材料3 740千克，该原材料的单位实际成本为每千克8元，该材料单位消耗定额A、B产品分别为每件8千克和6千克。分配计算如下：

A产品原材料定额耗用量 = 200 × 8 = 1 600（千克）

B产品原材料定额耗用量 = 300 × 6 = 1 800（千克）

原材料耗用量分配率 = 3 740 ÷ 3 400 = 1.1

A 产品应分配的原材料数量 = 1 600 × 1.1 = 1 760（千克）

B 产品应分配的原材料数量 = 1 800 × 1.1 = 1 980（千克）

A 产品应分配的材料费用 = 1 760 × 8 = 14 080（元）

B 产品应分配的材料费用 = 1 980 × 8 = 15 840（元）

（二）材料定额费用比例法

按照各种材料的定额费用的比例来分配材料实际费用，会计上称之为材料定额费用比例法。分配计算公式如下：

某种产品某种材料定额费用

= 该种产品实际产量 × 单位产品该种材料费用定额

= 该种产品实际产量 × 单位产品该种材料消耗定额 × 该种材料计划单价

材料费用分配率 = 各种材料实际费用总额 ÷ 各种产品各种材料定额费用之和

某种产品应分配的材料费用 = 该种产品各种材料定额费用之和 × 材料费用分配率

［例 3.2］某企业生产 A、B 两种产品，共同耗用甲种材料，其实际成本为10 000元。两种产品的原材料费用定额为：A 产品 8 元，B 产品 4 元；当月的实际产量为：A 产品 600 件，B 产品 800 件。要求：采用定额费用比例法分配材料费用。

解：A 产品某种材料定额费用 = 600 × 8 = 4 800（元）

B 产品某种材料定额费用 = 800 × 4 = 3 200（元）

甲材料费用分配率 = 10 000 ÷ （4 800 + 3 200） = 1.25

两种产品应分配的材料费用为：

A 产品：4 800 × 1.25 = 6 000（元）

B 产品：3 200 × 1.25 = 4 000（元）

原材料费用分配在实际工作中是通过编制“原材料费用分配表”进行的。这种分配表应根据领退料凭证和有关凭证编制。其中退料凭证的数额可以从相应的领料凭证的数额中扣除。比如［例 3.2］的计算过程可以编成如表 3.1 所示的材料费用分配表。

表 3.1　原材料费用分配表

产品名称	原材料费用定额	产量	材料定额费用	分配率	应分配的材料费用
A 产品	8 元/件	600 件	4 800 元	1.25	6 000 元
B 产品	4 元/件	800 件	3 200 元		4 000 元
合计	——	——	8 000 元		10 000 元

根据上述原材料费用分配表，可进行如下会计处理：

借：基本生产成本——A 产品（直接材料）　　6 000

　　基本生产成本——B 产品（直接材料）　　4 000

　贷：原材料——甲材料　　10 000

资料卡 3.1　　处理材料费用分配表与发料凭证汇总表的编制关系的几种方法

（1）材料核算人员根据领退料单汇总编制发料凭证汇总表，登记有关的总账科目，进行材料发出的总分类核算；然后将与成本、费用有关的领退料单交给成本核算人员据以编制材料费用分配表，登记有关的成本、费用明细账，进行材料费用的明细核算。

（2）成本核算人员根据领退料单编制材料费用分配表，进行材料费用的明细核算；然后将分配表或其中的一联交材料核算人员，由材料核算人员根据材料费用分配表和其他方面的发料（例如发出材料委托外单位加工、发出材料进行销售等）凭证，汇总编制发料凭证汇总表，进行材料发出的总分类核算。

（3）材料核算人员按照成本、费用核算的要求，根据领退料单的具体用途归类汇编发料凭证汇总表，代替材料费用分配表，进行材料发出的总分类核算；然后将发料凭证汇总表或其中的一联交成本核算人员，据以进行材料费用的明细核算。在第二、三两种做法下，发料凭证汇总表一般只在月末汇总编制，不再按旬填列。

（4）材料核算人员和成本核算人员，根据各自所持的领退料单的一联，分别编制发料凭证汇总表和材料费用分配表，在相互核对以后，由材料核算人员和成本核算人员同时分别进行材料发出的总分类核算和材料费用的明细核算。

第二节　人工费用核算

人工费用即职工薪酬，是指企业为获得职工提供的服务而给予职工的各种形式的报酬以及其他相关支出。职工薪酬不仅包括企业一定时期支付给全体职工的劳动报酬总额，也包括按照工资的一定比例计算并计入成本费用的其他相关支出。

资料卡 3.2　　职工薪酬的构成内容

根据《企业会计准则第 9 号——职工薪酬》，职工薪酬包括：

（1）职工工资、奖金、津贴和补贴；

（2）职工福利费；

（3）医疗保险费、养老保险费、失业保险费、工伤保险费和生育保险费等社会保险费；

（4）住房公积金；

（5）工会经费和职工教育经费；

（6）非货币性福利；

（7）因解除与职工的劳动关系给予的补偿；

（8）其他与获得职工提供的服务相关的支出。

一、人工费用的分配核算

人工费用的分配，是指将企业职工的工资作为一种费用，按照它的用途和发生部门进行归集和分配。

（一）人工费用的分配对象

人工费用分配对象的确定与材料费用的分配基本相同，即按谁受益谁负担的原则进行分配。直接进行产品生产的生产工人工资，应记入“基本生产成本”账户及其所属明细账的“直接人工”成本项目。其中生产工人的计件工资，属于直接计入费用，根据工资结算凭证（产量记录）直接记入某种产品成本的“直接人工”成本项目。生产工人的计时工资一般属于间接计入费用，但是在只生产一种产品时，属于直接计入费用，可以直接计入该种产品成本的“直接人工”成本项目；在生产多种产品时，则属于间接计入费用，应按一定标准和方法进行分配。

（二）人工费用的分配方法

人工费用的分配方法指的是人员工资计入产品成本的方法。人员工资计入产品成本的方法因工资的计算形式不同而有所区别。在实际工作中，人工费用的分配一般按照产品的生产工时比例等进行分配。按产品生产工时比例分配计算公式如下：

$$\text{人工费用分配率}=\frac{\text{某车间生产工人计时工资总额}}{\text{该车间各种产品生产工时实际或定额总数}}$$

某产品应分配计时工资 = 该产品生产工时（实际或定额）×人工费用分配率

［例3.3］某工业企业生产甲、乙两种产品，生产工人计件工资分别为：甲产品1 960元，乙产品1 640元；甲、乙产品计时工资共计8 400元。甲、乙产品生产工时分别为7 200小时和4 800小时，按工时比例分配计算计时工资如下：

$$\text{人工费用分配率}=\frac{8\ 400}{7\ 200+4\ 800}=0.7$$

甲产品应分配计时工资 = 7 200 × 0.7 = 5 040（元）

乙产品应分配计时工资 = 4 800 × 0.7 = 3 360（元）

人工费用分配是通过编制工资费用分配表进行的，根据工资费用分配表编制会计分录，登记有关总分类账和明细分类账。根据［例3.3］的资料编制的工资费用分配表如表3.2所示。

表3.2　工资费用分配表

产品名称	生产工时	分配率	计时工资	计件工资	合计
甲产品	7 200 小时	0.7 元/小时	5 040 元	1 960 元	7 000 元
乙产品	4 800 小时		3 360 元	1 640 元	5 000 元
合 计	12 000 小时		8 400 元	3 600 元	12 000 元

编制会计分录：

借：基本生产成本——甲产品（直接人工）　　7 000

　　基本生产成本——乙产品（直接人工）　　5 000

　贷：应付职工薪酬——工资　　12 000

资料卡 3.3　　职工薪酬的会计处理

《职工薪酬准则》规定，企业应当在职工为其提供服务的会计期间，将应付的职工薪酬确认为负债，除因解除与职工的劳动关系给予的补偿外，应当根据职工提供服务的受益对象，分别按下列情况处理：

（一）应由生产产品、提供劳务负担的职工薪酬，计入产品或劳务成本。

（二）应由在建工程、无形资产负担的职工薪酬，计入建造固定资产或无形资产成本。

（三）上述（一）和（二）之外的其他职工薪酬，计入当期损益。企业确认因解除与职工劳动关系给予的补偿计入当期损益。

该准则应用指南指出，难以认定受益对象的非货币性福利，直接计入当期损益和应付职工薪酬。所以，按照新准则规定，企业计提的工会经费、职工教育经费和由企业负担的社会保险费、住房公积金要根据职工提供服务的受益对象计入相关资产成本和当期损益。

二、职工福利费的分配核算

职工福利费按工资总额比例提取，就其实质来说是一种工资性附加支出。职工福利费的分配也是通过编制分配表进行的，一般是将职工福利费的分配与工资费用分配合并编制分配表。

资料卡 3.4　　在新准则下职工福利费如何处理？

新准则取消了原“应付工资”、“应付福利费”会计科目，增设了“应付职工薪酬”科目核算企业根据有关规定应付给职工的各种薪酬。按照“工资”、“职工福利”、“社会保险费”、“住房公积金”、“工会经费”、“职工教育经费”、“解除职工劳动关系补偿”等应付职工薪酬项目进行明细核算，即将职工福利费列入职工薪酬范围核算。

《企业会计准则第 9 号——职工薪酬》应用指南规定：“没有规定计提基础和计提比例的，企业应当根据历史经验数据和实际情况，合理预计当期应付职工薪酬。当期实际发生金额大于预计金额的，应当补提应付职工薪酬；当期实际发生金额小于预计金额的，应当冲回多提的应付职工薪酬。”

原来工资总额的 14% 属于税法规定的扣除比例，不属于财政部规定的企业计提比例（会计处理应遵循财政部的有关规定）。因此，职工福利费属于没有规定计提比例的范围。

在新准则下，如果有明确的职工福利计划，即有明确的金额和明确的支付对象范围，（例如公司有成文的福利计划，并通过《员工手册》等方式传达到各相关员工）则可以计提应付福利费。关键还是在于福利费的余额是否符合负债的定义。以前那种提而不用的福利费是不符合负债定义的，新准则下不应继续，即应付福利费不存在余额。

新准则下福利费通常据实列支，也就不存在余额的问题，但企业也可以先提后用。通常，企业提取的职工福利费在会计年度终了经调整后应该没有余额，但这并不意味着职工福利费不允许存在余额，在会计年度中间允许职工福利费存在余额，如企业某月提取的福利费超过当月实际支出的福利费，则职工福利费就存在余额。

福利费当期实际发生金额大于预计金额的，应当补提福利费，借记“管理费用”等科目，贷记“应付职工薪酬”科目；当期实际发生金额小于预计金额的，应当冲回多提的福利费，借记“应付职工薪酬”科目，贷记“管理费用”科目。

第三节　辅助生产费用核算

辅助生产车间既可能生产产品又可能提供劳务。车间中所生产的产品，如工具、模具、修理用备件等，应在产品完工时，从“辅助生产成本”账户的货方分别转入“低值易耗品”、“原材料”等账户的借方；所提供的劳务作业，如供水、供电和运输等，其发生的辅助生产费用通常于月末在各受益单位之间按照一定的标准和方法进行分配后，从“辅助生产成本”账户的贷方，转入“基本生产成本”、“制造费用”、“管理费用”、“在建工程”等有账户的借方。

辅助生产提供的产品和劳务，主要是为基本生产车间和企业管理部门使用和服务的。但在某些辅助生产车间之间，也有相互提供产品和劳务的情况。因此，为了正确地计算辅助生产产品和劳务的成本，并将辅助生产费用正确地分配给各受益单位，在分配辅助生产费用时，需要在各辅助生产车间之间进行费用的交互分配。

通常采用的辅助生产费用的分配方法有：直接分配法、交互分配法、代数分配法和计划成本分配法。

一、直接分配法

所谓直接分配法，是指不考虑各辅助生产车间之间相互提供劳务的情况，而是将各种辅助生产费用直接分配给辅助生产车间以外的各受益单位的一种分配方法。

［例 3.4］某企业有供电和供水两个辅助生产车间，主要为本企业的基本生产车间和企业管理部门等服务。根据“辅助生产成本”明细账汇总的资料，供水车间本月发生费用 31 300 元，供电车间本月发生费用 12 000 元，各辅助生产车间供应产品和劳务数量详见表 3.3。

表 3.3　辅助生产劳务供应通知单

201×年 8 月

受益单位		耗水（立方米）	耗电（度）
基本生产——丙产品		—	10 300
基本生产车间		20 500	8 000
辅助生产车间	供水	—	300
	供电	100	—
行政管理部门		8 000	1 200
专设销售机构		2 800	500
合计		31 400	20 300

采用直接分配法分配辅助生产费用，按下列公式计算：

$$\text{辅助生产费用分配率}=\frac{\text{待分配辅助生产费用}}{\text{辅助生产劳务总量}-\text{其他辅助生产劳务耗用量}}$$

$$\text{供水生产费用分配率}=\frac{31\ 300}{31\ 400-100}=1\text{ 元/立方米}$$

$$\text{供电生产费用分配率}=\frac{12\ 000}{20\ 300-300}=0.6\text{ 元/度}$$

某受益对象应负担的费用＝该受益对象接受的劳务供应总量×费用分配率

丙产品应分担的辅助生产费用＝10 300×0.6 ＝6 180（元）

基本生产车间应分担的辅助生产费用＝20 500×1＋8 000×0.6＝25 300（元）

行政管理部门应分担的辅助生产费用＝8 000×1＋1 200×0.6＝8 720（元）

专设销售机构应分担的辅助生产费用＝2 800×1＋500×0.6＝3 100（元）

在实际工作中，辅助生产费用的分配是通过编制辅助生产费用分配表进行的。[例3.4]的上述计算过程，可以编制为表3.4所示的辅助生产费用分配表。

表3.4 辅助生产费用分配表（直接分配法）

201×年8月　　　　金额单位：元

<table>
<tr><th colspan="3">辅助车间名称</th><th>供水</th><th>供电</th><th>合计</th></tr>
<tr><td colspan="3">待分配费用（元）</td><td>31 300</td><td>12 000</td><td>43 300</td></tr>
<tr><td rowspan="2">供应劳务数量</td><td colspan="2">供水（立方米）</td><td>31 300</td><td>——</td><td>31 300</td></tr>
<tr><td colspan="2">供电（度）</td><td>——</td><td>12 000</td><td>12 000</td></tr>
<tr><td colspan="3">单位成本（分配率）</td><td>1</td><td>0.6</td><td>——</td></tr>
<tr><td rowspan="4">基本生产车间</td><td rowspan="2">丙产品</td><td>耗用数量</td><td>——</td><td>10 300</td><td>10 300</td></tr>
<tr><td>分配金额</td><td>——</td><td>6 180</td><td>6 180</td></tr>
<tr><td rowspan="2">车间</td><td>耗用数量</td><td>20 500</td><td>8 000</td><td>——</td></tr>
<tr><td>分配金额</td><td>20 500</td><td>4 800</td><td>25 300</td></tr>
<tr><td colspan="2" rowspan="2">企业行政管理部门</td><td>耗用数量</td><td>8 000</td><td>1 200</td><td>——</td></tr>
<tr><td>分配金额</td><td>8 000</td><td>720</td><td>8 720</td></tr>
<tr><td colspan="2" rowspan="2">专设销售机构</td><td>耗用数量</td><td>2 800</td><td>500</td><td>——</td></tr>
<tr><td>分配金额</td><td>2 800</td><td>300</td><td>3 100</td></tr>
<tr><td colspan="3">分配金额合计（元）</td><td>31 300</td><td>12 000</td><td>43 300</td></tr>
</table>

根据表3.4编制会计分录：

借：基本生产成本——丙产品（燃料及动力费用）　　6 180

　　制造费用——基本生产车间　　25 300

　　管理费用　　8 720

　　销售费用　　3 100

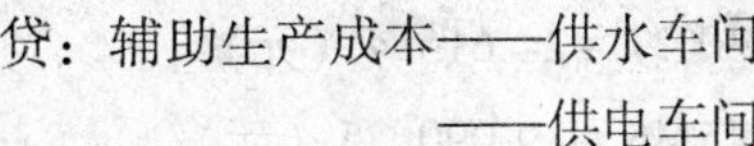

贷：辅助生产成本——供水车间　　　　31 300
　　　　　　　　——供电车间　　　　12 000

直接分配法是将辅助生产部门发生的产品或劳务成本，全部直接分配给辅助生产部门以外各受益对象负担的一种方法。它的特点是辅助生产部门之间相互提供产品或劳务成本互不分配，即既不转出也不转入。这种分配方法最为简便，但只宜在辅助生产内部相互提供劳务不多，不进行交互分配对辅助生产成本和企业产品成本影响不大的情况下采用。

二、交互分配法

交互分配法是将辅助生产部门相互提供的劳务先行交互分配，然后再将各辅助生产部门交互分配后的实际费用，全部分配给辅助生产部门以外各受益单位的一种分配方法。

［例 3.5］某企业有两个辅助车间，它们为生产车间、行政管理部门和设备在建工程提供产品和劳务。本月供汽车间共发生费用 80 000 元，供电车间发生费用 120 000 元。各辅助生产车间提供的劳务及耗用量情况如表 3.5 所示。

表 3.5　辅助生产劳务供应通知单

201×年 8 月

耗用劳务单位		供汽车间（立方米）	供电车间（度）
供汽车间		—	35 000
供电车间		20 000	—
第一车间	A 产品耗用	30 000	50 000
	一般耗用	4 000	26 000
第二车间	B 产品耗用	6 000	60 000
	一般耗用	1 500	18 000
行政管理部门		2 000	17 000
设备在建工程		1 500	14 000
合计		65 000	220 000

采用交互分配法，需要进行两次分配。第一步，根据各辅助生产车间相互提供劳务的数量和交互分配前的单位成本（费用分配率），在各辅助生产车间之间进行一次交互分配。具体计算如下：

$$交互分配率 = \frac{交互分配前待分配辅助生产费用总额}{该辅助生产单位的劳务供应总量}$$

$$供汽车间交互分配率 = \frac{80\ 000}{65\ 000} = 1.230\ 77\ （元/立方米）$$

$$供电车间交互分配率 = \frac{120\ 000}{220\ 000} = 0.545\ 45\ （元/度）$$

供汽车间分给供电车间的费用 = 20 000 × 1. 230 77 = 24 615. 4（元）

供电车间分给供汽车间的费用 = 35 000 × 0. 545 45 = 19 090. 75（元）

据此编制交互分配会计分录：

借：辅助生产成本——供汽车间　　19 090. 75
　贷：辅助生产成本——供电车间　　19 090. 75
借：辅助生产成本——供电车间　　24 615. 4
　贷：辅助生产成本——供汽车间　　24 615. 4

第二步，将各辅助生产车间交互分配后的实际费用（即交互分配前的费用加上交互分配转入的费用，减去交互分配转出的费用），再按提供劳务的数量和交互分配后的单位成本（费用分配率），在辅助生产车间以外的各受益单位进行分配。具体计算如下：

某辅助生产单位对外分配费用总额
= 交互分配前该辅助生产单位费用总额 + 交互分配转入费用 - 交互分配转出费用

供电车间对外分配费用总额 = 120 000 + 24 615. 4 - 19 090. 75 = 125 524. 65（元）

供汽车间对外分配费用总额 = 80 000 + 19 090. 75 - 24 615. 4 = 74 475. 35（元）

$$某辅助生产单位对外分配率 = \frac{某辅助生产单位对外分配费用总额}{某辅助生产单位对外提供劳务总量}$$

$$供电车间对外分配率 = \frac{125\ 524.65}{220\ 000 - 35\ 000} = 0.678\ 5\text{（元/度）}$$

$$供汽车间对外分配率 = \frac{74\ 475.35}{65\ 000 - 20\ 000} = 1.655\text{（元/立方米）}$$

A 产品应分担的辅助生产费用 = 30 000 × 1. 655 + 50 000 × 0. 678 5 = 83 575（元）

B 产品应分担的辅助生产费用 = 6 000 × 1. 655 + 60 000 × 0. 678 5 = 50 640（元）

第一车间应分担的辅助生产费用 = 4 000 × 1. 655 + 26 000 × 0. 678 5 = 24 261（元）

第二车间应分担的辅助生产费用 = 1 500 × 1. 655 + 18 000 × 0. 678 5 = 14 695. 5（元）

行政管理部门应分担的辅助生产费用 = 2 000 × 1. 655 + 17 000 × 0. 678 5 = 14 844. 5（元）

在建工程应分担的辅助生产费用 = 1 500 × 1. 655 + 14 000 × 0. 678 5 = 11 983（元）①

据此编制会计分录：

借：基本生产成本——A 产品（燃料及动力）　　83 575
　　基本生产成本——B 产品（燃料及动力）　　50 640
　　制造费用——第一车间　　24 261
　　制造费用——第二车间　　14 695. 5

① 该行数据为倒挤调整后求得。

管理费用　　　　　　　　　　　　　　　　14 844. 5
在建工程　　　　　　　　　　　　　　　　11 983
贷：辅助生产成本——供电车间　　　　　　　　125 524. 65
　　　　　　　　——供汽车间　　　　　　　　74 475. 35

在实际工作中，上述分配过程是通过编制辅助生产费用分配表进行的，如表3.6所示。

表3.6　辅助生产费用分配表（交互分配法）

201×年8月　　　　　　　　　　　　金额单位：元

项目				交互分配			对外分配		
辅助生产车间名称				供汽	供电	合计	供汽	供电	合计
待分配费用				80 000	120 000	200 000	74 475. 35	125 524. 65	200 000
劳务供应数量	供汽（立方米）			65 000			45 000		
	供电（度）				220 000			185 000	
费用分配率				1. 230 77	0. 545 45		1. 655	0. 678 5	
应借账户	辅助生产成本	供汽车间	数量		35 000				
			金额		19 090. 75	19 090. 75			
		供电车间	数量	20 000					
			金额	24 615. 4		24 615. 4			
		金额小计				43 706. 15			
	基本生产成本	A产品	数量				30 000	50 000	
			金额				49 650	33 925	83 575
		B产品	数量				6 000	60 000	
			金额				9 930	40 710	50 640
	制造费用	第一基本生产车间	数量				4 000	26 000	
			金额				6 620	17 641	24 261
		第二基本生产车间	数量				1 500	18 000	
			金额				2 482. 5	122 213	14 695. 5
	管理费用		数量				2 000	17 000	
			金额				3 310	11 534. 5	14 844. 5
	在建工程		数量				1 500	14 000	
			金额				2 482. 5	9 499	11 983
分配金额合计				24 615. 4	19 090. 75	43 706. 15	74 475. 35	125 524. 65	200 000

采用交互分配法，由于辅助生产内部相互提供劳务全部进行了交互分配，因而提高了分配结果的正确性；但由于各种辅助生产费用都要计算两个费用分配率，进行两

次分配，因而增加了核算工作量；由于交互分配的费用分配率（单位成本），是根据交互分配前的待分配费用计算的，所以据此计算的分配结果仍不十分精确。在各月辅助生产费用水平相差不大的情况下，为了简化计算工作，可以用上月的辅助生产费用分配率作为交互分配的分配率。这种方法一般适用于各辅助生产部门之间相互提供劳务较多的企业。

三、代数分配法

代数分配法是运用代数中解联立方程式的原理，求出辅助生产产品或劳务的实际单位成本以后，再按各个受益对象耗用产品或劳务的数量分配辅助生产费用的一种方法。

［例 3.6］仍然沿用例［3.5］的资料。设每立方米蒸汽的成本是 x，每度电的成是 y，则联立方程式如下：

$$\begin{cases}80\ 000+35\ 000y=65\ 000x\\120\ 000+20\ 000x=220\ 000y\end{cases}$$

解得：

$$\begin{cases}x=1.603\ 0\\y\ =0.691\ 2\end{cases}$$

所以，各部门应分担的辅助生产费用可以这样进行计算：

供汽车间分给供电车间的费用 = 20 000 × 1.603 0 = 32 060（元）

供电车间分给供汽车间的费用 = 35 000 × 0.691 2 = 24 192（元）

A 产品应分担的辅助生产费用 = 30 000 × 1.603 0 + 50 000 × 0.691 2 = 82 650（元）

B 产品应分担的辅助生产费用 = 6 000 × 1.603 0 + 60 000 × 0.691 2 = 51 090（元）

第一车间应分担的辅助生产费用 = 4 000 × 1.603 0 + 26 000 × 0.691 2
= 24 383.2（元）

第二车间应分担的辅助生产费用 = 1 500 × 1.603 0 + 18 000 × 0.691 2
= 14 864.1（元）

行政管理部门应分担的辅助生产费用 = 2 000 × 1.603 0 + 17 000 × 0.691 2
= 14 949.4（元）①

在建工程应分担的辅助生产费用 = 1 500 × 1.603 0 + 14 000 × 0.691 2
= 12 081.3（元）

据此编制会计分录：

借：基本生产成本——A 产品（燃料及动力）	82 650
基本生产成本——B 产品（燃料及动力）	51 090
辅助生产成本——供电车间	32 060
辅助生产成本——供汽车间	24 192

① 该行数据为倒挤调整后求得。

制造费用——第一车间 24 383.2
制造费用——第二车间 14 846.1
管理费用 14 949.4
在建工程 12 081.3
贷：辅助生产成本——供电车间 152 060
——供汽车间 104 192

在实际工作中，上述计算过程是通过编制辅助生产费用分配表进行的，本例的分配表如 3.7 所示。

表 3.7 辅助生产费用分配表（代数分配法）

201×年 8 月 金额单位：元

<table>
<tr><td colspan="4">辅助车间名称</td><td>供汽车间</td><td>供电车间</td><td>合计</td></tr>
<tr><td colspan="4">待分配辅助生产费用</td><td>80 000</td><td>120 000</td><td>200 000</td></tr>
<tr><td colspan="2" rowspan="2">劳务供应数量</td><td colspan="2">供汽（立方米）</td><td>65 000</td><td></td><td></td></tr>
<tr><td colspan="2">供电（度）</td><td></td><td>220 000</td><td></td></tr>
<tr><td colspan="4">用代数算出的实际单位成本</td><td>1.603 0</td><td>0.691 2</td><td></td></tr>
<tr><td rowspan="5">辅助生产车间</td><td colspan="2" rowspan="2">供汽车间</td><td>耗用数量</td><td></td><td>35 000</td><td></td></tr>
<tr><td>分配金额</td><td></td><td>24 192</td><td>24 192</td></tr>
<tr><td colspan="2" rowspan="2">供电车间</td><td>耗用数量</td><td>20 000</td><td></td><td></td></tr>
<tr><td>分配金额</td><td>32 060</td><td></td><td>32 060</td></tr>
<tr><td colspan="3">小计</td><td>32 060</td><td>24 192</td><td>56 252</td></tr>
<tr><td rowspan="9">基本生产车间</td><td rowspan="4">一车间</td><td rowspan="2">A 产品</td><td>耗用数量</td><td>30 000</td><td>50 000</td><td></td></tr>
<tr><td>分配金额</td><td>48 090</td><td>34 560</td><td>82 650</td></tr>
<tr><td rowspan="2">一般耗用</td><td>耗用数量</td><td>4 000</td><td>26 000</td><td></td></tr>
<tr><td>分配金额</td><td>6 412</td><td>17 971.2</td><td>24 383.2</td></tr>
<tr><td rowspan="4">二车间</td><td rowspan="2">B 产品</td><td>耗用数量</td><td>6 000</td><td>60 000</td><td></td></tr>
<tr><td>分配金额</td><td>9 618</td><td>41 472</td><td>51 090</td></tr>
<tr><td rowspan="2">一般耗用</td><td>耗用数量</td><td>1 500</td><td>18 000</td><td></td></tr>
<tr><td>分配金额</td><td>2 404.5</td><td>12 441.6</td><td>14 846.1</td></tr>
<tr><td colspan="3">小计</td><td>66 524.5</td><td>106 444.8</td><td>172 969.3</td></tr>
<tr><td rowspan="2">行政管理部门</td><td colspan="3">耗用数量</td><td>2 000</td><td>17 000</td><td></td></tr>
<tr><td colspan="3">分配金额</td><td>3 203</td><td>11 746.4</td><td>14 949.4</td></tr>
<tr><td rowspan="2">在建工程</td><td colspan="3">耗用数量</td><td>1 500</td><td>14 000</td><td></td></tr>
<tr><td colspan="3">分配金额</td><td>2 404.5</td><td>9 676.8</td><td>12 081.3</td></tr>
<tr><td colspan="4">实际分配费用金额合计</td><td>104 192</td><td>152 060</td><td>256 252</td></tr>
</table>

采用代数分配法分配辅助生产费用，分配结果最正确。但在辅助生产车间较多的情况下，未知数较多，计算复杂，因而这种分配方法适宜在计算工作已经实现电算化的企业采用。

四、计划成本分配法

计划成本分配法，是根据辅助生产提供劳务的计划单位成本和各受益单位的受益量分配辅助生产费用的一种方法。

采用计划成本分配法，也是进行两次分配。首先，将辅助生产为各受益单位（包括受益的其他辅助生产车间、部门在内）提供的劳务，都按劳务的计划单位成本进行分配；然后，辅助生产车间实际发生的费用（包括辅助生产内部交互分配转入的费用在内）与按计划单位成本分配转出的费用之间的差异，可以再分配给辅助生产以外各受益单位负担。为了简化计算工作，也可以将该差异全部计入“管理费用”科目。

［例 3.7］仍然沿用［例 3.5］的资料。假设：供汽车间计划单位成本为 1.6 元/立方米，供电车间计划单位成本为 0.7 元/度。所以，各部门应分担的辅助生产费用的计划成本可以这样进行计算：

供汽车间分给供电车间的费用 = 20 000 × 1.6 = 32 000（元）

供电车间分给供汽车间的费用 = 35 000 × 0.7 = 24 500（元）

A 产品应分担的辅助生产费用 = 30 000 × 1.6 + 50 000 × 0.7 = 83 000（元）

B 产品应分担的辅助生产费用 = 6 000 × 1.6 + 60 000 × 0.7 = 51 600（元）

第一车间应分担的辅助生产费用 = 4 000 × 1.6 + 26 000 × 0.7 = 24 600（元）

第二车间应分担的辅助生产费用 = 1 500 × 1.6 + 18 000 × 0.7 = 15 000（元）

行政管理部门应分担的辅助生产费用 = 2 000 × 1.6 + 17 000 × 0.7 = 15 100（元）

在建工程应分担的辅助生产费用 = 1 500 × 1.6 + 14 000 × 0.7 = 12 200（元）

辅助生产成本差异 = （80 000 + 35 000 × 0.7） + （120 000 + 20 000 × 1.6） − 65 000 × 1.6 − 220 000 × 0.7 = −1 500（元）

为简化计算，该差异全部计入“管理费用”科目，据此编制会计分录如下：

借：基本生产成本——A 产品（燃料及动力）	83 000	
基本生产成本——B 产品（燃料及动力）	51 600	
辅助生产成本——供电车间	32 000	
辅助生产成本——供汽车间	24 500	
制造费用——第一车间	24 600	
制造费用——第二车间	15 000	
管理费用	15 100	
在建工程	12 200	
贷：辅助生产成本——供电车间		152 000
——供汽车间		104 500

将上述计算过程编制辅助生产费用分配表，如表 3.8 所示。

表 3.8　辅助生产费用分配表（计划成本分配法）

201×年 8 月　　　　　　　　　　　　金额单位：元

辅助车间名称				供汽车间	供电车间	合计
待分配辅助生产费用				80 000	120 000	200 000
劳务供应数量			供汽（立方米）	65 000		
			供电（度）		220 000	
计划单位成本				1.6	0.7	
辅助生产车间	供汽车间		耗用数量		35 000	
			分配金额		24 500	24 500
	供电车间		耗用数量	20 000		
			分配金额	32 000		32 000
	小计			32 000	24 500	56 500
基本生产车间	一车间	A 产品	耗用数量	30 000	50 000	
			分配金额	48 000	35 000	83 000
		一般耗用	耗用数量	4 000	26 000	
			分配金额	6 400	18 200	24 600
	二车间	B 产品	耗用数量	6 000	60 000	
			分配金额	9 600	42 000	51 600
		一般耗用	耗用数量	1 500	18 000	
			分配金额	2 400	12 600	15 000
	小计			66 400	107 800	174 200
行政管理部门	耗用数量			2 000	17 000	
	分配金额			3 200	11 900	15 100
在建工程	耗用数量			1 500	14 000	
	分配金额			2 400	9 800	12 200
按计划成本分配金额合计				104 000	154 000	258 000
辅助生产实际成本				104 500	152 000	256 500
辅助生产成本差异				500	−2 000	−1 500

采用计划成本分配法，尽管也经过两次分配，但由于第一次分配时计划成本已事先制定，不用单独计算费用分配率；第二次分配虽然要计算分配率，但由于涉及的受益对象少，特别是在实际中完全可以将成本差异金额一次计入管理费用，因而大大简化了计算工作。同时，通过辅助生产成本的计算，还能反映和考核辅助生产成本计划的执行情况；又由于辅助生产成本按比例分配的差异在实际中可全部计入管理费用，各受益单位所负担的劳务费用都不包括辅助生产成本差异因素，因而还便于分析和考

核各受益单位的成本，有利于分清企业内部各单位的经济责任。但采用这种分配方法的前提要求是，制定的计划单位成本必须比较准确，否则会影响分配结果的合理性。

值得注意的是：

(1) 在以上的例子里，辅助生产部门的制造费用都是直接记入“辅助生产成本”账户，而不通过“制造费用”账户核算。在此种情况下，辅助生产费用分配表中的待分配费用，只需根据辅助生产成本明细账中的待分配费用（包括直接材料、直接人工和制造费用等全部费用）填制。如果辅助生产部门的制造费用是通过专设的“制造费用”账户核算的，则辅助生产费用分配表中的待分配费用应是辅助生产成本明细账的待分配费用（即直接材料和直接人工等费用）与辅助生产部门制造费用明细账中的待分配费用之和。

(2) 通过对辅助生产费用的分配，应计入本月产品成本的生产费用都已分别归集到了“基本生产成本”和“制造费用”两个总账账户和明细分类账户的借方。其中记入“基本生产成本”总账账户借方的生产费用，已在各“基本生产成本明细账”（产品成本计算单）的本月发生额按“直接材料”“燃料及动力”“直接人工”等成本项目做了反映。

第四节　制造费用核算

基本生产的制造费用（以下简称制造费用）是企业为生产产品而发生的应该计入产品成本，但没有专设成本项目的各项生产费用。也就是企业生产部门在组织和管理产品生产过程中发生的所有不能直接归属到所制造产品或其他有收益的生产活动中的各项费用。

资料卡 3.5　**生产车间修理费的核算**

企业生产车间发生的费用化的修理费用不再计入“制造费用”科目，而是直接计入“管理费用”科目。因此导致“制造费用”核算范围也发生了变化。我们知道，一直以来车间费用化的修理费都是在“制造费用”科目核算的，比如《企业会计制度》规定，车间支付的修理费，借记“制造费用”科目，贷记“银行存款”等科目。

而《企业会计准则应用指南附录——会计科目和主要账务处理》（“管理费用”科目）规定，企业生产车间（部门）和行政管理部门等发生的固定资产修理费用等后续支出，在“管理费用”科目核算。

其实，关于企业生产车间、部门费用化的修理费用到底在什么科目列支，新会计准则账务处理办法有变化。例如，《企业会计准则——应用指南（草案）》（“制造费用”科目）规定，企业生产车间、部门发生的不满足固定资产准则规定的固定资产确认条件的日常修理费用和大修理费用等固定资产后续支出，在“管理费用”科目核算，不在“制造费用”科目核算。

在生产多种产品的情况下，制造费用应采用适当的分配方法分配计入各种产品的成本。分配的方法很多，通常采用的有：生产工人工资比例法、生产工人工资比例法、机器工时比例法和年度计划分配率法，以及按耗用原材料的数量或成本进行分配、按直接成本（原材料、燃料、动力、生产工人工资及应提取的福利费之和）和按产品产量进行分配等方法。现以实例分别介绍生产工人工资比例法、机器工时比例法和年度计划分配率法三种方法，其他方法这里不举例说明。

一、生产工人工资比例法

生产工人工资比例法是按照计入各种产品成本的生产工人实际工资的比例分配制造费用的方法。其计算公式如下：

$$制造费用分配率=\frac{某基本生产车间制造费用总额}{某基本生产车间生产工人工资总额}$$

某产品应分担的制造费用 = 该种产品生产工人工资 × 制造费用分配率

［例 3.8］东海企业基本生产第一车间生产甲、乙、丙三种产品，201×年 8 月该车间共发生制造费用 26 400 元，甲、乙、丙三种产品所用生产工人实际生产工时和机器工时如表 3.9 所示。

表 3.9　生产工人工资和机器工时表

产品品种	生产工人工资（元）	机器工时（小时）
甲产品	34 000	2 100
乙产品	27 000	2 400
丙产品	19 000	3 000
合计	80 000	7 500

则第一车间制造费用分配的计算如下：

$$制造费用分配率=\frac{26\ 400}{80\ 000}=0.33$$

甲产品应分担的制造费用 = 34 000 × 0.33 = 11 220（元）

乙产品应分担的制造费用 = 27 000 × 0.33 = 8 910（元）

丙产品应分担的制造费用 = 19 000 × 0.33 = 6 270（元）

在实际工作中，本例应编制的制造费用分配表如 3.10 所示。

表 3.10　制造费用分配表（生产工人工资比例法）

车间：第一车间　　　　201×年 8 月

产品名称	生产工人工资（元）	分配率	分配金额（元）
甲产品	34 000	0.33	11 220
乙产品	27 000		8 910
丙产品	19 000		6 270
合计	80 000		26 400

据表 3.10 编制会计分录：

借：基本生产成本——甲产品　　11 220

——乙产品　　8 910

——丙产品　　6 270

贷：制造费用——第一车间　　26 400

由于工资费用分配表中，有现成的生产工人工资的资料，所以该种分配方法核算工作很简单。这种方法适用于各种产品生产机械化程度大致相同的情况，否则会影响费用分配的合理性。例如，机械化程度低的产品，所用工资费用多，分配的制造费用也多；反之，机械化程度高的产品，所用工资费用少，分配的制造费用也少。这样会出现不合理的情况，该种分配方法与生产工人工时比例法的原理基本相同。如果生产工人计时工资是按照生产工时比例分配的，则按照生产工人工资比例分配制造费用，实际上就是按照生产工时比例分配制造费用。

二、机器工时比例法

机器工时比例法是按照各种产品生产时所用机器设备工时数作为分配标准来分配制造费用的一种方法。计算公式如下：

$$制造费用分配率=\frac{某基本生产车间制造费用总额}{某基本生产车间实用定额机器工时总额}$$

某产品应分担的制造费用=该产品实用（定额）机器工时总额×制造费用分配率

$$制造费用分配率=\frac{26\ 400}{7\ 500}=3.52\ 元/小时$$

［例 3.9］沿用［例 3.8］的资料，第一车间制造费用分配的计算如下：

甲产品应分担的制造费用=2 100×3.52=7 392（元）

乙产品应分担的制造费用=2 400×3.52=8 448（元）

丙产品应分担的制造费用=3 000×3.52=10 560（元）

在实际工作中，本例应编制的制造费用分配表如表 3.11 所示。

表 3.11　制造费用分配表（机器工时比例法）

车间：第一车间　　201×年 8 月

产品名称	机器工时（小时）	分配率	分配金额
甲产品	2 100	3.52	7 392
乙产品	2 400		8 448
丙产品	3 000		10 560
合 计	7 500		26 400

据此编制会计分录：

借：基本生产成本——甲产品　　7 392

——乙产品　　8 448

——丙产品　　10 560

贷：制造费用——第一车间　　26 400

这种方法适用于机械化程度较高的车间，因为在这种车间中，折旧费用的多少与机器运转的时间有密切的联系。采用这种方法必须正确组织各种产品所耗用机器工时的记录工作，以保证工时的准确性。

为了提高分配结果的正确性，可以将机器设备划分为若干类别，按其类别归集和分配制造费用。也可以先将制造费用按性质和用途分类，如分为与机器设备使用有关的费用，及由于管理组织生产而发生的费用，再分别采用适当的方法分配制造费用。

三、年度计划分配率法

年度计划分配率法也叫预定分配率法，它是根据企业正常经营条件下的年度制造费用预算数和预计产量的定额标准数预先计算分配率，然后按此分配率分配制造费用的一种方法。分配方法的基本步骤如下：

1. 计算年度计划分配率

$$制造费用年度计划分配率=\frac{年度制造费用计划总额}{年度预计产量的定额标准数}$$

年度预计产量的定额标准数可以是预计产量的生产工人工时，也可以是直接生产工人的工资，还可以是机器工时数等。

2. 按计划分配率分配制造费用

某种产品应分配的制造费用＝该种产品的实际产量定额标准×计划分配率

3. 处理分配的差异

按计划分配率分配的制造费用数额与制造费用实际数额之间一般存在差异，对此差异的处理方法是：年末时，将其差异额按已分配的比例进行一次再分配，计入到各生产单位所生产的各产品的成本中去。实际数大于已分配数的，用蓝字补记，小于已分配数的用红字冲回。

［例3.10］大海企业第三车间属于季节性生产部门，201×年全年制造费用计划为156 000元，全年各产品的计划产量如下：甲产品2 500件，乙产品900件；单件产品的工时定额为：甲产品3小时，乙产品5小时。该车间201×年4月份的实际产量为：甲产品150件，乙产品100件；该月实际制造费用为14 300元。截至3月31日，制造费用账户无余额。年末该车间全年度制造费用实际发生额为157 000元，全年计划累计分配数为160 000元，其中甲产品已分配100 000元，乙产品已分配60 000元，则制造费用分配的计算如下：

$$制造费用年度计划分配率=\frac{156\ 000}{2\ 500\times3+900\times5}=13\ （元/小时）$$

四月份各产品制造费用的分配额计算如下：

甲产品：$150\times3\times13=5\ 850$（元）

乙产品：$100\times5\times13=6\ 500$（元）

合计：12 350（元）

据此编制会计分录：

借：基本生产成本——甲产品　　5 850

——乙产品　　6 500

贷：制造费用　　12 350

年末制造费用的差异 = 157 000 - 160 000 = -3 000（元）

差异分配：甲产品 =（-3 000/160 000）×100 000 = -1 875（元）

乙产品 =（-3 000/160 000）×60 000 = -1 125（元）

据此编制分录：

借：基本生产成本——甲产品　　[1 875]

——乙产品　　[1 125]

贷：制造费用　　3 000

在采用年度计划分配率分配法时，每月实际发生的制造费用与分配转出的制造费用金额不等，因此，“制造费用”科目一般有月末余额，可能是借方余额，也可能是贷方余额。如为借方余额，表示年度内累计实际发生的制造费用大于按计划分配率分配累计的分配转出额，是超过计划的预付费用，为资产。如为贷方余额，表示年度内按计划分配率分配累计的分配转出额大于累计实际发生额，是该月按照计划应付未付费用，属于负债。“制造费用”科目如果还有年末余额，就是全年制造费用的实际发生额与计划分配额的差额，一般应在年末调整计入 12 月份的产品成本。实际发生额大于计划分配额，借记“基本生产成本”科目，贷记“制造费用”科目；实际发生额小于计划分配额，则用红字冲减，或者借记“制造费用”科目，贷记“基本生产成本”科目。

这种分配方法核算工作简单，特别适用于季节性生产的车间，因为它不受淡月和旺月产量相差悬殊的影响，从而不会使各月单位产品成本中制造费用忽高忽低，便于进行成本分析。但是，采用这种分配方法要求计划工作水平高，否则，会影响产品成本计算的正确性。

无论采用哪一种制造费用的分配方法，都应根据分配计算的结果，编制制造费用分配表，据以进行制造费用的总分类核算和明细分类核算。制造费用的分配，除了采用按年度计划分配率分配法的企业外，“制造费用”科目都没有余额。

第五节　损失性费用的核算

生产损失是指在生产过程中发生的不能正常产出的各种耗费。它包括：①生产损耗，即投入原材料的跑、冒、滴、漏及自然耗费等；②生产废料，即生产过程中产生的边角余料；③废品损失，即生产过程中造成的产品质量不符合规定的技术标准而发生的损失；④停工损失，即由于机器故障及季节性、修理期间的停工而发生的耗费。真正属于成本核算中的损失主要指的是废品损失和停工损失。

一、废品损失的核算

废品是指由于生产原因而造成的质量不符合规定的技术标准，不能按原定的用途加以利用，或者需要经过加工修复后才能使用的在产品、半成品和产成品。

根据废品产生的原因，按生产要素可将废品分为料废品和工废品。料废品是指由于原材料或半成品的质量不符合要求而造成的废品。料废品的产生不应由生产工人来承担责任。工废品是指由于加工原因造成的废品，如工人加工操作过失、看错或绘错图样造成的废品。工废品的产生应由操作人员承担责任。

根据废品是否可以修复，及其破损程度和修复价值可将废品分为可修复废品和不可修复废品。可修复废品是指技术上、工艺上可以修复，而且经过修复后仍可以使用，同时所支付的修复费用在经济上合算的废品。不可修复废品是指在技术上和工艺水平上不可能修复或者虽然在技术上、工艺水平上可以修复，但所需修复费用在经济上是不合算的废品。所谓经济上是否合算，是指修复费用是否超过重新制造同一产品所需的支出。

废品损失是指由于产生废品而发生的种种损失，它包括在生产过程中发现的、入库后发现的各种废品的报废损失和修复费用。废品的报废损失，是指不可修复废品的实际成本扣除回收的材料和废料价值以及应由过失人负担赔款后的净损失。废品的修复费用，是指可修复废品在返修过程中所发生的料、工、费，扣除应由造成废品损失的过失人负担赔款后的净额。

（一）不可修复废品的损失核算

不可修复废品的报废损失是指废品的生产成本扣除回收残料价值及应收赔偿款后的损失。

废品生产成本的确定方法有：按废品所消耗实际费用计算和按废品所耗的定额费用计算两种方法。在此用废品所消耗实际费用计算方法进行举例说明：

［例3.11］海韵企业201×年9月生产车间生产甲产品，本月完工240件，经检验发现其中5件为不可修复废品。甲产品生产成本明细账上所列示的合格品和废品的生产费用为：直接材料60 000元，直接人工24 000元，制造费用14 700元，合计98 700元；甲产品耗用工时为：合格品5 910小时，废品90小时，合计6 000小时。原材料系生产开始时一次性投入，废品回收的残料计价320元，应由责任人赔偿150元。据此资料可以编制如表3.12所示的表格来计算废品损失。

表3.12 不可修复废品损失计算表

产品：甲产品　　201×年9月　　单位：元

项目	数量（件）	直接材料	生产工时（小时）	直接人工	制造费用	合计
合格品和废品生产费用	240	60 000	6 000	24 000	14 700	98 700
费用分配率		250		4	2.45	
废品生产成本	5	1 250	90	360	220.50	1 830.50

（续表）

项目	数量（件）	直接材料	生产工时（小时）	直接人工	制造费用	合计
减：废品残值		320				320
应收赔偿款				150		150
废品损失		930		210	220.50	1 360.50

根据表 3.12 的计算结果，编制结转不可修复废品损失的会计分录为：

借：原材料　　320

　其他应收款　　150

　废品损失——甲产品　　1 360.50

　贷：基本生产成本——甲产品　　1 830.50

（二）可修复废品损失的核算

可修复废品损失指的是在修复过程中发生的各种费用，即废品的修复费用。

可修复废品损失 = 修复废品材料费用 + 修复废品工资及福利费 + 修复废品制造费用。举例如下：

［例 3.12］海河企业 201×年 8 月生产车间在生产丙产品的过程中，产生 10 件可修复废品。在返修过程中共发生材料费用 230 元，耗用工时 40 小时，单位小时工资率为 3 元，单位小时费用率为 2 元。则修复费用计算如下：

材料：230（元）；

人工：40×3=120（元）；

间接费用：40×2=80（元）。

共计：430 元

据此编制会计分录：

借：废品损失——丙产品　　430

　贷：原材料　　230

　　应付职工薪酬　　120

　　制造费用　　80

月末，在"废品损失明细账"中，归集了可修复废品的修复费用、不可修复废品的成本和扣除的残料价值，即可计算出废品的净损失。废品的净损失，一般都是本期发生的，因此，应由本期完工的同种产品负担，直接从"废品损失明细账"转入"产品成本计算单"中所设置的"废品损失"成本项目中。如［例 3.11］在月末应编制会计分录：

借：基本生产成本——甲产品（废品损失）　　1 360.50

　贷：废品损失——甲产品　　1 360.50

［例 3.12］在月末应编制会计分录：

借：基本生产成本——丙产品（废品损失）　　430

贷：废品损失——丙产品 430

二、停工损失的核算

停工损失主要包括停工期间所耗用的燃料和动力费、工资及福利费用以及应负担的制造费用等。由过失单位或保险公司负担的赔款应冲减停工损失。

为了单独核算停工损失，应专设“停工损失”账户来归集和分配停工损失，在成本项目中增设“停工损失”项目。

停工损失由于产生的原因不同，其分配结转的方法也不同。如果停工的车间生产多种产品，则应当采用适当的分配方法（分配制造费用的方法）分配计入各产品成本。

[例3.13] 江海企业201×年8月生产车间因故障停工一周，停工期间发生如下费用：生产工人工资3 000元，计提福利费420元，制造费用1 600元。经查，停工系某职工违规操作造成，应由其赔偿1 000元，其余由该车间生产的甲、乙两种产品按生产工时比例分配负担。甲产品的生产工时为18 000小时，乙产品的生产工时为12 000小时。

计算停工净损失：

停工净损失 =（3 000 +420 +1 600） -1 000 =4 020（元）

据此编制会计分录：

借：其他应收款 1 000

　　停工损失 4 020

　贷：应付职工薪酬（工资） 3 000

　　　应付职工薪酬（福利费） 420

　　　制造费用 1 600

分配停工净损失：

甲产品：18 000 ×［4 020/（18 000 +12 000）］ =2 412（元）

乙产品：12 000 ×［4 020/（18 000 +12 000）］ =1 608（元）

据此编制会计分录：

借：基本生产成本——甲产品 2 412

　　　　　　　——乙产品 1 608

　贷：停工损失 4 020

特别说明：①在不单独核算停工损失的企业，停工期间发生的属于停工损失的各种费用直接记入“制造费用”和“营业外支出”等账户；②对季节性生产企业在停工期内的费用，不作为停工损失，而应采用待摊、预提的方法，由开工期内的生产成本负担。

第六节　在产品成本的核算

一、在产品的概念及其数量的确定

在产品是指没有完成全部生产过程，不能作为商品销售的产品。

（一）在产品数量的核算

企业在生产过程中发生的生产费用，经过在各种产品之间进行分配和归集，应计入本月各种产品成本的生产费用，都已集中反映在“基本生产成本”账户和所属各种产品成本明细账中。月末，企业生产的产品有三种情况：

（1）产品已全部完工，产品成本明细账中归集的生产费用（如果有月初在产品，还包括月初在产品费用）之和，就是该完工产品的成本；

（2）如果当月全部产品都没有完工，产品成本明细账中归集的生产费用之和，就是该种在产品的成本；

（3）如果既有完工产品又有在产品，产品成本明细账中归集的生产费用之和，应在完工产品和月末在产品之间采用适当的分配方法，进行生产费用的归集和分配，以计算完工产品和月末在产品的成本。

月初在产品费用、本月生产费用与本月完工产品费用、月末在产品费用之间的关系，可以用下列公式表达：

月初在产品费用 + 本月生产费用 = 本月完工产品费用 + 月末在产品费用

公式的前两项是已知数，后两项是未知数；前两项的费用之和，在完工产品和月末在产品之间采用一定的方法进行分配。分配的方法有两种：一是先计算确定月末在产品成本，然后倒算出完工产品成本；二是将公式前两项之和按照一定比例在完工产品和月末在产品之间进行分配，同时求得完工产品成本和月末在产品成本。

无论采用哪一种方法，各月末在产品的数量和费用的大小以及数量或费用变化的大小，对于完工产品成本计算都有很大影响。欲计算完工产品的成本，需取得在产品增减动态和实际结存的数量资料，因而须正确组织在产品收发结存的数量核算。

（二）在产品清查的核算

为了核实在产品的数量，保护在产品的安全、完整，企业必须认真做好在产品的清查工作。清查可以定期进行，也可以不定期进行。清查时，应根据盘点结果和账面资料编制在产品盘存表，填制在产品的账面数、实存数和盘盈盘亏数以及盈亏的原因和处理意见等；对于报废和毁损的在产品，还应登记其残值。成本核算人员应对在产品的清查结果进行审核，并进行如下账务处理：

清查中发现在产品盘盈时：

借：基本生产成本

　贷：待处理财产损溢——待处理流动资产损溢

经过批准进行处理时：

借：待处理财产损溢——待处理流动资产损溢

　贷：制造费用

清查中发现在产品盘亏和毁损时：

借：待处理财产损溢——待处理流动资产损溢

　贷：基本生产成本

经批准后分别按原因进行处理：

借：原材料

　　其他应收款

　　营业外支出

　　制造费用

　贷：待处理财产损溢——待处理流动资产损溢

二、生产费用在完工产品与在产品之间分配的方法

生产费用在完工产品与在产品之间分配的方法主要有七种：不计算在产品成本法、在产品按年初数固定计算法、在产品按所耗原材料费用计价法、约当产量比例法、在产品按完工产品成本计算法、在产品按定额成本计价法和定额比例法。企业应根据其在产品数量的多少、各月在产品数量变化的大小、各种费用比重的大小，以及定额管理基础好坏等具体条件和实际情况，选择既合理又简便的分配方法。

（一）不计算在产品成本法

不计算在产品成本法是指虽然月末有结存在产品，但月末在产品数量很少，价值很低，并且各月份在产品数量比较稳定，从而可对月末在产品成本忽略不计的一种分配方法。

为简化产品成本计算工作，根据重要性原则，可以不计算月末在产品成本，本月生产费用全部视为完工产品成本，将本月各产品发生的生产耗费全部由完工产品负担。如例 3. 14 甲产品成本的计算。

（二）在产品按年初数固定计算法

在产品按年初数固定计算法，是指对各月在产品按年初在产品成本计价的一种方法。这种方法适用于各月月末在产品结存数量较少，或者虽然在产品结存数量较多，但各月月末在产品数量稳定、起伏不大的产品。如例 3. 14 乙产品成本的计算。

采用在产品按年初数固定计算的方法，对于每年年末在产品，则需要根据实际盘存资料，采用其他方法计算在产品成本，以免在产品以固定不变的成本计价延续时间太长，使在产品成本与实际出入过大而影响产品成本计算的正确性和导致企业存货资产反映失实。

（三）在产品按所耗原材料费用计价法

在产品按所耗原材料费用计价法，是指月末在产品只计算所耗的原材料费用，不

计算工资及福利费等加工费用，产品的加工费用全部由完工产品负担。

完工产品成本 = 期初在产品的原材料费用 + 本期生产费用 − 期末在产品所耗原材料费用。

这种方法适用于各月在产品数量多、各月在产品数量变化较大，且原材料费用在产品成本中所占比重较大的产品。如例 3.14 丙产品成本的计算。

（四）在产品按完工产品成本计算法

在产品按完工产品成本计算法是指将在产品视同完工产品计算、分配生产费用。这种分配方法适用于月末在产品已接近完工，或产品已经加工完毕但尚未验收或包装入库的产品。这是因为在这种情况下，在产品已接近完工产品成本，为了简化产品成本计算工作，可将在产品视为完工产品，按两者数量比例来分配生产费用。如例 3.14 丁产品成本的计算。

将上述四种方法举例说明如下：

［例 3.14］华海公司生产甲、乙、丙、丁四种产品，201×年 3 月份有关产量及费用资料如表 3.13、表 3.14、表 3.15 所示。

1. 本月产品数量资料：

表 3.13　本月完工产品和在产品数量

201×年 3 月　　　　单位：件

产品名称	完工产品	月末在产品
甲产品	200	5
乙产品	1 000	200
丙产品	100	20
丁产品	150	50

2. 本月费用相关资料：

表 3.14　月初在产品成本

201×年 3 月

产品名称	直接材料	直接人工	制造费用	合计
甲产品				
乙产品	36 000	22 000	8 000	66 000
丙产品	12 000			12 000
丁产品	56 000	34 000	10 000	100 000
合计	104 000	56 000	18 000	178 000

表 3.15　本月生产费用

201×年 3 月

产品名称	直接材料	直接人工	制造费用	合计
甲产品	26 540	18 600	8 260	53 400
乙产品	180 000	120 000	42 000	342 000
丙产品	60 000	8 600	4 600	73 200
丁产品	170 000	120 000	35 000	325 000
合计	436 540	267 200	89 860	793 600

由于甲产品月末在产品数量很少，所以甲产品采用不计算在产品成本法，则甲产品的成本计算单可编制如表 3.16 所示。

表 3.16　甲产品成本计算单　　完工产品数量：200

201×年 3 月　　在产品数量：5

项目	直接材料	直接人工	制造费用	合计
月初在产品成本				
本月发生生产费用	26 540	18 600	8 260	53 400
生产费用合计	26 540	18 600	8 260	53 400
完工产品总成本	26 540	18 600	8 260	53 400
完工产品单位成本	132.7	93	41.3	267
月末在产品成本				

由于乙产品月末在产品数量较大，但各月末在产品数量变动不大，所以，乙产品采用在产品成本按年初固定成本计算，则乙产品的成本计算单如表 3.17 所示。

表 3.17　乙产品成本计算单　　完工产品数量：1 000

201×年 3 月　　在产品数量：200

项目	直接材料	直接人工	制造费用	合计
月初在产品成本	36 000	22 000	8 000	66 000
本月发生生产费用	180 000	120 000	42 000	342 000
生产费用合计	216 000	142 000	50 000	408 000
完工产品总成本	180 000	120 000	42 000	342 000
完工产品单位成本	180	120	42	342
月末在产品成本	36 000	22 000	8 000	66 000

丙产品直接材料费用在产品成本中所占比重较大，所以采用在产品只计算原材料成本方法，假设丙产品的材料是在生产开始时一次投入的，则丙产品的成本计算单可

编制如表 3. 18 所示。

表 3. 18　丙产品成本计算单　　完工产品数量：100

201 × 年 3 月　　在产品数量：20

项目	直接材料	直接人工	制造费用	合计
月初在产品成本	12 000			12 000
本月发生生产费用	60 000	8 600	4 600	73 200
生产费用合计	72 000	8 600	4 600	85 200
完工产品总成本	60 000	8 600	4 600	73 200
完工产品单位成本	600	86	46	732
月末在产品成本	12 000			12 000

假设丁产品的在产品月末已接近完工，则丁产品的在产品成本按完工产品成本计价，丁产品的成本计算单可编制如表 3. 19 所示。

表 3. 19　丁产品成本计算单　　完工产品数量：150

201 × 年 3 月　　在产品数量：50

项目	直接材料	直接人工	制造费用	合计
月初在产品成本	56 000	34 000	10 000	100 000
本月发生生产费用	170 000	120 000	35 000	325 000
生产费用合计	226 000	154 000	45 000	425 000
完工产品总成本	169 500	115 500	33 750	318 750
完工产品单位成本	1 130	770	225	2 125
月末在产品成本	56 500	38 500	11 250	106 250

（五）约当产量比例法

约当产量是指月末在产品数量按其完工（或投料）程度折算为相当于完工产品的数量。其通常用实物量表示，也可以用定额工时表示。计算约当产量是为了将生产费用在完工产品和在产品之间进行划分。由于在产品尚未加工完毕，继续加工时，还要发生生产费用，因此，单位在产品成本总是小于单位完工产品的成本。在成本计算中，先将月末在产品数量按其完工（或投料）程度折算相当于完工产品的数量，然后，按完工产品产量与月末在产品约当产量的比例，分配生产费用，最后计算完工产品成本和月末在产品成本，此方法称为约当产量比例法。由于约当产量比例法只要在正确统计月末在产品结存数量和估计月末在产品成本完工程度的前提下，就可以比较客观、简便地划分完工产品与月末在产品成本。因此，约当产量比例法适用范围较大，特别适用于月末在产品数量较大，且各月末在产品数量变化也较大，产品成本中原材料费用和工资等加工费用所占比重相差不多的产品。约当产量比例法计算公式如下：

月末在产品约当产量 = 月末在产品结存产量 × 在产品完工（或投料）程度

$$费用分配率=\frac{月初在产品成本+本月生产费用}{完工产品产量+月末在产品约当产量}$$

完工产品应分担的费用=完工产品产量×费用分配率

月末在产品应分担的费用=月末在产品约当产量×费用分配率

采用约当产量比例法，由于月末在产品的投料程度和加工程度可能不一致，直接材料、直接人工和制造费用的投入程度也可能不同。因此，在产品数量折合完工产品数量时，必须按照成本项目分别进行。其中，直接材料项目按月末在产品所耗直接材料的投料程度计算约当产量，直接人工及制造费用项目按月末在产品的完工率（加工程度）计算约当产量。下面就各成本项目分别加以说明：

1. 直接材料项目

（1）直接材料是在生产开始时一次性投入的

企业生产产品所耗用的原材料有可能是在生产开始时一次性投入的，这时，对于直接材料项目来说，完工产品和月末在产品都视同完工程度为100%的产品，月末在产品约当产量等于在产品数量。在这种情况下，完工产品与月末在产品的原材料费用，按它们的数量比例分配计算。举例说明如下：

［例3.15］某企业生产甲产品，本月完工600件，月末在产品200件，月初在产品的材料费用和本月发生原材料费用共计32 000元，原材料是在生产开始时一次投入的。原材料费用按约当产量比例法计算如下：

月末在产品约当产量=200×100%=200（件）

$$材料费用分配率=\frac{32\ 000}{600+200}=40（元/件）$$

完工产品应分担的材料费用=600×40=24 000（元）

月末在产品应分担的材料费用=200×40=8 000（元）

（2）直接材料是按工序分次投入的

如果原材料不是在生产开始时一次投入的，而是随生产进度在每一工序陆续投入的，并且是在每一工序开始时一次投入的，原材料费用也应按照约当产量比例法进行分配。也就是说，根据各工序原材料消耗定额分别计算分配原材料费用的投料率。计算公式如下：

$$某工序在产品投料程度=\frac{前面各道工序累计材料消耗定额+本工序材料消耗定额}{完工产品材料消耗定额}$$

在产品约当产量=∑（某工序在产品数量×某工序在产品投料程度）

$$直接材料费用分配率=\frac{月初在产品材料直接费用+本月发生的直接材料费用}{完工产品产量+月末在产品约当产量}$$

完工产品应分担的材料费用=完工产品产量×费用分配率

月末在产品应分担的费用=月末在产品约当产量×费用分配率

举例说明如下：

［例3.16］某种产品生产由两道工序完成。其直接材料分两道工序在每道工序开始时一次投入。各道工序的材料消耗定额为：第一工序25kg，第二工序15kg，合计

40kg。各道工序在产品数量分别为：第一工序 200 件，第二工序 100 件。完工产品为 150 件。月初在产品和本月投入原材料费用共计 3 750 元。现分配计算如下：

$$第一工序在产品投料程度 = \frac{25}{40} = 62.5\%$$

$$第二工序在产品投料程度 = \frac{25+15}{40} = 100\%$$

在产品约当产量 $= 200 \times 62.5\% + 100 \times 100\% = 225$（件）

$$直接材料费用分配率 = \frac{3\ 750}{150+225} = 10（元/件）$$

完工产品应分担的材料费用 $= 150 \times 10 = 1\ 500$（元）

月末在产品应分担的材料费用 $= 225 \times 10 = 2\ 250$（元）

（3）原材料陆续投入

如果原材料采取的是陆续投料方式，即产品生产所耗用的材料随着加工进度逐步陆续投入，月末在产品的投料程度与其加工程度是一致的，那么其投料程度计算公式如下：

$$某工序在产品投料程度 = \frac{前面各道工序累计材料消耗定额 + 本工序材料消耗定额 \times 50\%}{完工产品材料消耗定额}$$

在产品约当产量 $= \sum$（某工序在产品数量 × 某工序在产品投料程度）

由于各道工序的在产品，在投料程度和完工程度上不同，有的投料多，有的投料少，有的加工将要完成，有的正在加工，因此上述公式中本道工序材料消耗定额以 50% 计算，即按平均投料（或完工）的一半计算。例如：

［例 3.17］甲产品材料消耗定额为 60 元，生产中经三道工序陆续投料，其中：第一道工序材料消耗定额为 30 元，第二道工序材料消耗定额为 18 元，第三道工序材料消耗定额为 12 元。各道工序月末在产品的数量分别为：第一道路工序 100 件，第二道工序 80 件，第三道工序 60 件。本月完工产品为 69 件，月初在产品及本月发生的材料费用共计 4 000 元。各工序月末在产品约当产量计算如表 3.20 所示。

表 3.20　各工序的投料程度和约当产量计算表

产品名称：甲产品　　　　201×年×月×日　　　　实物单位：件

工序	单位产品投料定额	投料程度	月末在产品数量	月末在产品约当产量	完工产品产量
1	30	（30×50%）/60 = 25%	100	25	
2	18	（30 + 18×50%）/60 = 65%	80	52	
3	12	（48 + 12×50%）/60 = 90%	60	54	
合计	60	–	240	131	69

$$直接材料费用分配率 = \frac{4\ 000}{131+69} = 20（元/件）$$

完工产品应分担的材料费用 = 69 × 20 = 1 380（元）

月末在产品应分担的材料费用 = 131 × 20 = 2 620（元）

2. 直接人工项目

直接人工的分配是按在产品加工程度将在产品折算成相当于完工产品的数量，即约当产量，然后再进行分配，加工程度也称为完工程度或完工率，它的测定一般有下列两种方式：

第一种是平均计算完工率，即一律按 50% 作为各工序在产品的完工程度。它适用于各工序的在产品数量和单位产品在各工序的加工量都相差不多的情况下，后面各工序的在产品多加工的程度可以抵补前面各工序少加工的程度。这样，全部在产品完工程度可按 50% 平均计算。

$$某工序在产品完工率 = \frac{前面各道工序累计工时定额 + 本工序工时定额 \times 50\%}{完工产品工时定额}$$

第二种是各工序分别测定完工率，即按照各工序的累计工时定额占完工产品工时定额的比率计算，其中每一工序内各在产品的完工程度可以按平均完工 50% 计算。计算公式为：

$$某工序在产品完工率 = \frac{前面各道工序累计工时定额 + 本工序工时定额 \times 50\%}{完工产品工时定额}$$

在上式中，本工序工时定额之所以乘以 50%，是因为该工序中各在产品的完工程度不同，为简化完工率的测算工作，所以本工序一律按平均完工率的 50% 计算。在产品在上道工序转入下一道工序时，因为上道工序已完工，所以前面各工序的工时定额按 100% 计算。

[例 3.18] 海东企业 201×年 8 月生产的甲产品要经过三个生产工序，各工序单位产品工时定额及在产品数量见表 3.21。各工序在产品完工程度按平均 50% 计算。相关资料如表 3.21 所示。

表 3.21　工时定额及在产品数量

产品名称：甲产品　　　　201×年 8 月

工序	工时定额	各工序在产品数量（件）
1	32	250
2	40	360
3	28	160
合计	100	770

各工序的完工率和约当产量计算过程可列成表 3.22 所示。

表 3.22 各工序的完工率和约当产量计算表

产品名称：甲产品　　　　201×年 8 月

工序	工时定额	完工率	月末在产品数量	月末在产品约当产量
1	32	(32×50%) /100＝16%	250	40
2	40	(32＋40×50%) /100＝52%	360	187.20
3	28	(72＋28×50%) /100＝86%	160	137.60
合计	100	–	770	364.80

假设月初在产品和本月直接人工合计为 66 480 元，完工产品数量为 300 件，则人工费用的分配计算如下：

$$直接人工费用分配率=\frac{66\ 480}{364.8+300}=100（元/件）$$

完工产品应分担的人工费用＝300×100＝30 000（元）

月末在产品应分担的人工费用＝364.8×100＝36 480（元）

3. 制造费用项目

制造费用在产品成本中的比重与产品的完工程度有密切的联系，它随着生产过程的进行而逐渐增加，产品完工程度越高，该产品负担的制造费用相对越多，因此制造费用的分配也是按完工程度将在产品数量折算成完工产品数量，即约当产量，然后再进行分配，其计算过程与直接人工项目相同。

［例 3.19］某种产品生产由两道工序完成。每道工序在产品数量为：第一道工序 40 件，第二道工序 60 件。每道工序工时定额为：第一道工序 10 小时，第二道工序 30 小时，共计 40 小时。本月完工产品 80 件。月初在产品制造费用和本月发生的制造费用共计 1 225 元。对制造费用的分配计算如下：

$$第一道工序在产品约当产量=\frac{10\times 50\%}{40}\times 40=5（件）$$

$$第二道工序在产品约当产量=\frac{10+30\times 50\%}{40}\times 60=37.5（件）$$

在产品约当产量合计＝5＋37.5＝42.5（件）

$$制造费用分配率=\frac{1\ 225}{42.5+80}=10（元/件）$$

月末在产品应分担的制造费用＝10×42.5＝425（元）

本月完工产品应分担的制造费用＝80×10＝800（元）

（六）在产品按定额成本计价法

采用在产品按定额成本计价法，月末在产品成本按定额成本计算，该种产品的全部成本（如果有月初在产品，包括月初在产品成本在内）减去按定额成本计算的月末在产品成本，余额作为完工产品成本；每月生产成本脱离定额的节约差异或超支差异全部计入当月完工产品成本。这种方法是事先经过调查研究、技术测定或按定额资料，对各个加工阶段上的在产品，直接确定一个单位定额成本的方法。这种方法适用于各项消耗定额或成本定额比较准确、稳定，而且各月末在产品数量变化不是很大的产品。

采用这种方法，应根据各种在产品有关定额资料，以及在产品月末结存数量，计算各种月末在产品的定额成本。在产品定额成本的计算公式如下：

在产品直接材料定额成本 = 在产品数量 × 材料消耗定额 × 材料计划单价

在产品直接人工定额成本 = 在产品数量 × 工时定额 × 计划小时工资率

在产品制造费用定额成本 = 在产品数量 × 工时定额 × 计划小时费用率

完工产品成本的计算公式：

完工产品总成本 =（月初在产品成本 + 本月发生生产费用）- 月末在产品成本

[例3.20] 某产品各项定额消耗比较准确、稳定，各月在产品数量变化不大，月末在产品按定额成本计价。该产品月初和本月发生的生产费用合计如下：原材料 48 740 元，工资和福利费 17 650 元，制造费用 12 000 元。原材料生产开始时一次投入。单位产品原材料费用定额 80 元。完工产品产量 450 件，月末在产品 100 件，定额工时共计 1 400 小时。每小时费用定额：工资 2.05 元，制造费用 2.5 元。

第一步：确定 100 件在产品的定额成本

直接材料：100 × 80 = 8 000（元）

直接人工：1 400 × 2.05 = 2 870（元）

制造费用：1 400 × 2.5 = 3 500（元）

在产品成本合计：8 637（元）

第二步：计算完工产品成本

直接材料：48 740 - 8 000 = 40 740（元）

直接人工：17 650 - 2 870 = 14 780（元）

制造费用：12 000 - 3 500 = 8 500（元）

完工产品成本合计：40 740 + 14 780 + 8 500 = 64 020（元）

（七）定额比例法

定额比例法是产品的生产费用按完工产品和月末在产品的定额消耗量或定额费用的比例，分配计算完工产品和月末在产品成本的一种方法。其中，原材料费用按原材料费用定额消耗量或原材料定额费用比例分配；工资和福利费、制造费用等各项加工费用，按定额工时或定额费用比例分配。

这种方法适用于各项消耗定额或费用定额比较准确、稳定，但各月末在产品数量变化较大的产品。

采用定额比例法时，如果原材料费用按定额原材料费用比例分配，各项加工费用均按定额工时比例分配，其分配计算公式如下：

$$费用分配率 = \frac{月初在产品费用 + 本月生产费用}{\frac{完工产品定额}{材料费用或定额工时} + \frac{月末在产品材料}{定额费用或定额工时}}$$

或：

$$费用分配率=\frac{月初在产品费用+本月生产费用}{\begin{matrix}月初产品定额材料\\费用或定额工时\end{matrix}+\begin{matrix}本月投入材料定额\\费用或定额工时\end{matrix}}$$

注：以定额原材料费用为分母算出的费用分配率，是原材料的费用分配率；以定额工时为分母算出的费用分配率，是工资及福利费等各项加工费用的分配率。

完工产品实际原材料费用＝完工产品定额原材料费用×原材料费用分配率

月末在产品实际原材料费用＝月末在产品定额原材料费用×原材料费用分配率

＝月初在产品实际原材料费用＋本月实际原材料费用－完工产品实际原材料费用

完工产品某项加工费用＝完工产品定额工时×该项费用分配率

月末在产品某项加工费用＝月末在产品定额工时×该项费用分配率

［例3.21］某公司生产的D产品本月完工产品产量300个，在产品数量40个；单位产品定额消耗为：材料400千克/个，100工时/个。单位在产品材料定额400千克，工时定额50小时，月初在产品成本和本月生产费用资料如表3.23所示。

表3.23　生产成本明细表

产品名称：D产品　　　　　　　　201×年×月

成本项目	直接材料	直接人工	制造费用	合计
月初在产品成本	400 000	40 000	60 000	500 000
本月生产费用	960 000	600 000	900 000	2 460 000
合计	1 360 000	640 000	960 000	2 960 000

第一步：确定40个月末在产品的定额成本

直接材料：40×400＝16 000（元）

直接人工：40×50＝2 000（元）

制造费用：40×50＝2 000（元）

在产品成本合计：20 000（元）

第二步：确定300个完工产品的定额成本

直接材料：300×400＝120 000（元）

直接人工：300×100＝30 000（元）

制造费用：300×100＝30 000（元）

完工产品定额成本合计：180 000（元）

第三步：确定40个月末在产品和300个完工产品的定额成本的和

直接材料：16 000＋120 000＝136 000（元）

直接人工：2 000＋30 000＝32 000（元）

制造费用：2 000＋30 000＝32 000（元）

合计：200 000（元）

第四步：根据上述计算结果计算分配率：

$$材料费用分配率 = \frac{月初在产品直接材料费用 + 本月发生的直接材料费用}{完工产品直接材料定额成本 + 月末在产品直接材料定额成本}$$

$$= \frac{1\ 360\ 000}{136\ 000} = 10$$

$$直接人工费用分配率 = \frac{月初在产品费用 + 本月生产费用}{\begin{matrix}完工产品直接\\人工定额成本\end{matrix} + \begin{matrix}月末在产品直接\\人工定额成本\end{matrix}}$$

$$= \frac{640\ 000}{32\ 000} = 20$$

$$制造费用分配率 = \frac{月初在产品制造费用 + 本月发生的制造费用}{完工产品制费用定额成本 + 月末在产品制造费用定额成本}$$

$$= \frac{960\ 000}{32\ 000} = 30$$

第五步：计算完工产品实际成本：

直接材料：120 000 × 10 = 1 200 000（元）

直接人工：30 000 × 20 = 600 000（元）

制造费用：30 000 × 30 = 900 000（元）

完工产品实际成本合计：2 700 000（元）

第六步：计算在产品实际成本：

直接材料：16 000 × 10 = 160 000（元）

直接人工：2 000 × 20 = 40 000（元）

制造费用：2 000 × 30 = 60 000（元）

月末在产品实际成本合计：260 000（元）

在实际工作中要将上述计算过程列成表 3.24 所示。

表 3.24　产品成本计算表

产品名称：D 产品　　　　201 × 年 × 月

成本项目	直接材料	直接人工	制造费用	合计
在产品定额消耗	400 × 40 = 16 000	40 × 50 = 2 000	40 × 50 = 2 000	20 000
完工产品定额消耗	300 × 400 = 120 000	300 × 100 = 30 000	300 × 100 = 30 000	180 000
合计	136 000	32 000	32 000	200 000
分配率	1 360 000 ÷ 136 000 = 10	640 000 ÷ 32 000 = 20	960 000 ÷ 32 000 = 30	
完工产品实际成本	120 000 × 10 = 1 200 000	300 000 × 20 = 600 000	30 000 × 30 = 900 000	2 700 000
在产品实际成本	16 000 × 10 = 160 000	2 000 × 20 = 40 000	2 000 × 30 = 60 000	260 000

注意：如果分配率是四舍五入的结果，计算月末在产品实际成本时就不能用在产

品的定额消耗与分配率相乘进行计算，而要用生产费用总额减去完工产品实际成本来计算。如上例中计算月末在产品实际成本时，应按下式进行计算：

月末在产品实际成本：

直接材料：1 360 000 - 1 200 000 = 160 000（元）

直接人工：640 000 - 600 000 = 40 000（元）

制造费用：960 000 - 900 000 = 60 000（元）

月末在产品实际成本合计：260 000（元）

三、完工产品成本结转的核算

生产费用完成了在各产品之间以及在完工产品和月末在产品之间横向与纵向的分配和归集之后，完工产品的单位成本已计算出来，可据以结转入库完工产品成本。工业企业的完工产品，包括产成品、自制材料、工具和模具等。

完工产品经产成品仓库验收入库以后，其成本应从“基本生产成本”科目和各种产品成本明细账的贷方转入到各有关科目的借方，其中：完工入库产成品的成本，应转入“库存商品”科目；完工自制材料、工具、模具等的成本，应分别转入“原材料”和“周转材料”等科目。“基本生产成本”总账科目的月末余额，就是基本生产车间月末在产品的成本，也就是占用在基本生产过程中的生产资金，应与所属各种产品成本明细账中月末在产品成本之和核对相符。

本章小结

本章是成本会计的基础，涉及的内容较多，其中各成本要素的分配计算及核算过程都是需要掌握的内容，也都比较重要。另外，本章对各成本要素的介绍，基本上都是以品种法为基础的，所以，通过对本章的学习，掌握了本章所涉及的各项计算和核算后，能够自学后续章节中有关成本计算的品种法的相关知识，或者可以将品种法中的案例，当成是本章的综合案例来学习。

练习题

一、单项选择题

1. 下列属于产品成本项目的是（　　）。

A. 外购材料　　B. 废品损失　　C. 折旧费　　D. 税金

2. 分配结果最为准确的辅助生产费用分配方法是（　　）。

A. 直接分配法　　B. 交互分配法

C. 代数分配法　　D. 计划分配法

3. 交互分配法的所谓“交互分配”是指在（　　）之间进行的辅助生产费用分配。

A. 辅助生产与基本生产　　B. 企业内部各单位

C. 辅助生产各车间　　D. 基本生产内部

3. 废品损失应计入（　　）。

A. 管理费用　　B. 制造费用

C. 同种产品成本　　D. 营业外支出

5. 计入制造成本的费用是（　　）。

A. 制造费用　B. 管理费用　C. 递延费用　D. 财务费用

二、多项选择题

1. 分配间接计入产品成本的费用应遵循以下原则（　　）。

A. 合理性　B. 简便性　C. 灵活性　D. 一致性

2. 以下属于期间费用的是（　　）。

A. 生产设备折旧费　　B. 行政人员工资

C. 离退休人员医药费　　D. 计量不严造成的材料盘亏

3. 废品损失包括（　　）。

A. 可修复废品的修复费用　　B. 不可修复废品的净损失

C. 销售以后的产品修理费　　D. “三包”支出

4. 属于直接成本的有（　　）。

A. 生产工资　　B. 废品损失

C. 生产设备折旧费　　D. 车间房屋折旧费

5. 计划成本法分配辅助生产费用具有（　　）优点。

A. 工作量简化　　B. 结果准确无误

C. 便于分析、考核　　D. 账务处理更加简便

三、简答题

1. 制造费用的主要分配方法有哪些？各有何需要注意的问题？

2. 试比较说明辅助生产的交互分配法和直接分配法的优缺点和应用条件。

四、实训题

（一）材料费用的归集与分配

某企业201×年7月份生产甲、乙两种产品，有关资料如下：

其中，本月产量甲产品为600件，单件产品消耗C材料定额为10千克；乙产品的实际产量为500件，单件产品C材料消耗定额为8千克。

要求：分配材料费用并运用定额消耗量比例分配、计算甲、乙产品共同耗用的原材料费用。

岗位1任务：根据领料单等凭证汇总材料费用，并计算甲、乙产品共同耗用的C原材料费用。

领　料　单

单位：一车间　　201×年7月1日　　发料仓库：第一仓库

货号	品名	单位	数量	单价	金额（元）	备注
0001	A	吨	8	30 000	240 000	生产甲产品

批料：刘宁　保管员：张华　记账：马强　领料主管：王红　领料人：林艺

领　料　单

单位：一车间　　201×年7月5日　　发料仓库：第一仓库

货号	品名	单位	数量	单价	金额（元）	备注
0002	B	吨	10	3 000	30 000	生产乙产品

批料：刘宁　保管员：张华　记账：马强　领料主管：王红　领料人：林艺

领　料　单

单位：一车间　　201×年7月12日　　发料仓库：第一仓库

货号	品名	单位	数量	单价	金额（元）	备注
0003	C	吨	10	2 000	20 000	甲、乙产品共同耗用

批料：刘宁　保管员：张华　记账：马强　领料主管：王红　领料人：林艺

领　料　单

单位：运输车间　　201×年7月15日　　发料仓库：第一仓库

货号	品名	单位	数量	单价	金额（元）	备注
0001	A	吨	1.2	30 000	36 000	修理耗用

批料：刘宁　保管员：张华　记账：马强　领料主管：王红　领料人：林艺

领　料　单

单位：一车间　　201×年7月20日　　发料仓库：第一仓库

货号	品名	单位	数量	单价	金额（元）	备注
0004	D	吨	20	600	12 000	修理耗用

批料：刘宁　保管员：张华　记账：马强　领料主管：王红　领料人：林艺

编制领料汇总表

领料汇总表

201×年7月　　　　金额单位：元

领料部门	用途	材料品种	数量	单价	金额
基本生产车间					
辅助生产车间					
合计					

岗位2任务：编制材料费用分配汇总表。

材料耗用分配汇总表

201×年7月　　　　单位：元

材料类别		直接计入材料	分配计入材料			材料费用合计
			分配标准（定额耗用量）	分配率	分配金额	
基本生产车间生产耗用	甲产品					
	乙产品					
	小计					
基本生产车间一般耗用						
辅助生产车间耗用						
合计						

岗位3任务：记账凭证的填制与审核。

记账凭证

年　月　日　　　　字第　号

摘要	总账科目	明细科目	借方金额	贷方金额	记账
合计					

财务主管　　记账　　出纳　　审核　　制单

岗位4任务：登记有关成本费用总账和明细账。

基本生产成本明细账

产品名称：甲　　　　生产车间：一车间　　　　单位：元

年		凭证号	摘要	成本项目				合计
月	日			直接材料	直接人工	制造费用		
7	1		期初余额	50 000	5 000	9 000		64 000

辅助生产成本明细账

辅助生产车间：运输车间　　　　产品名称：修理劳务　　　　单位：元

年		凭证号	摘要	成本项目				合计
月	日			直接材料	直接人工	制造费用		

制造费用明细账

车间名称：一车间　　　　单位：元

年		摘要	借方合计	借方项目							
月	日			物料消耗	职工薪酬	折旧费	水电费	修理费	其他	费用	

（二）人工费用的归集与分配

岗位1任务：计算有关工资数据并分析数据。

实训资料一：

某生产小组集体完成若干生产任务，按一般计件工资的计算方法算出并取得集体工资5 000元。该小组由3个不同等级的工人组成，每人的姓名、等级、日工资率、出勤天数资料如下表所示（根据：考勤记录表、产量工时单、工资结算标准、扣款通知单、有关劳动保障规定等资料）。

工人工资计算情况表

工人姓名	等级	日工资率	出勤天数	分配标准	分配率	分配额
黎明	6	20	25			
赵豪	5	18	23			
张灰	4	16	22			
合计			70			5 000

试以日工资率和出勤日数计算的工资额为分配标准计算每个工人应得的工资。

计算如下表：

工资分配表

201×年×月　　　　单位：元

姓名	等级	日工资率 (1)	出勤天数 (2)	分配标准 (3) = (1) * (2)	分配率 (4)	分配额 (5) = (4) * (3)
黎明	6	20	25			
赵豪	5	18	23		分配率 (4)	
张灰	4	16	22			
合计			70			

财务主管：王一萍　　　　复核：张兰　　　　制表人：马俊辉

岗位2任务：编制“工资结算汇总表”“工资费用分配表”。

实训资料二：

某企业基本生产车间生产甲、乙、丙三种产品，本月发生的生产工人的计时工资共计58 000元。甲产品完工1 000件，乙产品完工400件，丙产品完工450件；单件产品工时定额：甲产品1小时，乙产品2.5小时，丙产品2小时。试计算分配甲、乙、丙三种产品各自应负担的工资费用并编制工资费用分配表。

根据工资原始记录及工资费用分配表编制工资结算汇总表如下：

工资结算汇总表

201×年×月　　　　单位：元

项目	基本工资	岗位工资	应付职工工资	待扣款项	实发工资
生产工人工资			58 000	5 000	53 000
车间管理人员	1 000	2 000	3 000	300	2 700
管理部门	6 000	10 000	16 000	1 600	14 400
销售部门	3 000	7 000	10 000	1 000	9 000
合计	10 000	19 000	87 000	7 900	79 100

财务主管：王一萍　　　　复核：张兰　　　　制表人：马俊辉

工资费用分配表

工时 / 产品	生产定额工时/小时	分配率	分配金额/元
合 计			

财务主管：王一萍　　复核：张兰　　制表人：马俊辉

岗位3任务：根据“工资结算汇总表”“工资费用分配表”编制记账凭证。

实训资料三：

由前面的企业“工资结算汇总表”记录：本月应付工资87 000元，其中产品生产工人薪酬58 000元，车间管理人员薪酬3 000元，厂部管理人员薪酬16 000元，销售人员薪酬10 000元，编制相关记账凭证。

记账凭证

201×年×月　　字第　号

摘要	总账科目	明细科目	借方金额	贷方金额	记账
合计					

财务主管　　记账　　出纳　　审核　　制单

岗位4任务：登记各有关费用成本明细账。

基本生产成本明细账

产品名称：甲　　生产车间：基本生产车间　　单位：元

2011年		凭证号	摘要	成本项目			合计
月	日			直接材料	直接人工	制造费用	
3	1		略				
3	31						

制造费用明细账

车间名称：基本生产车间

2011年		摘要	借方合计	借方项目						
月	日			物料消耗	工资	福利费	折旧费	水电费	修理费	其他费用
3	31									

（三）辅助生产费用的归集与分配

某企业有供水和供电两个辅助生产车间，主要为本企业基本生产车间和行政管理部门等部门服务。供水车间本月发生费用为4 085元，供电车间本月发生费用为9 020元。该企业用交互分配法来分配辅助生产费用。

岗位1任务：汇总各辅助生产车间供应劳务数量并计算相关费用分配率。

各辅助生产车间供应劳务数量表

受益单位	耗水/m^3	耗电/度
基本生产——甲产品		20 600
基本生产车间	41 000	16 000
辅助生产车间——供电	20 000	
辅助生产车间——供水		6 000
行政管理部门	16 000	2 400
专设销售机构	5 600	1 000
合计	82 600	46 000

岗位2任务：填制辅助生产费用分配表。

辅助生产费用分配表（交互分配法）

201×年×月　　　　单位：元

项目		供水车间			供电车间			合计
		数量	分配率	分配金额	数量	分配率	分配金额	
待分配辅助费用								
交互分配	供水车间							
	供电车间							
对外分配辅助费用								

（续表）

项目		供水车间			供电车间			合计
		数量	分配率	分配金额	数量	分配率	分配金额	
对外分配	基本生产							
	基本车间							
	管理部门							
	销售部门							
	合计							

岗位3任务：根据辅助生产费用分配表编制记账凭证。

记账凭证

201×年×月　　　　字第　号

摘要	总账科目	明细科目	借方金额	贷方金额	记账
合计					

财务主管　　　记账　　　出纳　　　审核　　　制单

记账凭证

201×年×月　　　　字第　号

摘要	总账科目	明细科目	借方金额	贷方金额	记账
合计					

财务主管　　　记账　　　出纳　　　审核　　　制单

岗位4任务：登记有关成本费用明细账和总账。

基本生产成本明细账

产品名称：甲　　　　生产车间：一车间　　　　单位：元

201×年		凭证号	摘要	成本项目			合计
月	日			直接材料	直接人工	制造费用及辅助费用	
			略				

制造费用明细账

产品名称：甲　　　　生产车间：一车间　　　　单位：元

201×年		摘要	借方合计	借方项目						
月	日			物料消耗	工资	福利费	折旧费	水电费	修理费	其他费用

辅助生产成本明细账

辅助生产车间：供水车间

201×年		凭证号	摘要	成本项目			合计
月	日			直接材料	直接人工	制造费用	
			略	略	略	略	略
			小计	1 710	1 500	875	4 085

（四）制造费用的归集与分配

实训资料：

某企业2011年3月份，一车间的制造费用为10 000元，二车间的制造费用为8

040 元 。假设一车间生产 C、D 两种产品，其中 C 产品生产工人工时 5 500 小时，D 产品生产工人工时 4 500 小时；二车间只生产一种产品 E 产品。

该企业采用生产工人工时比例法对制造费用进行分配。

岗位 1 任务：计算制造费用分配率及应分配转出的制造费用。

制造费用分配计算单

2011 年 3 月　　　　一车间

本月制造费用合计	
分配标准（生产工人工时）	
制造费用分配率	
各产品分配的制造费用	

制单人：

岗位 2 任务：编制制造费用分配表。

制造费用分配表

车间：一车间　　　　2011 年 3 月 31 日　　　　金额单位：元

应借账户		成本或费用项目	分配标准	分配率	分配金额（元）
总账账户	明细账户				

会计主管　　　　复核　　　　制单

岗位 3 任务：根据制造费用分配表编制记账凭证。

记账凭证

2011 年 3 月 31 日　　　　字第　号

摘要	总账科目	明细科目	借方金额	贷方金额	记账
合计					

财务主管　　　　记账　　　　出纳　　　　审核　　　　制单

岗位4任务：登记有关成本费用明细账和总账。

制造费用明细账

车间名称：一车间

2011年		摘要	借方合计	借方项目						
月	日			物料消耗	工资	福利费	折旧费	水电费	修理费	其他费用
		略								
3	31	小计	10 000	2 700	2 421	339	1 880	820	1 200	640

制造费用明细账

车间名称：二车间

2011年		摘要	借方合计	借方项目						
月	日			物料消耗	工资	福利费	折旧费	水电费	修理费	其他费用
		略								
3	31	小计	8 040	2 320	2 079	291	1 460	680	790	420

基本生产成本明细账

产品名称：C　　　　生产车间：一车间　　　　单位：元

2011年		凭证号	摘要	成本项目			合计
月	日			直接材料	直接人工	制造费用及辅助费用	
3			略				

第四章 产品成本计算的一般方法

学习目标

【知识目标】了解生产按照工艺过程特点、组织方式所进行的分类；了解产品成本计算方法的组成要素；熟悉生产类型和管理要求对产品成本计算方法的影响；掌握不同产品成本计算方法的含义、适用范围、特点及计算程序。

【技能目标】能够熟练地根据企业管理的要求及经济活动的特点来选择适当的产品成本计算方法来计算产品成本。

案例导入

当你喝着健康又鲜美的乳酸奶的时候，知道乳酸奶是怎么生产出来的吗？下面带你看看乳酸牛奶的生产过程：

新鲜的牛奶统一存放在高约 20 米的巨大圆柱体容器里，容器直接与生产车间连接，牛奶从容器里直接流到不同的加工车间。在专用的牛奶杀菌车间内，牛奶流入一套专门的超高温灭菌系统，瞬间把鲜牛奶内的各种细菌杀死，同时还不破坏牛奶含有的各种营养成分。灭菌后的鲜牛奶再放入一套专门的发酵系统，通过这套系统可以让发酵后的牛奶含有各种对人体有益的菌类，这样鲜牛奶就加工成了乳酸奶。最快大约一天的时间，鲜牛奶就可以加工成乳酸奶，次日就能运送到市区各大商场上与市民见面。公司的会计主管向同学们介绍说，公司每天生产屋型盒装、袋装、瓶装等八十多种规格的鲜奶、乳酸奶，给周边地区提供了最新鲜的、最营养的奶制品。同学们兴奋之余不禁问道：每天生产这么多牛奶，如何计算出牛奶的成本呢？市场卖的 180ml 盒装奶定价每盒 2.20 元，这样的价格有赢利吗？成本会计人员应如何根据牛奶的生产工艺流程选择适当的成本计算方法呢？

第一节 生产类型与成本计算方法概述

一、生产的分类

产品成本的计算，就是按照一定的方法系统地记录生产过程中所发生的费用，并按照一定的对象和标准进行归集与分配，确定各种产品的总成本和单位成本的过程。不同的企业和车间，生产类型特点不同、管理要求不同，采用的产品成本计算方法也不同。只有根据不同生产类型特点和管理要求，选择不同的成本计算方法，才能正确地计算产品成本。生产分类主要有如下两种方法：

（一）生产按工艺过程的特点分类

生产按工艺过程的特点分类，可以分为简单生产和复杂生产。

简单生产也称单步骤生产或单阶段生产，是指在工艺过程不能间断、不能由几个企业协作进行的生产。其特点是：生产周期一般都比较短，产品品种单一，通常没有在产品、半成品或其他中间产品。如发电、供水、采掘生产等。

复杂生产也称多步骤生产或多阶段生产，是指工艺过程可以间断，可以由一个企业单独进行，也可以由几个企业协作进行的生产。其特点是：生产周期一般比较长，产品品种也较多，有在产品、半成品或中间产品。

复杂生产按其加工方式的不同，又分为连续加工式和装配加工式生产两种类型。

连续加工式生产是指原材料投入后，到产品完工，要经过若干步骤的连续加工、顺序转移，直至最后一个步骤制成产成品的生产。连续加工式生产除最后步骤生产出产成品外，其余步骤完工的产品都是自制半成品，它们往往又是后续步骤的加工对象，例如纺织、冶金等生产。

装配加工式生产（又称平行加工式生产）是指各种原材料投入后分别加工制成各种零部件，再将零部件装配成产成品的生产。例如机床、电器、仪表等的生产。

（二）生产按组织方式分类

生产按组织方式分类，可以分为大量生产、成批生产和单件生产。

大量生产是指不断地重复进行品种相同产品的生产。其主要特点是：企业生产的产品品种较少，每种产品的产量较大，通常采用专业设备重复地进行生产，专业化水平也较高。例如纺织、冶金、啤酒生产等。

成批生产是指按预先规定的产品数量和规格，每隔一定时期重复进行某种产品的生产。其主要特点是：企业生产的产品品种较多，各种产品数量多少不等，每隔一定时期重复生产一批，一般是同时采用专业设备和通用设备进行生产。如服装、电梯、印刷等生产。

成批生产按产品批量的大小划分，可以分为大批生产和小批生产两种类型，前者的性质接近于大量生产，后者的性质接近于单件生产。

单件生产是指根据订货单位的要求，进行某种特定规格产品的生产。其主要特点是：企业生产的产品品种多，每一订单的产品数量很少，每种产品生产后一般不再重复生产或不定期重复生产，通常是采用通用设备进行加工。如造船、大型组装仪表等。

上述生产的两种分类方法，是有密切联系的。一般而言，简单生产都是大量生产，连续加工式复杂生产可以是大量或大批生产。只有装配加工式复杂生产，可以组织为大量生产、成批生产或单件生产。

生产还可按其内部职能分为基本生产、辅助生产和副业生产。

应该指出，就一个企业来说，各生产车间的生产并非都是同一种生产类型，可能具有不同的工艺过程特点和不同的生产组织方式。例如汽车制造厂，从整个工厂的产品生产来看，应属于装配式的大量生产，但其内部各车间的产品生产，则可能是连续式的成批生产。另外车间的组织形式，既可以有按工艺专业化建立的生产车间，也可以有按对象专业建立的生产车间。在一个车间内部，也可以将两种专业化形式结合运用。所以，在具体划分一个企业的生产类型时，应从企业的整体情况来确定，而且不能排斥其内部的特殊情况。

二、产品成本计算方法的组成要素

成本计算方法通常是指产品、作业、劳务成本的计算方法，是指一定时期的生产费用，按各种产品进行归集，并在产成品和在产品之间进行分配，以求得各种产品总成本和单位成本的方法。成本计算方法的主要组成要素一般有：成本计算对象的确定、成本计算期的确定、在产品的计价方法等。

（一）成本计算对象

成本计算对象是指为归集和分配生产费用进行成本计算而确定的生产费用的承担者。在确定成本计算对象时，既要适应企业生产类型的特点，又要满足加强成本管理的要求。

成本计算对象是为计算产品成本而确定的生产费用的归集分配方向，是设置生产成本明细账、分配生产费用和计算产品成本的前提。因此为正确计算产品成本，首先必须确定成本计算对象。总的来说，因为我们要计算的是各种产品的成本，所以，最终的成本计算对象必须是产品。但是在不同的企业里，由于生产类型不同，具体的成本计算对象亦会有所不同。如在平行加工式的单件或成批生产的情况下，由于产品生产按客户的订单或批别组织的，所以要求计算各订单或批别产品的总成本和单位成本，具体的成本计算对象就是按订单或批别组织生产的产品；在平行加工大量生产的情况下，由于完工产品是由各零（部）件装配而成的，且有部分零（部）件直接对外销售，所以，我们既要计算各种零（部）件的成本，还要计算完工产品的成本，成本计算对象就为零（部）件及完工产品；在单步骤大量、大批生产的情况下，因产品只需经过一个步骤加工即可完成，所以只需计算各种产品的成本，成本计算对象就为每一品种的产品；在连续加工式大量、大批生产的情况下，如各步骤有半成品需单独计算成本，成本计算对象就为各加工步骤的每一种产品。

成本计算对象的确定除了要适应企业的生产类型外，还要适应成本管理要求，充分体现重要性原则，精简结合，以提高成本核算工作的效率。如对连续加工式大量、大批生产的情况，尽管各步骤均有自制半成品，但管理上因自制半成品不对外销售等原因而不要求计算半成品成本，此时可直接按各种产品作为成本计算对象；对某些规格不同但性能结构、耗用原料和工艺过程基本相同的产品可以合并为一类，作为一个具体的成本计算对象，来归集生产费用，计算出该类产品的总成本，然后将该类产品的总成本按一定的分配方法，分别计算出各种规格产品的总成本和单位成本。因此，成本计算对象是根据企业生产类型和成本管理的要求确定的，具体确定成本计算对象的依据一般包括：产品的品种、产品的订单或批别、各加工步骤的每一产品及产品的类别等。

（二）成本计算期

成本计算期是指每次计算产品成本的期间，即生产费用归集与分配及计入产品成本的起讫日期。成本计算期取决于企业的生产类型，并不完全与生产周期或会计核算期一致。在工业生产中，产品生产周期是指从原材料投入到产品制成并验收为止所经过的时间，它通常与日历月份不相吻合。会计核算期是指将持续不断的企业的生产经营过程，人为地划分前后连续，时间相等的会计期间，定期地向有关方面提供财务信息。成本计算期与会计核算期是不同的概念，不论成本计算是否定期，会计核算期总是按月进行的，也就是说，在任何情况下，各月发生的生产费用必须按月进行归集。

产品的生产类型不同，对成本计算的要求亦有所不同，因而产品成本计算期也不尽相同。如在大量、大批生产的情况下，一般每月份均有完工产品入库供销售，这就要求按月计算产品的成本，此时，成本计算期与会计核算期一致，而与产品的生产周期不一致；在单件或小批生产的情况下，按订单或批别计算产品成本，一般要在一张订单所列产品或一个批别所列产品全部完工后，才计算出该订单或批别产品的总成本与单位成本。因此，一般以产品生产周期为成本计算期，此时成本计算期与产品生产周期一致，而与会计核算期不一致。

（三）在产品的计价方法

在将各成本计算对象应负担的各项费用全部记入基本生产明细账后，各成本明细账所反映的即为各成本计算对象应负担的总费用，应在月末在产品及本月完工产品之间进行分配。因为某一成本计算对象的月初在产品成本与本月发生的生产费用之和应等于本月完工产品成本加上月末在产品成本。所以，月初在产品成本与本月生产费用合计数确定后，在完工产品成本与月末在产品成本中只要确定其一，另一部分成本即可求得。

完工产品与月末在产品成本划分的基本方法已在第三章内容中讲过，只要确定了月末在产品成本，以总成本减去月末在产品成本即可求得完工产品成本。在产品成本的计算与企业的生产类型有着较为密切的关系。如在单步骤、大量生产单一产品的情况下，一般没有或很少有在产品，为简化核算手续可不计算月末在产品成本，即将月末在产品成本确定为零；在单件或小批生产的企业，是按产品的生产周期作为成本计算期的，所以在计算产品成本时，所有的产品均为完工产品，没有期末在产品成本的计算问题；在平行或连续加工式大批、大量生产的企业，由于产品生产按企业计划确定的品种、类别、周期不断地进行，在按会计报告期计算产品成本时，既有完工产品又有若干在产品，所以就必须将某一成本计算对象所归集的生产成本按一定的分配方法在完工产品与月末在产品之间进行分配。

除此之外，还会涉及成本项目和生产费用的归集分配及计入产品成本的程序等要素，这些问题都将在各种具体的成本计算方法中讲述。

三、生产类型和管理要求对产品成本计算方法的影响

（一）生产类型对成本计算方法的影响

企业采用何种方法计算产品成本，在很大程度上取决于产品的生产类型。而生产类型对成本计算方法的影响主要表现在成本计算对象的确定上，此外还对生产费用计入产品成本的程序、成本计算期的确定、生产成本在产成品和在产品之间的分配等诸方面产生影响。

1. 生产类型对成本计算对象的影响

成本计算对象是承担成本的客体，也即费用归集与分配的目标。确定成本计算对象是设置成本明细账、归集与分配生产费用、正确计算产品成本的重要前提。

（1）生产工艺过程的影响

在单步骤生产中，由于工艺过程的不可间断性，因此，没有必要或者不可能分步骤来计算产品成本，只能按产品品种作为成本计算对象来计算每种产品的成本。

在多步骤生产中，由于工艺过程是由许多个可以间断的、分散在不同地点进行的生产步骤所组成的，这样不仅要求把产品品种作为成本计算对象，而且还要求按照生产步骤计算每种产品所经过的各步骤的成本。

（2）生产组织方式的影响

在大量生产中，由于产品生产连续不断地进行，大量生产品种相同的产品，因此，只能按产品品种作为成本计算对象，来计算每种产品的成本。

在成批生产中，产品的批量较大，往往在几个月之内都是不断地重复生产相同的产品，所以大批生产同大量生产一样，也只能按产品品种作为成本计算对象，来计算每种产品的成本。

在单件小批量生产中，由于产品是按客户订单或批别组织生产的，所以有必要也有条件以产品的订单或批别作为成本计算对象。

2. 生产类型对成本计算期的影响

在大量、大批生产情况下，一种产品连续不断或经常重复地生产出来，为了计算损益的需要，只能定期按月计算产成品成本。

在单件、小批生产情况下，各批产品的生产周期往往不同，而且批量小、生产不重复或重复少，有条件按照各批产品的生产周期计算产品成本。所以，单件小批生产的成本计算期与会计核算期往往不一致。

3. 生产类型对在产品计价的影响

在产品计价实质上是将生产成本在完工产品与在产品之间进行分配。

产品生产周期很短的单步骤生产，月末一般没有在产品或数量很少。

在单件小批生产情况下，由于成本计算期与产品生产周期一致，一般不需要将产品成本在完工产品与在产品之间分配。

在大量、大批、多步骤生产情况下，产品生产周期较长，且与成本计算期不一致，各步骤往往存在多少不等的在产品，需要采用适当的方法，将产品成本在完工产品与

在产品之间进行分配。

由此可见，成本计算方法的确定，主要受生产类型的影响。不同的工艺过程和不同的组织方式下的生产，产品成本计算的对象也不同，由此会产生不同的成本计算方法，如图4.1所示。

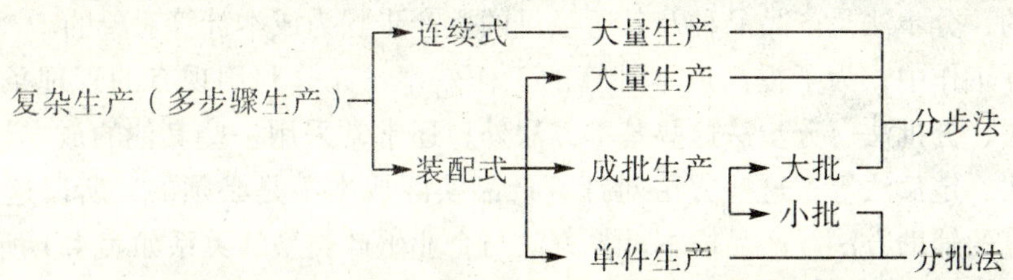

图4.1　生产类型对成本计算方法影响示意图

综上所述，受生产类型的影响，在实际工作中，有着三种不同的成本计算对象以及以成本计算对象为主要标志的三种不同的成本计算方法：按产品品种（不分步、不分批）作为成本计算对象，计算产品成本的方法称为品种法；按产品品种及其所经步骤作为成本计算对象，计算产品成本的方法称为分步法；按产品批别（或订单）作为成本计算对象，计算产品成本的方法称为分批法。

以上受生产类型影响所采用的品种法、分步法、分批法，是产品成本计算的基本方法。

因为生产类型对成本计算方法的影响，主要表现在成本计算对象的确定上，因此，成本计算对象是区分不同成本计算方法的主要标志。

（二）管理要求对产品成本计算方法的影响

成本计算方法还受成本管理要求的影响。如在单件小批生产的企业里，成本计算一般是按批别计算的，但在规模较大的一些大中型装配式生产企业，为了加强各步骤的成本管理，往往不仅要求按照产品批别计算成本，而且还要求按生产步骤计算产品成本。在确定单件小批生产的成本计算对象时，可以根据组织生产和便于管理的需要，对客户的订单做适当合并或再划小批别，然后按重新组织的生产批别作为成本计算对象。在确定大量、大批多步骤生产的成本计算对象时，对管理上不需要计算半成品成本的加工步骤的可做适当归并，以减少成本计算对象和简化核算。在连续加工式生产类型的企业，所采用的方法一般为分步法，但在规模较小的企业，如果管理上不需要提供分步骤的成本计算资料或暂时难以按步骤计算成本，也可以不分步计算成本，而采用品种法来计算。

总之，即使具备了采用某种成本计算方法的条件，根据管理要求也不一定会采用该方法。

四、产品成本计算方法的确定

（一）产品成本计算的常用方法

产品成本计算方法主要受企业生产类型和管理要求的影响。企业不同的生产类型和不同的管理要求决定着产品成本计算对象、成本计算期和生产费用在完工产品与在产品之间的分配方法。不同的成本计算对象、成本计算期组合在一起，形成了产品成本计算的不同方法。当然，各种产品成本的计算方法的主要区别是成本计算对象的不同。例如，品种法是以产品品种为成本计算对象的；分批法是以产品生产批别为成本计算对象的；分步法是产品品种及其所经过的生产步骤为成本计算对象的。

在实际工作中，为了提高成本计算的工作效率，充分利用现有的管理条件，除了运用品种法、分批法、分步法这些基本方法外，还常常采用一些其他的成本计算方法，例如分类法、定额法等，这些方法对计算产品实际成本不是必须的，所以这些方法属于成本计算的辅助方法。产品成本计算方法与企业生产类型的关系如表 4. 1 所示。

表 4. 1　产品成本计算方法与企业生产类型的关系表

成本计算方法	工艺技术过程特点和管理要求	生产组织特点	成本计算对象	成本计算期	在产品成本计算
品种法	简单生产（单步骤）	大量、大批生产	产品品种	按月定期进行	不计算在产品成本
	管理上不要求分步骤计算成本的复杂生产（多步骤）	大量、大批生产	产品品种	按月定期进行	按需计算在产品成本
分批法	简单生产或管理上要求按批别计算成本的复杂生产	小批、单件生产	产品批别	与生产周期一致	按需计算
分步法	连续式或平行式的、管理上要求分步骤计算成本的复杂生产	大量、大批生产	产品品种及步骤	按月定期进行	按需计算
分类法	产品品种规格繁多，每类产品所用原材料、生产工艺过程基本相同的生产	大量、大批生产	产品类别	按月定期进行	按需计算
		小批、单件生产	产品类别	与生产周期一致	
定额法	产品消耗定额合理、稳定且定额管理基础较好的生产	各种组织形式的生产	定额成本及各种差异	按月定期进行	需计算在产品成本

（二）产品成本计算方法的选择

1. 运用单一方法

以上几种常用成本计算方法都有各自的特点和适用范围，针对不同的工艺技术过程和管理要求就应选用不同的成本计算方法。如，简单生产或管理上要求按批别计算成本的复杂生产应当采用分批法。连续式或平行式的、管理上要求分步骤计算成本的复杂生产应当采用分步法。因此，某些规模较小或者产品单一的企业，可以选用单一方法进行成本计算。

2. 运用多种方法

尽管各种成本计算方法都有各自的适用范围，但在实际工作中，一个企业往往综合应用多种成本计算方法。企业内部不同的生产车间、同一生产车间的不同产品，它们的生产特点和管理要求并不相同，这样，企业内部就要同时采用几种不同的方法，或把几种不同的成本计算方法结合起来加以综合应用。

（1）几种成本计算方法同时采用

一般在工业企业里，既设有基本生产车间又设有辅助生产车间。基本生产车间生产产品，辅助生产车间生产工具或提供劳务，但基本生产车间和辅助生产车间在生产特点和管理要求上会有所不同，采用的成本计算方法也就会不同。如纺织企业，属于大量、大批的多步骤生产，而且各步骤所产的半成品可以对外出售，因此，所产产品要采用分步法计算产品的成本；而辅助生产车间则为基本生产车间制造模具，一般属于小批单件生产，所产产品则可采用分批法计算成本。再如，在一个基本生产车间或企业生产几种产品，其中，有的产品市场需求量大，需要大批生产，那么对这些产品就可以采用品种法或分步法计算成本；有的产品是特殊产品需求少，或有的产品市场萎缩，逐渐减少，则应采用分批法计算成本。

（2）几种成本计算方法综合运用

在有的工业企业，以一种成本计算方法为主，结合其他成本计算方法的某些特点加以综合采用。如在单件小批生产的电梯生产企业中，产品的主要生产过程是由铸造、机加工、装配等相互关联的各个生产阶段所组成的，其最终产品应采用分批法进行成本计算；但从各个生产步骤看，由于其特点和管理要求不同，计算方法就有所不同。如在铸造阶段，由于品种少并可直接对外出售，可采用品种法进行成本计算；从铸造到机加工阶段，由于是连续或多步骤生产，因而就可以采用分步法来计算成本。再如，服装生产企业，属于大量、大批生产，可以采用品种法或分步法，但是，由于其品种规格较多，可以按照一定标准分为若干类别，因而，就可以在采用这些基本计算方法的基础上，结合采用分类法来计算产品成本。

第二节 产品成本计算的品种法

一、品种法的适用范围和特点

（一）品种法的含义及适用范围

品种法是指以产品品种为成本计算对象，归集生产费用、计算产品成本的方法。一般适用于大量、大批、单步骤生产的企业，如发电、供水、采掘等，还适用于管理上不要求分步骤计算产品成本的大量、大批、多步骤生产的企业，如糖果厂、造纸厂、小型水泥厂等。因为按品种核算产品成本是最基本的要求，所以品种法是最基本的成本计算方法。

因企业不同，以及成本计算的繁简程度不同，品种法可以分为简单品种法和标准品种法，两种品种法的工作原理及适用如表 4.2 所示。

表 4.2 简单品种法和标准品种法的工作原理及适用范围

方法	工作原理	适用范围	举例
简单品种法	对于大量、大批单步骤、生产单一产品的企业，由于通常没有或极少有在产品存在，生产过程发生的应记入产品成本的各种生产费用都是直接费用，所以只需要直接根据有关凭证登记产品成本明细账（或产品成本计算单），所归集的费用就构成了该产品的总成本。用总成本除以当月完工产量，就是单位成本	产品品种单一、生产周期较短的大量、大批、单步骤生产的企业及企业的辅助生产车间的成本计算	发电、采掘，辅助生产的供电、供水、供汽等
标准品种法	按各种产品设明细账；生产费用需要区分直接费用和间接费用；期末如果有一定数量的在产品，需要将归集的生产费用在完工产品和在产品之间按一定方法进行分配	生产多种产品的大量、大批、单步骤生产或管理上不要求分步骤计算成本的大量、大批、多步骤生产的企业	小型造纸厂、水泥厂、制砖厂等

（二）品种法的特点

1. 成本计算对象

品种法的成本计算对象是产品品种。如果企业只生产一种产品（如发电厂），则只需要为该产品设产品成本明细账（或以成本计算单代替），账内按成本项目设专栏，这时发生的全部费用都是直接费用，可以直接记入该产品成本明细账，不存在将生产费用在各种产品之间分配的问题。如果企业生产的是两种或两种以上的产品，则需要按每种产品设明细账，发生的直接费用可以直接记入，间接费用则需要采用适当方法在各种产品之间进行分配，然后记入各种产品的明细账。

2. 成本计算期

品种法的成本计算期一般按月进行。因此，品种法的成本计算期与会计核算期一致，但与生产周期不一致。

3. 生产费用在完工产品和在产品之间的分配

采用品种法计算产品成本，月末如果没有在产品或在产品数量很少，占用生产费用数额不大，按照重要性原则，不需要计算在产品成本，归集的所有生产费用就是完工产品总成本，再除以产量就是单位成本；如果月末在产品数量较多，占用费用较大，就需要采用适当的分配方法将所归集的生产费用在完工产品和在产品之间进行分配，从而计算出完工产品成本和在产品成本。

二、品种法的核算程序及应用

（一）品种法的核算程序

（1）按产品品种设置生产成本明细账（或成本计算单），并按成本项目设置专栏；

（2）编制各种费用分配表，登记各生产成本明细账（或成本计算表）；

（3）月末汇总生产成本，分别计算出完工产品和在产品成本。

品种法的核算程序如图 4.2 所示。

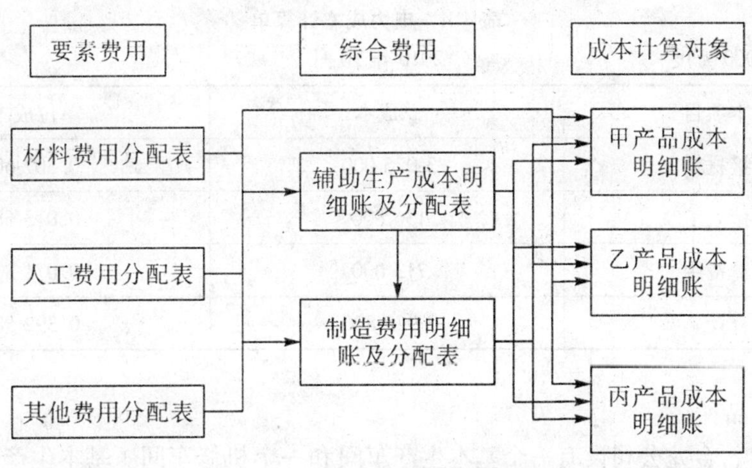

图 4.2　品种法核算程序图

(二) 品种法的应用

这里主要通过实例演示简单品种法和标准品种法的具体应用。

1. 简单品种法

[例 4.1] 某火力发电厂 2010 年 10 月份电力成本明细账中归集的生产费用如表 4.3 所示。

表 4.3　生产成本——基本生产成本明细账

车间名称：基本生产车间　　　　产品名称：电力　　　　单位：元

2010 年		凭证字号	摘要	直接材料	直接人工	制造费用	余额
月	日						
10	31		分配燃料费	3 000 000			3 000 000
			分配辅助材料费	70 000			3 070 000
			分配水费	6 000			3 076 000
			分配人工费用		136 800		3 212 800
			计提折旧			480 000	3 692 800
			分配修理费			108 000	3 800 800
			办公费			125 000	3 925 800
			本月合计	3 076 000	136 800	713 000	3 925 800

该厂 10 月份电力产量为 1 000 万度，当月的“电力成本计算单”如表 4.4 所示。

表4.4 电力成本计算单

产量：1 000万度　　2010年10月　　单位：元

成本项目	总成本	单位成本
直接材料	3 076 000	0.307 60
直接人工	136 800	0.013 68
制造费用	713 000	0.071 30
合计	3 925 800	0.392 58

2. 标准品种法

［例4.2］金龙公司设有一个基本生产车间和一个机修车间。基本生产车间大量生产甲、乙两种产品，根据生产特点和管理要求，公司采用品种法来计算产品成本。

材料是生产开始一次投入，甲、乙产品共同耗用的材料按直接材料比例分配；基本生产车间生产工人工资、制造费用均按生产工时比例分配；辅助生产成本采用直接分配法按修理工时进行分配。甲、乙两种产品均采用约当产量法计算完工产品和月末在产品成本（在产品完工程度为50%）。

该公司2010年6月份的有关资料如表4.5、表4.6、表4.7和表4.8所示。

表4.5 月初在产品成本

2010年6月1日　　单位：元

产品品种	直接材料	直接人工	制造费用	合计
甲产品	38 000	8 000	12 600	58 600
乙产品	44 000	1 400	18 000	63 400

表4.6 产量资料

2010年6月　　单位：件

项目	甲产品	乙产品
期初在产品	120	80
本月投产	680	260
本月完工	650	240
期末在产品	150	100

表 4.7　工时记录

2010 年 6 月　　　　单位：小时

项目		生产工时	修理工时
基本生产车间	甲产品	2 480	
	乙产品	1 650	
	一般消耗		12 800
公司管理部门			10 100
合计		4 130	22 900

表 4.8　本月生产费用资料

2010 年 6 月　　　　单位：元

费用要素＼用途	甲产品生产用	乙产品生产用	甲、乙产品共同用	基本生产一般耗用	辅助生产费用	合计
原材料	224 000	160 000	364 000	2 300	1 100	751 400
人工费用			94 893.60	7 364.40	27 485.40	129 743.40
折旧费				37 600	13 800	51 400
外购动力费				48 400	13 000	61 400
燃料费				10 600	1 400	12 000
办公费等				38 000	4 500	42 500
合计	224 000	160 000	458 893.60	114 264.40	61 285.40	1 048 443.40

根据以上资料，金龙公司的产品成本计算过程如下：

（1）以产品品种为成本计算对象分别设立甲、乙两种产品的产品成本计算单，见表 4.9 和表 4.10。登记期初余额，并分别设立基本生产车间的制造费用明细账和机修车间的辅助生产成本明细账，见表 4.11 和表 4.12。

表 4.9　产品成本计算单　　　　本月完工：650 件

产品名称：甲产品　　　　2010 年 6 月　　　　月末在产品：150 件

2010 年		摘要	直接材料	直接人工	制造费用	合计
月	日					
6	1	月初在产品成本	38 000	8 000	12 600	58 600
	30	材料费用分配	436 333.33			436 333.33
	30	人工费用分配		56 982.11		56 982.11
	30	制造费用分配			107 198.44	107 198.44
	30	生产费用分配	474 333.33	64 982.11	119 798.44	659 113.88
	30	完工产品成本	385 395.83	58 259.82	107 405.50	551 061.15
	30	月末在产品成本	88 937.50	6 722.29	12 392.94	108 052.73

表4.10 产品成本计算单 本月完工：240件

产品名称：乙产品 2010年6月 月末在产品：100件

2010年		摘要	直接材料	直接人工	制造费用	合计
月	日					
6	1	月初在产品成本	44 000	1 400	18 000	63 400
	30	材料费用分配	311 666.67			311 666.67
	30	人工费用分配		37 911.49		37 911.49
	30	制造费用分配			71 321.55	71 321.55
	30	生产费用分配	355 666.67	39 311.49	89 321.55	484 299.71
	30	完工产品成本	251 058.83	32 533.65	73 921.28	357 513.76
	30	月末在产品成本	104 607.84	6 777.84	15 400.27	126 785.95

表4.11 制造费用明细账

车间名称：基本生产车间 2010年6月 单位：元

2010年		摘要	材料费	人工费	折旧费	动力费	燃料费	办公费	修理费	合计
月	日									
6	30	材料费用413	2 300							2 300
	30	分配人工费414		7 364.40						7 364.40
	30	折旧费415			37 600					37 600
	30	外购动力416				48 400				48 400
	30	燃料费417					10 600			10 600
	30	其他费用418						38 000		38 000
	30	修理费419							34 255.59	34 255.59
	30	本月合计	2 300	7 364.40	37 600	48 400	10 600	38 000	34 255.59	178 519.99
	30	本月转出	2 300	7 364.40	37 600	48 400	10 600	38 000	34 255.59	178 519.99

表4.12 辅助生产成本明细账

车间名称：机修车间 2010年6月 单位：元

2010年		摘要	直接材料	直接人工	制造费用	合计
月	日					
6	30	分配材料费用413	1 100			1 100
	30	分配人工费414		27 485.40		27 485.40
	30	折旧费415			13 800	13 800
	30	外购动力416			13 000	13 000
	30	燃料费417			1 400	1 400
	30	其他费用418			4 500	4 500
	30	生产费用合计	1 100	27 485.40	32 700	61 285.40
	30	本月转出	1 100	27 485.40	32 700	61 285.40

（2）根据领料凭证编制“产品共同耗用材料分配表”和“材料费用分配汇总表”，分别见表4.13和表4.14，填制记账凭证，登记有关账簿。

表4.13　产品共同耗用材料分配表

2010年6月　　单位：元

产品名称	分配标准	分配率	分配金额
甲产品	224 000	0.947 916 667	212 333.33
乙产品	160 000	0.947 916 667	151 666.67
合计	384 000		364 000

表4.14　材料费用分配汇总表

2010年6月　　单位：元

受益部门	基本生产成本			辅助生产成本	制造费用	合计
	甲产品	乙产品	合计	修理车间	基本生产车间	
直接计入	224 000	160 000	384 000	1 100	2 300	387 400
分配计入	212 333.33	151 666.67	364 000			364 000
合计	436 333.33	311 666.67	748 000	1 100	2 300	751 400

根据表4.14“材料费用分配汇总表”，编制会计分录如下：

借：基本生产成本——甲产品　　436 333.33

　　　　　　　——乙产品　　311 666.67

　　辅助生产成本——修理车间　　1 100.00

　　制造费用——基本生产车间　　2 300.00

　贷：原材料　　751 400.00

（3）根据工资结算汇总表编制“人工费用分配汇总表”，见表4.15，并填制记账凭证，登记有关账簿。

表4.15　人工费用分配汇总表

2010年6月　　单位：元

应借科目 / 应贷科目		基本生产成本			辅助生产成本	制造费用	合计
		甲产品	乙产品	合计	修理车间	基本车间	
应付职工薪酬	实际工时	2 480	1 650	4 130			
	分配率	22.976 659	22.976 659				
	分配金额	56 982.11	37 911.49	94 893.60	27 485.40	7 364.40	129 743.40

根据表4.15“人工费用分配汇总表”，编制会计分录如下：

借：基本生产成本——甲产品　　56 982.11

——乙产品 37 911.49

辅助生产成本——修理车间 27 485.40

制造费用——基本生产车间 7 364.40

贷：应付职工薪酬 129 743.40

（4）编制“固定资产折旧计算表”，见表4.16，并填制记账凭证，登记有关账簿。

表4.16 固定资产折旧计算表

2010年6月 单位：元

应借科目＼应贷科目	辅助生产成本	制造费用	合计
	修理车间	基本生产车间	
累计折旧	13 800	37 600	51 400

根据表4.16“固定资产折旧计算表”，编制会计分录如下：

借：辅助生产成本——修理车间 13 800

制造费用——基本生产车间 37 600

贷：累计折旧 51 400

（5）根据有关记录编制“外购动力分配表”，见表4.17，并填制记账凭证，登记有关账簿。

表4.17 外购动力分配表

2010年6月 单位：元

应借科目＼应贷科目	辅助生产成本	制造费用	合计
	修理车间	基本生产车间	
应付账款	13 000	48 400	61 400

根据表4.17“外购动力分配表”，编制会计分录如下：

借：辅助生产成本——修理车间 13 000

制造费用——基本生产车间 48 400

贷：应付账款 61 400

（6）根据有关记录编制“燃料费用分配表”，见表4.18，并填制记账凭证，登记有关账簿。

表4.18 燃料费用分配表

2010年6月 单位：元

应借科目＼应贷科目	辅助生产成本	制造费用	合计
	修理车间	基本生产车间	
燃料	1 400	10 600	12 000

根据表4.18“燃料费用分配表”，编制会计分录如下：

借：辅助生产成本——修理车间　　1 400
　　制造费用——基本生产车间　　10 600
　贷：燃料　　12 000

（7）根据有关记录编制“其他费用分配汇总表”，见表4.19，并填制记账凭证，登记有关账簿。

表4.19　其他费用分配汇总表

2010年6月　　单位：元

应借科目 / 应贷科目	辅助生产成本	制造费用	合计
	修理车间	基本生产车间	
银行存款等	4 500	38 000	42 500

根据表4.19“其他费用分配汇总表”，编制会计分录如下：

借：辅助生产成本——修理车间　　4 500
　　制造费用——基本生产车间　　38 000
　贷：银行存款　　42 500

（8）分配辅助生产成本，编制“辅助生产成本分配表”，见表4.20，并填制记账凭证，登记有关账簿。

表4.20　辅助生产成本分配表

2010年6月　　单位：元

受益部门 / 分配项目		制造费用（基本生产车间）	管理费用（公司管理部门）	合计
修理车间	分配标准（修理工时）	12 800	10 100	22 900
	分配率	2. 676 218	2. 676 218	
	分配金额	34 255. 59	27 029. 81	61 285. 40

根据表4.20“辅助生产成本分配表”，编制会计分录如下：

借：制造费用——基本生产车间　　34 255. 59
　　管理费用——公司管理部门　　27 029. 81
　贷：辅助生产成本——修理车间　　61 285. 40

（9）分配基本生产车间的制造费用，编制“制造费用分配表”，见表4.21，并填制记账凭证，登记有关账簿。

表4.21　制造费用分配表

2010年6月　　单位：元

受益部门		实际工时（小时）	分配率（元/小时）	分配金额
基本生产成本	甲产品	2 480	43. 225 179	107 198. 44
	乙产品	1 650	43. 225 179	71 321. 55
	合计	4 130		178 519. 99

根据表 4. 21 “制造费用分配表”，编制会计分录如下：

借：基本生产成本——甲产品 107 198. 44

——乙产品 71 321. 55

贷：制造费用——基本生产车间 178 519. 99

（10）编制“完工产品与月末在产品成本分配表”，分别见表 4. 22、表 4. 23，计算甲、乙两种产品的单位成本和完工产品及在产品成本，并填制记账凭证，登记有关账簿。

表 4. 22 完工产品与月末在产品成本分配表

产品名称：甲产品 2010 年 6 月 单位：元

成本项目	直接材料	直接人工	制造费用	合计
生产费用合计	474 333. 33	64 982. 11	119 798. 44	659 113. 88
完工产品数量（件）	650	650	650	
月末在产品数量（件）	150	150	150	
投料率/完工程度	100%	50%	50%	
月末在产品约当产量（件）	150	75	75	
约当总产量（件）	800	725	725	
单位成本	592. 916 7	89. 630 5	165. 239 2	
月末在产品成本	88 937. 50	6 722. 29	12 392. 94	108 052. 73
完工产品成本	385 395. 83	58 259. 82	107 405. 50	551 061. 15

表 4. 23 完工产品与月末在产品成本分配表

产品名称：乙产品 2010 年 6 月 单位：元

成本项目	直接材料	直接人工	制造费用	合计
生产费用合计	355 666. 67	39 311. 49	89 321. 55	484 299. 71
完工产品数量（件）	240	240	240	
月末在产品数量（件）	100	100	100	
投料率/完工程度	100%	50%	50%	
月末在产品约当产量（件）	100	50	50	
约当总产量（件）	340	290	290	
单位成本	1 046. 078 4	135. 556 9	308. 005 3	
月末在产品成本	104 607. 84	6 777. 84	15 400. 27	126 785. 95
完工产品成本	251 058. 83	32 533. 65	73 921. 28	357 513. 76

根据表 4. 22、表 4. 23 “完工产品与月末在产品成本分配表”，编制会计分录如下：

借：库存商品——甲产品　　　　　　　　　　　551 061.15
　　　　　　——乙产品　　　　　　　　　　　357 513.76
　贷：基本生产成本——甲产品　　　　　　　　　　　551 061.15
　　　　　　　　　——乙产品　　　　　　　　　　　357 513.76

甲、乙两种产品的成本核算流程图如图 4.3 所示。

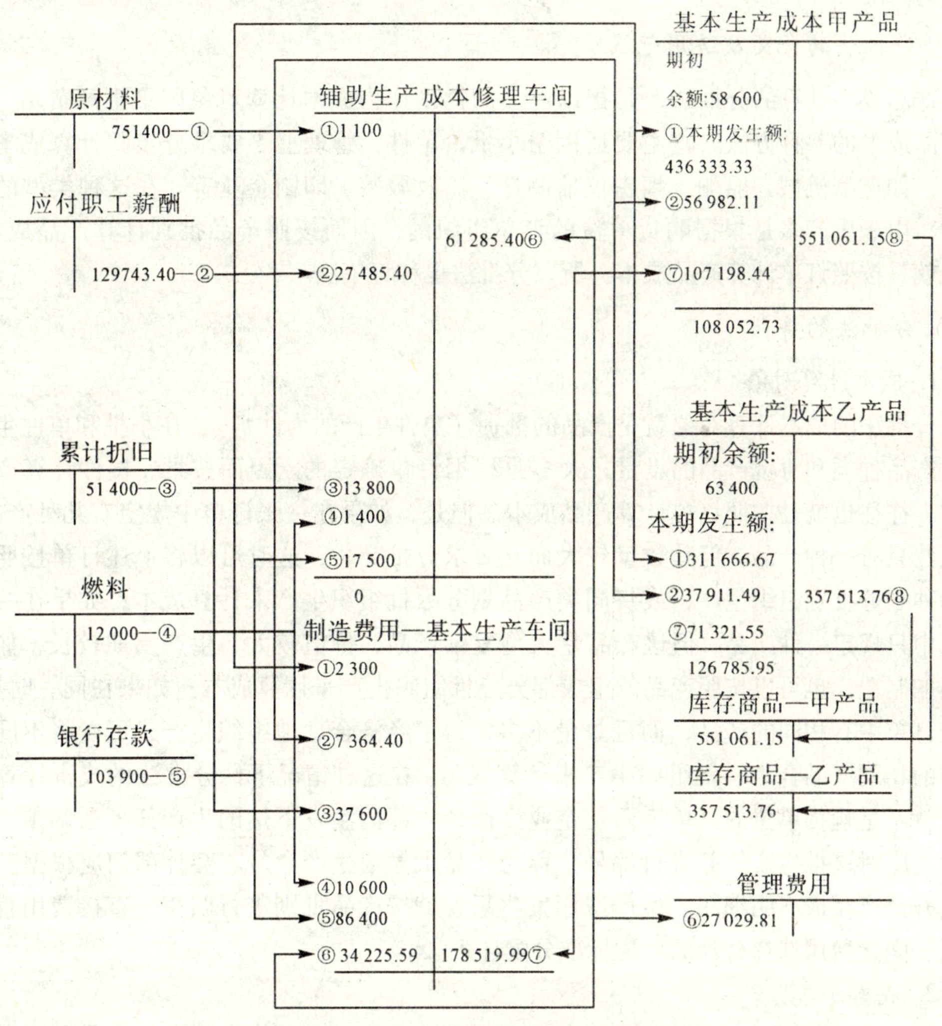

图 4.3　甲、乙产品成本核算流程图

流程图示说明：①分配原材料费用；②分配工资费用；③分配固定资产折旧费；④分配燃料费用；⑤分配外购动力及办公费等；⑥结转机修车间生产成本；⑦分配基本生产车间制造费用；⑧结转甲、乙完工产品成本。

第三节　产品成本计算的分批法

一、分批法的适用范围和特点

（一）分批法的含义及适用范围

产品成本计算的分批法，是指以产品的批别作为成本计算对象归集生产费用、计算产品成本的一种方法。它主要适用于小批、单件、管理上不要求分步骤计算成本的生产，如重型机械、船舶、精密仪器制造，以及服装、印刷企业等。在这种类型的企业中，由于生产多是根据购货单位的订单组织的，因而按照产品批别计算产品成本，往往就是按照订单计算产品成本，所以分批法也称订单法。

（二）分批法的特点

1. 成本计算对象

分批法的成本计算对象就是产品的批别（单件生产的为件别）。在小批和单件生产中，产品种类和每批产品的批量，大多是根据订单确定的。因而按批、按件计算产品成本，往往也就是按照订单计算产品成本。但是，如果在一张订单中规定有几种产品，或虽然只有一种产品，但其数量较大而又要求分批交货，这时可以将上述订单按照产品品种划分批别组织生产，或将同类产品划分数批组织生产来计算成本；如果在一张订单中只规定一件产品，但该产品是大型复杂产品，价值较大、生产周期较长，如大型船舶制造，也可以按照产品的组成部分分批组织生产来计算成本；如果在同一时期，不同订单中有相同的产品，而且数量不多，为了经济合理地组织生产，可以将不同订单上的相同产品合为一批组织生产来计算成本。在这种情况下，分批法的成本计算对象，就不是购货单位的订单，而是企业生产计划部门签发下达的生产任务通知单，通知单上应对该批生产任务进行编号，称为产品批号或生产令号。会计部门应根据产品批号开设产品成本明细账。生产费用发生后，就按产品批别进行归集，直接费用直接计入，间接费用选择合理的分配标准分配计入。

2. 成本计算期

分批法以每批（或每件）产品的生产周期为成本计算期。由于产品交货期要视合同要求而定，因此，产品成本计算期是不定期的，成本计算期与产品生产周期基本一致，与会计核算期不一定相同。但采用分批法计算产品成本时，各批产品发生的费用也是按月归集的。

3. 生产费用在完工产品与在产品之间的分配

分批法计算产品成本，由于成本计算期与产品生产周期一致，因而在月末计算产品成本时，一般不存在在完工产品与在产品之间分配费用的问题。

在单件生产中，产品完工前，产品明细账所记的生产费用，都是在产品成本；产品完工时，产品明细账所记的生产费用，就是完工产品成本。因而，在月末计算成本时，不存在在完工产品与在产品之间分配费用的问题。

在小批生产中，由于批量较小，批内产品一般都能同时完工，或者在相距不久的时间内全部完工。月末计算成本时，或是全部已经完工，或是全部没有完工，因而一般也不存在在完工产品与在产品之间分配费用的问题。但在产品批量较大、批内产品有跨月陆续完工交货的情况时，就有必要计算完工产品和月末在产品成本，以便计算先交货的产品成本。通常的做法是对先完工产品按计划单位成本或定额单位成本，或最近一批相同产品的实际单位成本计价，从该产品成本明细账中转出，剩余数额即为在产品成本。在该批产品全部完工时，还应计算该批产品的实际总成本，对已经转账的完工产品，不做账面调整。这种分配方法的核算工作虽简单，但分配结果不太准确。因而在批内产品跨月陆续完工情况较多、月末完工产品数量占批量比重较大时，为了提高成本计算的正确性，则应采用适当的方法，在完工产品与月末在产品之间分配费用，计算完工产品成本和月末在产品成本。为了使同一批产品尽量同时完工，避免跨月陆续完工的情况，减少在完工产品与月末在产品之间分配费用的工作，在合理组织生产的前提下，可以适当缩小产品的批量。

二、分批法的核算程序及应用

（一）分批法的核算程序

采用分批法计算产品成本，可按以下三个步骤进行：

1. 产品投产时，按批号（生产令号）设置成本计算单。如果企业按产品批别生产，在产品投产时，生产计划部门要发出“生产通知单”，将生产任务下达生产车间，并通知会计部门。会计部门应根据产品批号，设置成本计算单，单上按成本项目归集生产费用，计算本批产品的成本。

2. 各月份按批别汇集分配生产费用，编制各种费用汇总分配表，登记成本计算单。

3. 产品完工月份，计算该批产品自开工之日起所发生的总成本和单位成本，并结转产成品成本。分批法成本核算程序如图 4. 4 所示。

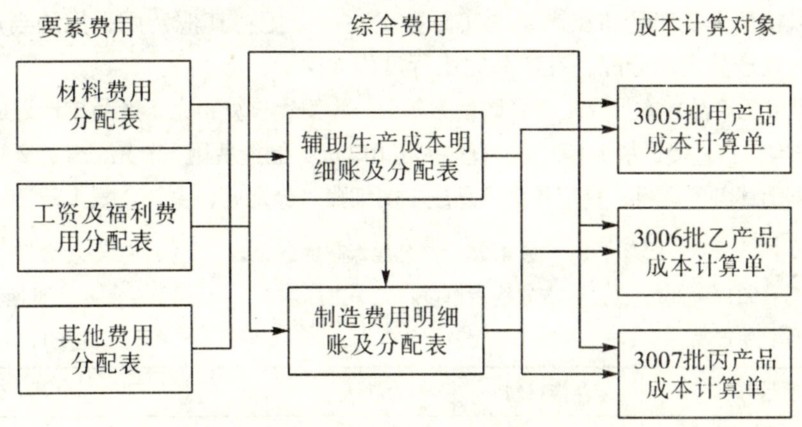

图 4. 4　分批法成本核算程序图

（二）分批法的应用

这里主要通过实例演示分批法的应用。

［例4.3］天马机械制造厂根据购买单位订单，小批生产甲、乙两种产品，采用分批法计算产品成本。2010年7月份的生产情况和生产费用支出情况的资料如下：

1. 本月份生产产品的批号

9219号甲产品4台，5月份投产，本月全部完工。

9220号甲产品10台，6月份投产，计划8月份完工，本月完工6台，未完工4台。

9231号乙产品8台，本月投产，计划8月份完工，本月完工2台。

2. 本月份的成本资料

（1）各批产品的月初在产品费用见表4.24。

表4.24　月初在产品费用　　单位：元

批号	直接材料	直接人工	制造费用	合计
9219	6 560	3 640	1 780	11 980
9220	12 860	5 870	3 890	22 620

（2）根据各种费用分配表，汇集各批产品本月发生的生产费用，见表4.25。

表4.25　本月生产费用　　单位：元

批号	直接材料	直接人工	制造费用	合计
9219		2 980	970	3 950
9220		6 120	2 730	8 850
9231	9 360	5 740	3 010	18 110

3. 在完工产品与在产品之间分配费用的方法

9220批号甲产品，本月末完工产品数量较大，原材料是在生产开始时一次投入，其费用可以按照完工产品和在产品的实际数量比例分配；其他费用采用约当产量法在完工产品与在产品之间分配，在产品完工程度为60%。

9231批号乙产品，本月完工产品数量为2台。为简化核算，完工产品按计划成本转出，每台计划成本为：直接材料1 160元，直接人工612元，制造费用328元，合计2 100元。

4. 根据上述各项资料，登记各批产品成本明细账，分别见表4.26、表4.27和表4.28。

表4.26　产品成本明细账

产品批号：9219　　购货单位：光华工厂　　投产日期：5月

产品名称：甲产品　　批量：4台　　完工日期：7月

项目	直接材料	直接人工	制造费用	合计
月初在产品费用	6 560	3 640	1 780	11 980
本月生产费用		2 980	970	3 950

（续表）

项目	直接材料	直接人工	制造费用	合计
生产费用合计	6 560	6 620	2 750	15 930
完工产品成本	6 560	6 620	2 750	15 930
完工产品单位成本	1 640	1 655	687.50	3 982.50

表 4.27　产品成本明细账

产品批号：9220　　购货单位：南海公司　　投产日期：6 月

产品名称：甲产品　　批量：10 台　　完工日期：8 月

（本月完工：6 台）

项目	直接材料	直接人工	制造费用	合计
月初在产品费用	12 860	5 870	3 890	22 620
本月生产费用		6 120	2 730	8 850
生产费用合计	12 860	11 990	6 620	31 470
月末在产品成本	5 144	3 426	1 891	10 461
完工 6 台产品成本	7 716	8 564	4 729	21 009
完工产品单位成本	1 286	1 427.30	788.20	3 501.50

其中，表 4.27 中完工产品成本和月末在产品成本计算如下：

完工产品原材料费用 = 12 860 ÷ （6 + 4） × 6 = 7 716（元）

月末在产品原材料费用 = 12 860 ÷ （6 + 4） × 4 = 5 144（元）

月末在产品约当产量 = 4 × 60% = 2.4（台）

完工产品直接人工 = 11 990 ÷ （6 + 2.4） × 6 = 8 564（元）

月末在产品直接人工 = 11 990 ÷ （6 + 2.4） × 2.4 = 3 426（元）

完工产品制造费用 = 6 620 ÷ （6 + 2.4） × 6 = 4 729（元）

月末在产品制造费用 = 6 620 ÷ （6 + 2.4） × 2.4 = 1 891（元）

产品成本明细账如表 4.28 所示。

表 4.28　产品成本明细账

产品批号：9231　　购货单位：大通公司　　投产日期：7 月

产品名称：乙产品　　批量：8 台　　完工日期：8 月

（本月完工：2 台）

项目	直接材料	直接人工	制造费用	合计
本月生产费用	9 360	5 740	3 010	18 110
每台计划成本	1 160	612	328	2 100
完工产品成本	2 320	1 224	656	4 200
月末在产品成本	7 040	4 516	2 354	13 910

三、简化分批法及其应用

（一）简化分批法的含义及特点

1. 间接费用累计分配

从上例中我们可以看出，在小批、单件生产的企业或车间中，各产品成本明细账中不仅归集了各批产品所耗用的直接费用（直接材料），而且当月发生的间接费用（除直接材料以外的费用）也全部计入了各受益对象的各批成本明细账中，而不管产品成本明细账中的产品是否已经全部完工，只要有在产品，就要计算出各批未完工的在产品成本。如果同一月份投产的产品批数很多，有几十批甚至上百批，且月末未完工的批数也较多。在这种情况下，各项间接费用如果仍采用当月分配法（即将当月发生的间接费用全部分配给各产品），费用分配的核算工作将非常繁重。为了简化核算工作，在这类企业或车间中可采用一种简化的分批法，即累计间接费用分配法。每月发生的各项间接费用，不是按月在各批产品之间进行分配，而是将其先分别累计起来，到产品完工时，再按照产品累计工时的比例，在各批完工产品之间进行分配。其计算公式为：

全部产品累计间接费用分配率＝全部产品累计间接费用÷全部产品累计工时

某批完工产品应负担的间接费用 ＝ 该批完工产品累计工时×全部产品累计间接费用分配率

2. 设立基本生产二级账

采用简化的分批法，必须设立基本生产二级账。其目的在于按月提供企业或车间全部产品的累计生产费用和累计工时（实用工时或定额工时）资料。

在这种方法下，仍应按照产品批别设立产品成本明细账，但在各批产品完工之前，账内只需按月登记直接费用（如原材料）和生产工时，而不必按月分配、登记各项间接费用，计算各批产品成本；只有在有完工产品的那个月份，才按上述公式计算、登记完工产品成本，而全部产品的在产品成本则以总数反映在基本生产二级账中。基于这种方法只对完工产品分配间接费用，而不分批计算在产品成本的特点，又称其为不分批计算在产品成本分批法。

（二）简化分批法的应用

［例4.4］某制造企业小批量生产多种产品，产品批数多，为了简化成本计算工作，采用简化的分批法——累计间接费用分配法计算成本，该企业6月（本月）份各批产品的情况是：

94408 批号甲产品 9 件，4 月投产，本月完工；

94519 批号乙产品 8 件，5 月投产，本月完工 5 件；

94523 批号甲产品 12 件，5 月投产，尚未完工；

94601 批号丙产品 10 件，6 月投产，尚未完工。

该企业设立的“基本生产二级账”见表4.29。

表 4.29 基本生产二级账

（各批产品总成本） 单位：元

月	日	摘要	直接材料	生产工时	直接人工	制造费用	成本合计
5	31	余额	123 550	39 780	35 404	111 383	270 337
6	30	本月发生	40 750	58 420	52 976	163 577	257 303
6	30	累计	164 300	98 200	88 380	274 960	527 640
6	30	全部产品累计间接费用分配率			0.9	2.8	
6	30	本月完工产品转出	87 130	48 970	44 073	137 116	268 319
6	30	余额	77 170	48 230	44 307	137 844	259 321

该企业的直接材料费用为直接计入费用；该企业采用计时工资制度，因而直接人工费用为间接计入费用。

在表 4.29 中，5 月 31 日余额是 5 月末在产品的生产工时和各项费用。

本月发生的原材料费用和生产工时，应根据原材料费用分配表、生产工时记录，与各批产品成本明细账平行登记；本月发生的各项间接费用，应根据各项费用分配表汇总登记。全部产品累计间接费用分配率计算如下（以直接人工和制造费用为例）：

直接人工费用累计分配率 = 88 380 ÷ 98 200 = 0.9

制造费用累计分配率 = 274 960 ÷ 98 200 = 2.8

基本生产二级账中完工产品的直接材料费用和生产工时，应根据各批产品成本明细账中完工产品的直接材料费用和生产工时汇总登记（如直接材料 = 63 130 + 24 000 = 87 130 元，生产工时 = 33 030 + 15 940 = 48 970 小时）。完工产品的各项间接费用，可以根据完工产品生产工时分别乘以相应的费用累计分配率登记（如直接人工 = 48 970 × 0.9 = 44 073 元，制造费用 = 48 970 × 2.8 = 137 116 元）。

基本生产二级账中月末在产品的直接材料费用和生产工时，可以根据累计的直接材料费用和生产工时分别减去本月完工产品的直接材料费用和生产工时计算登记（如直接人工 = 49 230 × 0.9 = 44 307 元，直接材料 = 164 300 − 87 130 = 77 170 元）。“基本生产”二级账中月末在产品的各项间接计入费用，可以根据其生产工时分别乘以相应的费用累计分配率计算登记（如制造费用 = 49 230 × 2.8 = 137 844 元），也可以根据其费用的累计数分别减去完工产品的相应费用计算登记（如直接人工 = 88 380 − 44 073 = 44 307 元，制造费用 = 274 960 − 137 116 = 137 844 元）。

该企业设立的各批产品成本明细账分别见表 4.30、表 4.31、表 4.32、表 4.33。

表 4.30 产品成本明细账

产品批号：94408　　产品名称：甲产品　　投产日期：4 月 12 日

订货单位：大兴工厂　　产品批量：9 件　　完工日期：6 月 28 日

月	日	摘要	直接材料	生产工时	直接人工	制造费用	成本合计
4	30	本月发生	31 220	11 220			

（续表）

月	日	摘要	直接材料	生产工时	直接人工	制造费用	成本合计
5	31	本月发生	18 980	7 590			
6	30	本月发生	12 930	14 220			
	30	累计数及累计间接费用分配率	63 130	33 030	0.9	2.8	
	30	本月完工产品转出	63 130	33 030	29 727	92 484	185 341
	30	完工产品单位成本	7 014.44		3 303	10 276	20 593.44

表 4.31　产品成本明细账

产品批号：94519　　产品名称：乙产品　　投产日期：5 月 2 日

订货单位：大兴工厂　　产品批量：8 件　　完工日期：6 月 30 日，完工 5 件

月	日	摘要	直接材料	生产工时	直接人工	制造费用	成本合计
5	31	本月发生	38 400	8 620			
6	30	本月发生		15 880			
	30	累计数及累计间接费用分配率	38 400	24 500	0.9	2.8	
	30	本月完工产品（5 件）转出	24 000	15 940	14 346	44 632	82 978
	30	完工产品单位成本	4 800		2 869.20	8 926.40	16 595.60
	30	在产品	14 400	8 560			

表 4.32　产品成本明细账

产品批号：94523　　产品名称：甲产品　　投产日期：5 月 20 日

订货单位：化星工厂　　产品批量：12 件　　完工日期：

月	日	摘要	直接材料	生产工时	直接人工	制造费用	合计
5	31	本月发生	34 950	12 350			
6	30	本月发生	15 450	15 110			

表 4.33　产品成本明细账

产品批号：94601　　产品名称：丙产品　　投产日期：6 月 13 日

订货单位：红光公司　　产品批量：10 件　　完工日期：

月	日	摘要	直接材料	生产工时	直接人工	制造费用	合计
6	30	本月发生	12 370	13 210			

在各批产品成本明细账中，对于没有完工产品的月份，只登记直接材料费用（一般只有直接材料费用是直接计入费用）和生产工时。如 94523、94601 两批产品，这些月份发生的直接材料费用和生产工时，也就是该月份各月末在产品的直接材料费用和生产工时。因此，在各批产品成本明细账中，在产品的各个月份的直接材料费用或生

产工时发生额之和，应该等于基本生产成本二级账所记在产品的直接材料费用或生产工时。

在上列各批产品成本明细账中，对于有完工产品（包括全部完工或批内部分完工）的月份，除了登记直接材料费用和生产工时，以及相应的累计数以外，还应根据基本生产成本二级账登记各项间接费用的累计分配率。

第94408批产品，月末全部完工，因而其累计的直接材料费用和生产工时就是完工产品的直接费用和生产工时；以其生产工时乘以各项间接计入费用累计分配率，即为完工产品的各项间接计入费用。

第94519批产品，月末部分完工、部分在产，因而还应在完工产品与月末在产品之间分配费用。该种产品所耗直接材料在生产开始时一次投入，因而直接材料费用按完工产品与月在产品的数量比例分配：

直接材料费用分配率 = 38 400 ÷（5 + 3）= 4 800

完工产品直接材料费用 = 5 × 4 800 = 24 000（元）

月末在产品直接材料费用 = 3 × 4 800 = 14 400（元）

假定月末在产品工时按工时定额计算，其定额工时共计8 560小时，完工产品工时应为15 940（24 500 - 8 560）小时，以该工时乘以各项间接计入费用累计分配率，即为完工产品的各项间接计入费用。完工产品直接人工 = 15 940 × 0.9 = 14 346元，完工产品制造费用 = 15 940 × 2.8 = 44 632元。

各批产品成本明细账登记完毕后，其中完工产品的直接材料费用和生产工时应分别汇入“基本生产成本”二级账，并据以计算登记各批全部完工产品的总成本。

上述简化的分批法，与一般分批法的区别在于：各批产品之间分配间接费用的工作和完工产品与在产品之间分配费用的工作，都是利用累计间接费用分配率，到产品完工时合在一起进行的。就是说，各项间接计入费用累计分配，既是在各批完工产品之间分配各项费用的依据，也是在完工批别与月末在产品批别之间，以及某批产品的完工产品与月末在产品之间分配各项费用的依据；成本计算工作中的横向分配工作与纵向分配工作，在有完工产品时，根据同一个费用分配率一次分配完成。这一特点在第94519批产品的成本计算中体现得最为明显。

（三）简化分批法的优缺点和应用条件

采用简化分批法，可以简化费用的分配和登记工作，月末未完工产品的批数越多，核算工作就越简化。但是，这种方法在各月间接计入费用水平相差悬殊的情况下则不宜采用，否则就会影响各月成本的正确性。例如，前几个月的间接计入费用水平高，本月间接计入费用水平低，而某批产品本月投产，当月完工，在这种情况下，按累计间接计入费用分配率计算的该批完工产品的成本就会发生不应有的偏高。另外，如果月末未完工产品的批数不多，也不宜采用这种方法。因为在这种情况下，月末大多数产品已经完工，绝大多数产品的批号仍然要分配登记各项间接计入费用，核算工作量减少不多，但计算的正确性却会受到影响。

综上所述，可以看出，要使这种分批法充分发挥其简化成本核算工作的优点，保证各月成本计算的正确性，采用简化分批法时必须具备两个条件，即各月份的间接计入费用的水平相差不多；月末未完工产品批数比较多。

第四节　产品成本计算的分步法

一、分步法的适用范围和特点

（一）分步法的含义及适用范围

分步法是按照产品品种和每种产品所经过的生产步骤归集生产费用、计算产品成本的一种方法。它适用于大量、大批多步骤的生产。例如，机械制造企业可分为铸造、加工、装配等步骤；造纸企业可分为制浆、制纸、包装等步骤；纺织企业可分为纺纱、织布等步骤。为了加强各生产步骤的成本管理，往往不仅要求按照品种计算成本，而且还要求按照生产步骤计算成本，以便更好地考核和分析成本计划的执行情况。

（二）分步法的特点

采用分步法计算产品成本，其计算对象是各种产品及其所经过的各生产步骤。分步法的特点主要表现在以下几方面：

（1）按生产步骤及产品品种设置成本计算单，以便按成本项目汇集各步骤的生产费用。如果一个生产步骤只生产一种产品，可按该种产品和生产步骤设置成本计算单；如果一个生产步骤生产多种产品，则需按生产步骤和产品品种分别设置成本计算单。

（2）某步骤某产品发生的直接费用，应直接计入该步骤该种产品成本计算单的相应成本项目之内；各步骤、各种产品共同发生的间接费用，应采用一定的标准，分配计入各步骤、各种产品的成本计算单内。

（3）计算各步骤完工产品成本和在产品成本。月末将各生产步骤中各成本计算单上汇集的全部生产费用，在各完工产品和在产品之间进行分配，计算出各步骤的完工产品成本和在产品成本。

（4）结转各步骤半成品成本，计算产成品总成本和单位成本。月末，应采用适当的方法，按产品品种结转各步骤成本，计算出每种产品的总成本和单位成本。

二、分步法的核算程序及应用

在实际工作中，根据各生产步骤是否需要计算半成品成本，分步法分为逐步结转分步法和平行结转分步法。

（一）逐步结转分步法

逐步结转分步法（也称计算半成品成本法）的计算对象是各种产成品及其所经过的各步骤的半成品成本。在该类型企业中，各步骤所生产完工的半成品既可以作为本企业下一个步骤继续加工的对象，也可以对外销售。为了计算对外销售的半成品成本和计算以后生产步骤的产品成本，有必要计算各步骤半成品的成本。

该方法的特点是，各步骤所耗用的上一步骤半成品的成本，要随着半成品实物的转移，从上一步骤的产品成本明细账转入下一步骤相同的产品成本明细账中，以便逐步计算各步骤的半成品成本和最后步骤的产成品成本。逐步结转分步法实物结转程序如图 4.5 所示，半成品成本结转程序如图 4.6 所示。

图 4.5　逐步结转分步法实物结转程序

第一步骤成本计算单

项目	直接材料	加工费用	合计
月初在产品	300	160	460
本月投产	4 700	2 140	6 840
本月完工	4 200	2 100	6 300
月末在产品	800	200	1 000

第二步骤成本计算单

项目	直接材料	加工费用	合计
月初在产品	1 140	240	1 380
本月投产	6 300	1 830	8 130
本月完工	6 820	1 980	8 800
月末在产品	620	90	710

第二步骤成本计算单

项目	直接材料	加工费用	合计
月初在产品	1 460	650	2 110
本月投产	8 800	2 350	111 580
本月完工	8 740	2 760	11 500
月末在产品	1 520	240	1 760

产品成本计算单

项目	直接材料	加工费用	合计
总成本	8 740	2 760	11 500
单位成本	38	12	50

图 4.6　半成品成本结转程序（不经过半成品库）

逐步结转分步法按照半成品在下一步骤成本计算单中反映的方法，可分为综合结转和分项结转两种方法。

1. 综合结转分步法

综合结转分步法是将各生产步骤所耗用的上一步骤的半成品成本，以其合计数综合记入下一步骤的产品成本计算单中的“半成品”或“原材料”成本项目中去。

（1）综合分步法实例

[例 4.5] 大华公司 2010 年 10 月份生产甲产品，需经过三个生产步骤顺序加工。第一步骤生产的半成品直接被第二步骤领用，第二步骤生产的半成品，直接被第三步骤领用，并将其加工成产成品。材料在开始生产时一次投入，在在产品按约当产品法计算的情况下，有关的产量、成本计算资料见表 4.34 和表 4.35。

表 4.34　各步骤产量记录　　单位：件

项目	第一步	第二步	第三步
月初在产品	100	200	160
本月投产（或上月转入）	1 000	960	1 080
本月产成品	960	1 080	1 200
月末在产品	140	80	40
在产品完工程度（%）	50	50	50

表 4.35　各步骤费用资料

成本项目	第一步		第二步		第三步	
	月初在产品成本	本月发生费用	月初在产品成本	本月发生费用	月初在产品成本	本月发生费用
直接材料	32 480	333 600	73 600	——	61 440	——
直接人工	3 192	47 880	18 240	64 152	21 888	96 672
制造费用	840	11 200	4 800	13 200	5 120	12 720
合计	36 512	392 680	96 640	77 352	88 448	109 392

根据以上资料，采用综合结转分步法计算产品成本，并编制产品成本计算单，见表 4.36、表 4.37、表 4.38、表 4.39。

表 4.36　产品成本计算单

生产步骤：第一步骤　　2010 年 10 月　　产量：960 件

产品名称：甲半成品

成本项目	月初在产品成本	本月发生费用	费用合计	费用分配率	完工半成品成本（960 件）	月末在产品成本（140 件）
直接材料	32 480	333 600	366 080	332.80	319 488	46 592
直接人工	3 192	47 880	51 072	49.58	47 597	3 475
制造费用	840	11 200	12 040	11.69	11 222	818
合计	36 512	392 680	429 192	394.07	378 307	50 885

表 4.36 中有关计算过程如下：

直接材料项目分配率 = 366 080 ÷（960 + 140 × 100%）= 332.80

直接人工项目分配率 = 51 072 ÷（960 + 140 × 50%）= 49.58

制造费用项目分配率 = 12 040 ÷（960 + 140 × 50%）= 11.69

表 4. 37　产品成本计算单

生产步骤：第二步骤　　　　2010 年 10 月　　　　产量：1 080 件

产品名称：甲半成品

成本项目	月初在产品成本	本月发生费用	费用合计	费用分配率	完工半成品成本（1 080 件）	月本在产品成本（80 件）
直接材料	73 600	378 307	451 907	389. 58	420 746	31 161
直接人工	18 240	64 152	82 392	73. 56	79 445	2 947
制造费用	4 800	13 200	18 000	16. 07	17 356	644
合计	96 640	455 659	552 299	479. 21	517 547	34 752

表 4. 37 中有关计算过程如下：

半成品成本项目分配率 = 451 907 ÷ （1 080 + 80 × 100%） = 389. 58

直接人工项目分配率 = 82 392 ÷ （1 080 + 80 × 50%） = 73. 56

制造费用项目分配率 = 18 000 ÷ （1 080 + 80 × 50%） = 16. 07

表 4. 38　产品成本计算单

生产步骤：第三步骤　　　　2010 年 10 月　　　　产量：1 200 件

产品名称：甲产成品

成本项目	月初在产品成本	本月发生费用	费用合计	费用分配率	完工产成品成本（1 200 件）	月末在产品成本（40 件）
直接材料	61 440	517 547	578 987	466. 93	560 316	18 671
直接人工	21 888	96 672	118 560	97. 18	116 616	1 944
制造费用	5 120	12 720	17 840	14. 62	17 544	296
合计	88 448	626 939	715 387	578. 73	694 476	20 911

表 4. 38 中有关计算过程如下：

半成品成本项目分配率 = 578 987 ÷ （1 200 + 40 × 100%） = 466. 93

直接人工项目分配率 = 118 560 ÷ （1 200 + 40 × 50%） = 97. 18

制造费用项目分配率 = 17 840 ÷ （1 200 + 40 × 50%） = 14. 62

表 4. 39　产品成本计算单

产品名称：甲产品　　　　2010 年 10 月　　　　产量：1 200 件

成本项目	总成本	单位成本
半成品	560 316	466. 93
直接人工	116 616	97. 18
制造费用	17 544	14. 62
合计	694 476	578. 73

从表 4. 38 可以看出，采用逐步结转综合结转半成品成本，各步骤耗用上一步骤半成品的费用，可以直接从成本计算单中反映出来。这样，对于加强对各步骤耗用半成品情况的监督、分析、考核及提高成本管理水平，都有重要作用。但这种方法在成本计算单里，不能直接提供按原始成本项目反映的成本资料。为此，在管理上要求从整个企业角度考核和分析产品成本构成时，还应将逐步综合结转计算出来的产品成本进行成本还原。

（2）成本还原

所谓成本还原是恢复产品成本结构的本来面目，把各步骤耗用的半成品成本，逐步分解还原为“直接材料”、“直接人工”、“制造费用”等。

成本还原的方法通常是从最后一个生产步骤开始，将其所耗用的上一个生产步骤自制半成品的综合成本，按本月所生产这种半成本的成本结构比例逐步进行还原，直至还原到第一个生产步骤，使产品成本中半成品成本还原为原始成本项目为止。

成本还原的方法一般有两种：

①按半成本各成本项目占全部成本的比重还原

它是将本月产成品耗用上一步骤半成品的成本，按照上一步骤完工半成品各成本项目占全部成本的比重进行还原的方法。其计算的公式为：

还原分配率 = 上一步骤完工半成品各成本项目的金额 ÷ 上一步骤完工半成品成本合计

还原后各成本项目金额 = 半成品成本项目 ×（该成本项目）还原分配率

现以［例 4. 5］资料计算出来的甲产品成本为例说明其还原方法，见表 4. 40。

表 4. 40　成本还原计算表　　单位：元

成本项目	还原前总成本	第二步半成本成本	还原率（%）	还原额	第一步半成本成本	还原率（%）	还原额	还原后总成本
栏目	1	2	3 = 2 各项/2 合计	4 = 3 各项 ×1（半成品成本）	5	6 = 5 各项/5 合计	7 = 6 各栏 ×5（半成品成本）	8
直接材料（半成品）	560 316	420 746	81. 30	455 537	319 488	84. 45	384 701	384 701
直接人工	116 616	79 445	15. 35	86 006	47 597	12. 58	57 307	259 932
制造费用	17 544	17 356	3. 35	18 770	11 222	2. 97	13 529	49 843
合计	694 476	517 547	100	560 316	378 307	100	455 537	694 476

注：还原后的产品总成本 = 7 栏直接材料 +（1、4、7 栏的加工费用之和）。

通过上述计算可以看出，第三步骤产成品耗用的半成品成本 560 316 元，经过连续还原计算，其总成本没有变化，但是其成本构成有了变化。即将以综合成本项目反映的“半成品”项目，还原为原来的成本项目。这为按成本项目考核成本计划的情况提供了可靠的核算资料。

上述还原方法是分别按成本项目计算还原率的，在成本项目较多的情况下，其计算次数必然要多一些。

实际工作中为简化成本还原工作，还可以将本期产品所耗用上一步骤半成品的综合成本，按照本期所产该半成品成本结构进行还原。

②按所耗半成品综合成本占完工半成品总成本的比重还原

采用该方法进行成本还原，首先要计算出还原分配率，还原分配率即产成品成本中半成品成本占上一步骤生产该种半成品总成本的比重，其计算公式为：

还原分配率 = 本期产成品耗用上一步骤半成品成本合计 ÷ 本期生产该种半成品成本合计

还原后各成本项目金额 = 本月生产该种半成品成本中各成本项目金额 × 还原分配率

现仍以［例 4.5］资料计算出来的甲产品成本为例说明其还原方法，见表 4.41。

表 4.41　成本还原计算表

成本项目	还原前总成本	第二步半成品成本	还原额及还原率	第一步半成品成本	还原额及还原率	还原后总成本
栏目	1	2	3	4	5	6
还原分配率			1.082 637 9		1.204 090 9	
直接材料（半成品）	560 316	420 746	445 516	319 488	384 693	384 693
直接人工	116 616	79 445	86 010	47 597	57 311	259 937
制造费用	17 544	17 356	18 790	11 222	13 512	49 846
合计	694 476	517 547	560 316	378 307	455 516	694 476

注：3 栏还原分配率 = 560 316/517 547 = 1.082 637 9

5 栏还原分配率 = 455 516/378 307 = 1.204 090 9

还原后的产品总成本 = 5 栏直接材料 +（1、3、5 栏的加工费用之和）

上述成本还原方法，没有考虑以前月份所产的半成品成本结构对本月产成品所耗半成品成本结构的影响。因此，在各月份半成品成本结构变动较大的情况下，对还原结果的正确性会有一定的影响。

2. 分项结转分步法

分项结转分步法是指按照成本项目，将上一步骤的半成品成本分项转入下一步骤成本计算单上相应的成本项目的一种方法。

例仍沿用［例 4.5］资料，按分项结转分步法计算各生产步骤半成品成本和最后步骤的产成品成本，填制第一、第二、第三各步骤“产品成本计算单”，见表 4.42、表 4.43、表 4.44 和表 4.45。

表 4.42 产品成本计算单

生产步骤：第一步骤　　　　2010 年 10 月　　　　产量：960 件

产品名称：甲半成品

成本项目	月初在产品成本	本月发生费用	费用合计	费用分配率	完工半成品成本（960 件）	月末在产品成本（140 件）
直接材料	32 480	333 600	366 080	332.80	319 488	46 592
直接人工	3 192	47 880	51 072	49.58	47 597	3 475
制造费用	840	11 200	12 040	11.69	11 222	818
合计	36 512	392 680	429 192	394.07	378 307	50 885

表 4.42 中有关计算过程同前：

直接材料项目分配率 = 366 080 ÷（960 + 140 × 100%）= 332.80

直接人工项目分配率 = 51 072 ÷（960 + 140 × 50%）= 49.58

制造费用项目分配率 = 12 040 ÷（960 + 140 × 50%）= 11.69

表 4.43 产品成本计算单

生产步骤：第二步骤　　　　2010 年 10 月　　　　产量：1 080 件

产品名称：甲半成品

成本项目	月初在产品成本	本月本步骤发生费用	耗用上步骤半成品成本	费用合计	费用分配率	完工半成品成本（1 080 件）	月末在产品成本（80 件）
直接材料	73 600	——	319 488	393 088	338.87	365 980	27 108
直接人工	18 240	64 152	47 597	129 989	116.06	125 345	4 644
制造费用	4 800	13 200	11 222	29 222	26.09	28 177	1 045
合计	96 640	77 352	378 307	552 299	481.02	519 502	32 797

表 4.43 中有关计算过程如下：

直接材料项目分配率 = 393 088 ÷（1 080 + 80 × 100%）= 338.87

直接人工项目分配率 = 129 989 ÷（1 080 + 80 × 50%）= 116.06

制造费用项目分配率 = 29 222 ÷（1 080 + 80 × 50%）= 26.09

表 4.44 产品成本计算单

生产步骤：第三步骤　　　　2010 年 10 月　　　　产量：1 200 件

产品名称：甲产成品

成本项目	月初在产品成本	本月本步骤发生费用	耗用上步骤半成品成本	费用合计	费用分配率	完工产成品成本（1 200 件）	月末在产品成本（40 件）
直接材料	61 440	——	365 980	427 420	344.69	413 628	13 792
直接人工	21 888	96 672	125 345	243 905	199.92	239 904	4 001

（续表）

成本项目	月初在产品成本	本月本步骤发生费用	耗用上步骤半成品成本	费用合计	费用分配率	完工产成品成本（1 200 件）	月末在产品成本（40 件）
制造费用	5 120	12 720	28 177	46 017	37. 72	45 264	753
合计	88 448	109 392	519 502	717 342	582. 33	698 796	18 546

表 4. 44 中有关计算过程如下：

直接材料项目分配率 = 427 420 ÷ （1 200 + 40 × 100%） = 344. 69

直接人工项目分配率 = 243 905 ÷ （1 200 + 40 × 50%） = 199. 92

制造费用项目分配率 = 46 017 ÷ （1 200 + 40 × 50%） = 37. 72

表 4. 45　甲产品成本计算单

2010 年 10 月　　　　　　　　　　产量：1 200 件

成本项目	总成本	单位成本
直接材料	413 628	344. 69
直接人工	239 904	199. 92
制造费用	45 264	37. 72
合计	698 796	582. 33

从以上各表可以看出，采用分项结转法，能够直接地、准确地按原始成本项目反映企业的产品成本构成，不需要进行成本还原。但采用这种方法，成本结转工作比较复杂，而且在各步骤完工产品成本中看不出所耗上一步骤半成品成本以及本步骤发生的加工费用。所以，一般适用在管理上不要求考核各步骤所耗上一步骤半成品成本以及本步骤加工费用的情况。

（二）平行结转分步法

1. 平等结转分步法的含义及适用范围

平行结转分步法，也称不计算半成品成本法，主要适用于多步骤装配式生产的企业。这类企业各步骤生产的半成品，一般只供本企业生产产品所用，很少对外销售，管理上也不要求提供各步骤半成品成本资料，只需核算各步骤所发生的费用及各步骤应该计入当期完工产品成本中的“份额”。然后，将各步骤应计入同一产品成本的份额平行结转、汇总，即可计算出该种产品的产成品成本。这种平行结转各步骤成本的方法，称之为平行结转分步法，即不计算半成品成本法。

2. 平等结转分步法的核算程序

在该方法下，各生产步骤不计算、也不逐步结转半成品成本，只是在企业产成品入库时，才将各步骤费用中应计入产成品的份额从各步骤产品成本明细账中转出，从“基本生产成本”科目的贷方转入“库存商品”科目的借方。因此，采用这一方法，不论半成品是在各生产步骤之间直接转移，还是通过半成品库收发，都不通过“自制半成品”科目进行总分类核算。该方法的成本核算程序如图4.7所示。

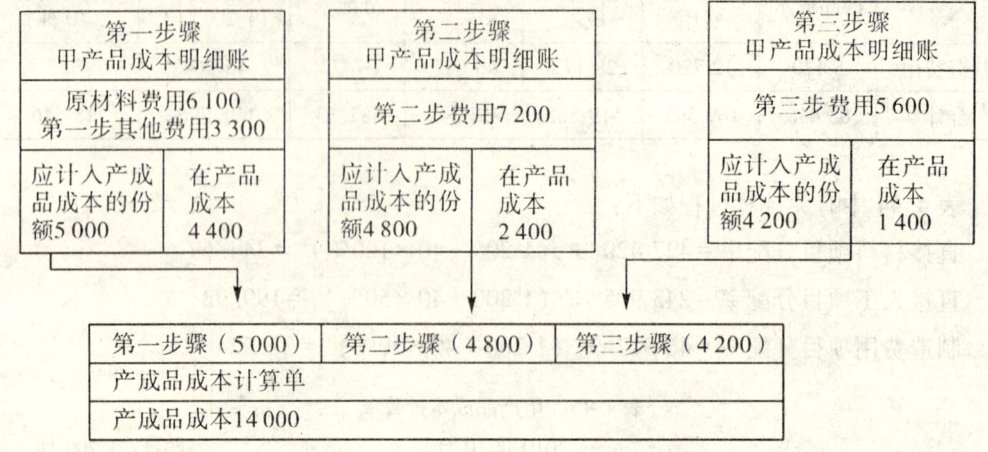

图4.7 平行结转分步法核算程序

3. 平行结转分步法的特点

（1）各生产步骤不计算半成品成本，只核算本步骤所发生的生产费用（除第一步骤外）。

（2）采用该方法，各步骤之间不结转半成品成本。不论半成品实物是在各生产步骤之间直接转移，还是通过半成品库收发，都不进行总分类核算。也就是说半成品成本不随半成品实物的转移而转移。

（3）每月终了，将各步骤成本计算单上发生的生产费用（应是合计）选择适当的方法在完工产品和在产品之间进行分配。这里的“完工产品”指最终完工的产成品；“在产品”指就整个企业而言的未完工产品，即广义在产品，具体包括：①本步骤正在加工的在产品（狭义在产品）；②本步骤完工转入以后各步骤尚未最终产成的在产品；③本步骤完工转入半成品库的半成品。

（4）将各步骤费用中应计入产成品的“份额”平行汇总，计算该种产成品的总成本和单位成本。

4. 平行结转分步法举例

平行结转分步法的完工产品成本，等于各步骤应计入完工产品成本中的“份额”之和。这个应计入产品成本中的“份额”是按下式计算的：

某步骤应计入产成品成本的份额 = 产成品产量 × 单位产成品耗用该步骤半成品的数量 × 该成本项目费用分配率

上式中“该成本项目费用分配率”可用约当产量法、定额比例法或定额成本法等方法计算求得。此处只介绍约当产量法下的计算公式：

某成本项目费用分配率 =（该步骤月初在产品成本 + 该步骤本月发生费用）/该步骤产品约当产量

某步骤产品约当产量 = 本月最终产成品数量 + 该步骤广义在产品约当产量

［例 4.6］金鑫公司生产 A 产品，连续经过三个生产步骤进行加工，原材料是在第一个生产步骤一次投入。各生产步骤的半成品，直接为下一个生产步骤耗用，不经过半成品库。第三步骤单位在产品和产成品耗用第二步骤半成品 1 件；第二步骤单位在产品和半成品耗用第一步骤半成品 1 件。月末在产品成本按约当产量法计算，其他有关资料如下：

（1）本月产品产量资料见表 4.46。

表 4.46　产品产量表　　单位：件

项目	第一步	第二步	第三步
月初在产品数量	300	200	100
本月投产数量	600	500	400
本月完工产品数量	500	400	300
月末在产品数量	400	300	200
在产品完工程度	50%	50%	50%

（2）产品费用资料见表 4.47。

表 4.47　产品费用表

项目	月初在产品				本月发生费用			
	第一生产步骤	第二生产步骤	第三生产步骤	合计	第一生产步骤	第二生产步骤	第三生产步骤	合计
直接材料	36 000			36 000	36 000			36 000
直接人工	768	1 008	300	2 076	1 032	2 511	1 053.50	4 596.50
制造费用	2 379.14	1 484	875	4 738.14	2 918	3 339	1 746.50	8 003.50
合计	39 147.14	2 492	1 175	42 814.14	39 950	5 850	2 800	48 600

根据上述资料，按平行结转分步法计算 A 产品成本。

平行结转分步法下约当产量的计算见表 4.48。

表 4.48　约当产量计算表

项目	第一生产步骤		第二生产步骤		第三生产步骤	
	投料约当产量	加工约当产量	投料约当产量	加工约当产量	投料约当产量	加工约当产量
最终产成品数量	300	300	300	300	300	300
广义在产品数量	300 + 200 + 400 = 900	300 + 200 + 200 = 700	200 + 300 = 500	200 + 150 = 350	200	100
合计	1 200	1 000	800	650	500	400

平行结转分步法下各项费用的分配见表 4.49。

表 4.49　平行结转分步法下的费用分配表

成本项目	第一生产步骤		第二生产步骤		第三生产步骤	
	计入产成品成本份额	月末在产品成本	计入产成品成本份额	月末在产品成本	计入产成品成本份额	月末在产品成本
直接材料	(36 000 + 36 000)/1 200×300 = 18 000	72 000 − 18 000 = 54 000				
直接人工	= 540	= 1 260	= 1 624.15	= 1 894.85	= 1 015.13	= 338.37
制造费用	= 1 589.14	= 3 708	= 2 226	= 2 597	= 1 966.13	= 655.37
合计	20 129.14	58 968	3 850.15	4 491.85	2 981.26	993.74

A 产品的成本计算单见表 4.50、表 4.51、表 4.52、表 4.53。

表 4.50　第一生产步骤产品成本计算单

成本项目	直接材料	直接人工	制造费用	合计
月初在产品成本	36 000	768	2 379.14	39 147.14
本月发生费用	36 000	1 032	2 918	39 950
合计	72 000	1 800	5 297.14	79 097.14
应计入产成品成本份额	18 000	540	1 589.14	20 129.14
月末在产品成本	54 000	1 260	3 708	58 968

表 4.51　第二生产步骤产品成本计算单

成本项目	直接材料	直接人工	制造费用	合 计
月初在产品成本		1 008	1 484	2 492
本月发生费用		2 511	3 339	5 850
合计		3 519	4 823	8 342
应计入产成品成本份额		1 624.15	2 226	3 850.15
月末在产品成本		1 894.85	2 597	4 491.85

表 4.52　第三步骤产品成本计算单

成本项目	直接材料	直接人工	制造费用	合计
月初在产品成本		300	875	1 175
本月发生费用		1 053.50	1 746.50	2 800
合计		1 353.50	2 621.50	3 975
应计入产成品成本份额		1 015.13	1 966.13	2 981.26
月末在产品成本		338.37	655.37	993.74

表4.53　A产品成本计算单

成本项目	直接材料	直接人工	制造费用	合计
第一生产步骤转入份额	18 000	540	1 589.14	20 129.14
第二生产步骤转入份额		1 624.15	2 226	3 850.15
第三生产步骤转入份额		1 015.13	1 966.13	2 981.26
总成本	18 000	3 179.28	5 781.27	26 960.55
单位成本	60	10.60	19.27	89.87

从以上计算可以看出，平行结转分步法可以同时平行汇总计算产品成本，不用进行成本还原。这样既简化了成本计算手续，又加速了成本计算进度，但这种方法也有一些缺点：

①在这种成本计算法下，由于各步骤间不结转半成品成本，实物结转和成本结转不一致，因而不能全面反映各步骤的生产情况，不便于加强车间成本管理。

②在这种成本法下，不计算半成品成本，不能为分析半成品成本计划的完成情况和计算半成品的销售成本提供资料。

所以，平行结转分步法只宜在半成品种类较多、逐步结转半成品成本时工作量较大、管理上又不要求提供半成品成本资料的情况下采用。

资料卡4.1　　成本计算单的格式是怎样的?

在成本计算单中要按成本项目开设专栏，其目的是为了反映产品成本的构成内容、分析产品成本升降的原因。最基本的成本项目包括："直接材料"（或"原材料"）、"直接人工"、"制造费用"三项。企业可以根据实际需要适当增加，比如"燃料及动力"、"废品损失"等。成本计算单内容一般包括："月初在产品成本""本月发生生产费用""生产费用累计""完工产品成本""月末在产品成本"等，其格式如表4.54所示。

表4.54　产品成本计算单

摘要	直接材料	直接人工	制造费用	合计
月初在产品成本				
本月发生生产费用				
生产费用累计				
结转完工产品成本				
完工产品单位成本				
月末在产品成本				

本章小结

生产按工艺过程的特点分类，可分为简单生产和复杂生产；生产按组织方式分类，可分为大量生产、成批生产和单件生产。成本计算方法的组成要素一般有：成本计算对象的确定、成本计算期的确定、在产品的计价方法等。计算产品成本有各种不同的方法，企业采用何种方法计算产品成本，在很大程度上取决于生产的类型和管理要求。

进行产品成本计算的基本方法有品种法、分批法和分步法。产品成本计算可以运用单一方法，也可以多种方法综合运用。

产品成本计算的品种法，是指以产品品种为成本计算对象，归集生产费用、计算产品成本的方法。品种法一般适用于大量、大批、单步骤生产的企业和管理上不要求分步计算产品成本的大量、大批、多步骤生产的企业，是最基本的成本计算方法。品种法因应用于不同的企业，可以分为简单品种法和标准品种法。

产品成本计算的分批法，是按产品的批别或订单归集生产费用、计算产品成本的一种方法。分批法通常适用于单件、小批生产的企业或车间。分批法的主要特点是以产品批别作为成本计算对象，产品成本计算期不固定，一般不存在期末在产品计价问题。简化分批法是一般分批法的简化形式，是指在单件、小批生产的企业，同一月份内投产批数较多而且月末未完工的批数较多，每月发生的人工费及制造费用，不是按月在各批产品之间进行分配，而是将人工费及制造费用先分别累计起来，到产品完工时，按照完工产品累计生产工时的比例，在各批完工产品之间再进行分配，从而计算出完工产品的总成本及单位成本的一种成本计算方法。在简化分批法下，除了按批别设立产品成本计算单（生产成本明细账）外，还必须设立“基本生产成本”二级账，汇总登记各批产品生产耗费的所有生产费用和生产工时。

产品成本计算的分步法，是以各生产步骤生产的半成品和最终生产步骤的产成品为成本计算对象，归集生产费用、计算产品成本的一种方法，包括逐步结转分步法和平行结转分步法两种。逐步结转分步法一般适用于大量、大批连续式加工企业。在逐步结转分步法中，各步骤所耗用的上一步骤半成品的成本要随着半成品实物的转移，逐步结转记入下一步骤的生产成本明细账，可采用综合结转和分项结转两种方式。在综合结转方式下，通过成本还原，将产成品成本中半成品成本还原为原始的成本项目。平行结转分步法适用于半成品很少或根本不出售，管理上不要求提供完整的半成品成本信息、不需要计算各步骤半成品成本的大量、大批连续式复杂生产企业，以及大量、大批装配式复杂生产企业。采用平行结转分步法，各步骤不计算半成品成本，只核算本步骤所发生的生产费用，也就是说半成品的成本不随半成品实物的转移而转移。期末，本步骤发生的生产费用要在最终完工的产成品和广义在产品之间进行分配。

练习题

一、思考题

1. 一个企业只能采用一种成本计算方法吗？

2. 确定成本计算对象的原则是什么？

3. 产品成本计算的基本方法有哪些？它们各适用于什么样的企业？

4. 某化工厂有两个基本生产车间，即溶剂车间和薄膜车间，生产组织形式是大量生产。溶剂车间生产丙酮、乙醇、丁醇三种产品；薄膜车间生产薄膜。由于工艺比较简单，生产周期短，各种产品从原料投入到加工成产品都是在同一车间进行。你认为该企业是否适用于采用品种法进行成本计算？为什么？

5. 下列哪些企业的产品成本计算适宜采用品种法？

（1）大量大批单步骤生产的发电厂；

（2）管理上要求分步计算产品成本的汽车制造厂；

（3）管理上要求分批计算成本的服装加工厂；

（4）管理上不要求分步骤计算成本的小型水泥厂；

（5）船舶制造厂；

（6）自来水公司。

6. 采用品种法和分批法的产品成本计算期是否相同？为什么？

7. 采用分批法计算产品成本时如何确定产品的批量？

8. 产品成本计算的分批法和品种法有什么联系？

9. 分批法比品种法简单吗？

10. 某塑料制品厂小批生产塑料制品，成本管理上不要求分步计算成本，一般情况下应采用哪种方法计算产品成本？

11. 采用简化的分批法何时分配间接费用？

12. 简化分批法下，分配对象怎样确定？

13. 简化分批法下，为什么要设置“基本生产成本”二级账？

14. 简化分批法与一般的分批法有何异同？

15. 广义在产品和狭义在产品两个概念之间是并列关系，还是包含与被包含的关系？

16. 在逐步结转分步法下，生产费用合计数是按本步骤完工半成品数量和狭义在产品数量两者的比例进行分配的。在平行结转分步法下，生产费用的合计数是在哪两者之间进行分配的呢？

二、单项选择题

1. 生产类型和管理要求对成本计算方法的影响主要表现在（ ）。

A. 生产组织的特点　　　　B. 工艺过程的特点

C. 生产管理的要求　　　　D. 产品成本计算对象的确定

2. 下列成本计算方法中不属于成本计算基本方法的是（　　）。

A. 品种法　　B. 分类法　　C. 分步法　　D. 分批法

3. 在大批大量简单生产的企业里，要求连续不断地重复生产一种或者若干种产品，因而管理上只要求而且也只能按照（　　）。

A. 产品的批别计算成本　　　　B. 产品的品种计算成本
C. 产品的类别计算成本　　　　D. 产品的步骤计算成本

4. 决定成本计算对象的因素是生产类型和（　　）。

A. 成本计算实体　　　　B. 成本计算时期
C. 成本管理要求　　　　D. 成本计算方法

5. 下列方法中最基本的成本计算方法是（　　）。

A. 品种法　　B. 分批法　　C. 分步法　　D. 定额法

6. 在大量、大批多步骤生产的企业，如果管理上不要求分步计算产品成本，应采用的成本计算方法是（　　）。

A. 品种法　　B. 分批法　　C. 分步法　　D. 分类法

7. 适用于大量、大批单步骤生产的产品成本计算方法是（　　）。

A. 品种法　　B. 分批法　　C. 分步法　　D. 分类法

8. 品种法适用的生产组织是（　　）。

A. 大量成本生产　　　　B. 大量大批生产
C. 大量小批生产　　　　D. 单件生产

9. 品种法的成本计算对象是（　　）。

A. 产品类别　　B. 产品步骤　　C. 产品批别　　D. 产品品种

10. 分批法的成本计算对象是（　　）。

A. 产品的批别　　　　B. 产品的品种
C. 生产的步骤　　　　D. 产品订单

11. 分批法的特点是（　　）。

A. 按品种计算产品成本　　　　B. 按月计算产品成本
C. 按步骤计算产品成本　　　　D. 按批别计算产品成本

12. 通常情况下，可采用分批法计算产品成本的企业是（　　）。

A. 纺织厂　　B. 发电厂　　C. 造纸厂　　D. 造船厂

13. 分批法成本计算对象的确定通常是根据（　　）。

A. 客户的订单　　　　B. 产品的品种
C. 企业的生产工艺　　　　D. 生产任务通知单

14. 分批法的成本计算期一般按（　　）。

A. 月份归集　　　　B. 生产合同
C. 生产周期　　　　D. 会计核算期

15. 采用分批法计算产品成本的企业，其成本计算单的设置应按（　　）。

A. 产品批号　　B. 生产日期　　C. 产品种类　　D. 客户要求

16. 小批、单件、管理上不要求分步计算成本的企业，计算成本时应采用（　　）。

A. 品种法　　B. 分步法　　C. 分类法　　D. 分批法

17. 简化分批法之所以简化，是由于（　　）。

A. 不计算在产品成本

B. 不分批计算在产品成本

C. 采用累计的间接费用分配率分配生产费用

D. 在产品完工以前不登记产品成本明细账

18. 某工业企业采用分批法计算产品成本，某月份投产甲、乙、丙三种产品的情况如下：1 日投产甲产品 3 件，乙产品 1 件，11 日投产丙产品 2 件，15 日投产甲产品 3 件，21 日投产甲产品 1 件。该月应开设产品成本明细账的张数为（　　）。

A. 2 张　　B. 3 张　　C. 4 张　　D. 5 张

19. 下列方法中属于不计算半成品成本的分步法是（　　）。

A. 逐步结转分步法　　B. 综合结转分步法

C. 分项结转分步法　　D. 平行结转分步法

20. 进行成本还原，应以还原分配率分别乘以（　　）。

A. 本月所产半成品各个成本项目的费用

B. 本月所耗半成品各个成本项目的费用

C. 本月所产该种半成品各个成本项目的费用

D. 本月所耗该种半成品各个成本项目的费用

21. 成本还原是指从最后一个步骤起，把各步骤所耗上一步骤半成品成本，按照（　　）逐步分解，还原为原始成本项目为止。

A. 本月所耗半成品成本结构

B. 本月完工产品成本的结构

C. 上一步骤所产该种半成品成本的结构

D. 上一步骤月末在产品成本的结构

22. 采用逐步结转分步法时，完工产品与在产品之间的费用分配，是指在（　　）之间的费用分配。

A. 产成品与月末在产品

B. 完工半成品与月末加工中的产品

C. 产成品与广义在产品

D. 前面步骤的完工半成品与加工中的在产品，最后步骤的产成品与加工中的在产品

23. 分步法的主要特点是（　　）。

A. 为了计算半成品成本

B. 为了计算各步骤应计入产成品份额

C. 按产品的生产步骤计算产品成本

D. 分车间计算产品成本

24. 将各步骤所耗半成品费用，按照成本项目分项转入各步骤产品成本明细账的各

个成本项目中的分步法是（　　）。

A. 综合结转分步法　　B. 分项结转分步法

C. 平行结转分步法　　D. 逐步结转分步法

25. 某种产品由三个生产步骤产成，采用逐步结转分步法计算成本。本月第一生产步骤转入第二生产步骤的生产费用为2 300元，第二生产步骤转入第三生产步骤的生产费用为4 100元。本月第三生产步骤发生的费用为2 500元（不包括上一生产步骤转入的费用），第三生产步骤月初在产品费用为800元，月末在产品费用为600元。本月该种产品的产成品成本为（　　）。

A. 10 900　　B. 6 800

C. 6 400　　D. 2 700

26. 综合结转法下成本还原的对象是（　　）。

A. 各步骤半成品成本

B. 产成品成本

C. 各步骤所耗上一步骤半成品的综合成本

D. 最后步骤的产成品成本

27. 在平行结转分步法下，完工产品与月末在产品之间的费用分配是指（　　）。

A. 在各步骤完工半成品与狭义在产品之间分配

B. 在产成品与广义在产品之间分配

C. 在各步骤完工半成品与广义在产品之间分配

D. 在产成品与狭义在产品之间分配

三、多项选择题

1. 受生产类型和管理要求影响，产品成本计算的对象有（　　）。

A. 产品品种　　B. 产品类别

C. 产品批别　　D. 产品生产步骤

E. 产品件别

2. 产品成本计算的辅助方法包括（　　）。

A. 品种法　　B. 定额法

C. 分类法　　D. 分批法

E. 变动成本法

3. 下列方法中属于产品成本计算基本方法的有（　　）。

A. 分步法　　B. 分类法

C. 定额法　　D. 分批法

E. 品种法

4. 成本计算的辅助方法（　　）。

A. 不能单独应用

B. 能够单独应用

C. 必须与基本方法结合应用

D. 根据需要确定是否与基本方法结合应用

E. 不受限制

5. 在品种规格繁多且可按一定标准划分为若干类别的企业或车间中，能够应用分类法计算成本的产品生产类型有（　　）。

A. 大批量单步骤生产　　B. 大批量多步骤生产

C. 小批量单步骤生产　　D. 单件小批量多步骤生产

E. 任何情况

6. 品种法适用于（　　）的企业。

A. 小批单件单步骤生产

B. 大量、大批单步骤生产

C. 管理上不要求分步骤计算产品成本的小批单件多步骤生产

D. 管理上不要求分步骤计算产品成本的大量、大批多步骤生产

E. 管理上要求分步骤计算产品成本的大量、大批多步骤生产

7. 品种法是（　　）。

A. 最基本的成本计算方法

B. 通常需要计算在产品成本

C. 要求按批别计算成本

D. 成本计算期与生产周期一致

E. 以产品品种作为成本计算对象的方法

8. 品种法一般用于（　　）。

A. 大量、大批单步骤生产的企业

B. 大量、大批多步骤生产，但管理上不要求分步计算产品成本的企业

C. 企业供汽、供水等单步骤生产的辅助生产成本的计算

D. 单件产品订单加工的企业

E. 小批量生产的企业

9. 下列企业中，适合用品种法计算产品成本的是（　　）。

A. 糖果厂　　B. 采掘类企业

C. 拖拉机厂　　D. 造船厂

E. 发电厂

10. 品种法的特点主要体现在（　　）。

A. 以产品品种为成本计算对象

B. 成本计算期与生产周期一致

C. 一般不需要计算期末在产品成本

D. 成本计算期与报告期一致

E. 如果期末在产品所占费用不多，可以不计算在产品成本

11. 在简化分批法下，不可能按约当产量比例分配的费用有（　　）。

A. 原材料费用　　B. 主要材料费用

C. 人工费　　D. 制造费用

E. 动力费用

12. 在简化分批法下，产品成本明细账中应登记的内容是（　　）。

A. 完工产品的生产工时　　B. 完工产品的间接计入费用

C. 月末在产品的生产工时　　D. 月末在产品的间接计入费用

E. 月末在产品的直接计入费用

13. 简化分批法下，基本生产二级账中应登记的内容是（　　）。

A. 本月发生的原材料费用　　B. 本月发生的各项间接计入费用

C. 月末在产品的原材料费用　　D. 月末在产品的间接计入费用

E. 月末在产品的累计工时

14. 生产成本二级账中月末在产品的各项间接费用的金额，可以根据（　　）登记。

A. 该二级账月末在产品生产工时分别乘以各该费用累计分配率计算

B. 各该费用的累计数分别减去完工产品的相应费用计算

C. 各批产品成本明细账月末在产品的各该费用分别汇总

D. 各批产品成本明细账月末在产品的生产工时之和乘以各该费用累计分配率计算

E. 以上均可

15. 分批法下产品的批别，可以按（　　）确定。

A. 同一订单中的多种产品

B. 不同订单中的同种产品

C. 同一订单中同种产品的组成部分

D. 不同订单中的不同产品

E. 以上均可

16. 产品成本计算的分批法适用于（　　）。

A. 小批生产　　B. 单件生产

C. 大批生产　　D. 大量生产

E. 成批生产

17. 在分批法下，批内产品跨月陆续完工不多的情况下，可以采用（　　）完工产品成本的方法。

A. 按计划单位成本计算结转

B. 暂不结转，待全部完工后一并计算结转

C. 按定额单位成本计算结转

D. 按近期同种产品实际单位成本计算结转

E. 按估计的单位成本计算结转

18. 逐步结转分步法的特点有（　　）。

A. 半成品成本随着实物的转移而结转

B. 可以计算出半成品成本

C. 期末在产品是指广义在产品

D. 期末在产品是指狭义在产品

E. 自制半成品通过仓库收发

19. 平行结转分步法的特点是（　　）。

A. 各生产步骤间不结转半成品成本

B. 各生产步骤不计算半成品成本，只计算本步骤所发生的生产费用

C. 将各步骤应计入产成品成本的“份额”平行结转，汇总计算产成品的总成本和单位成本

D. 各步骤应计算本步骤发生的生产费用中应计入产成品成本的“份额”

E. 期末在产品是指广义在产品

20. 广义在产品包括（　　）。

A. 尚在本步骤加工中的在产品

B. 企业最后一个步骤的完工产品

C. 转入各半成品库的半成品

D. 已从半成品库转到以后各步骤进一步加工、尚未最后制成的产成品

E. 包括完工的半成品和狭义在产品

21. 采用综合结转法，应将各步骤所耗用的半成品成本，以（　　）项目综合计入其生产成本明细账中。

A. 直接材料　　　　B. 直接人工

C. 制造费用　　　　D. 半成品

E. 原材料

22. 平行结转分步法的适用情况有（　　）。

A. 产品种类多，计算和结转半成品工作量大

B. 管理上不要求提供各步骤半成品成本资料

C. 管理上不要求提供原始成本项目反映的产成品成本资料

D. 管理上不要求全面地反映各个生产步骤的生产耗费水平

E. 各种情况

23. 在平行结转分步法下，完工产品与在产品之间费用的分配，正确的说法是指（　　）之间的费用分配。

A. 产成品与广义的在产品

B. 产成品与狭义的在产品

C. 各步骤完工半成品与月末加工中的在产品

D. 应计入产成品的“份额”与广义的在产品

E. 各步骤完工的半成品或最后步骤的产成品与广义在产品

24. 采用分步法计算各步骤半成品成本是（　　）。

A. 成本计算的需要

B. 成本控制的需要

C. 对外销售的需要

D. 全面考核和分析成本计划完工情况的需要

E. 分别计算各种产品成本的需要

25. 与逐步结转分步法相比，平行结转分步法的缺点是（　　）。

A. 各步骤不能同时计算产品成本

B. 不需要进行成本还原

C. 不能为实物管理和资金管理提供资料

D. 不能提供各步骤的半成品成本资料

E. 不便于进行半成品的实物管理

四、判断题

1. 产品成本计算的辅助方法可以在成本计算中单独使用，也可以结合使用。（　　）
2. 产品成本计算的辅助方法与成本计算对象没有一定关系。（　　）
3. 企业的产品生产按照工艺技术过程可分为简单生产和复杂生产。（　　）
4. 纺织、机械制造等企业属于大量大批的多步骤生产。（　　）
5. 发电、采掘企业一般采用分步法计算成本。（　　）
6. 在一个企业内可以同时采用几种产品成本计算方法，对同一种产品也可以采用几种产品成本计算方法。（　　）
7. 无论采用何种方法计算产品成本，都必须进行在产品的计价。（　　）
8. 品种法只适用于单步骤生产的企业。（　　）
9. 品种法一般适用于大批、大量多步骤生产企业的产品成本计算。（　　）
10. 按照品种法计算产品成本，不存在生产费用在各种产品之间分配的问题。（　　）
11. 采用品种法计算产品成本时，成本的计算期一般与报告期一致，与生产周期不一致。（　　）
12. 对于多步骤生产的企业，当采用品种法计算产品成本时，往往需要将生产费用在完工产品与在产品之间进行分配。（　　）
13. 在分批法下，若是单件生产，则不存在在产品的计价问题。（　　）
14. 在分批法下的产品批量必须与购买者的订单一致。（　　）
15. 分批法由于按批组织生产，因此在任何情况下都不存在在产品的计价问题。（　　）
16. 采用简化的分批法计算产品成本，必须设置"基本生产成本"二级账。（　　）
17. 在简化分批法下，在产品完工前，产品成本明细账只需按月登记直接费用和生产工时。（　　）
18. 在简化分批法下，在各批产品完工以前，全部的生产费用和工时资料均反映在"基本生产成本"二级账上。（　　）
19. 简化分批法不存在在产品计价问题。（　　）
20. 采用简化分批法计算产品成本，各批完工产品的间接计入费用是根据累计间接计入费用减去月末在产品间接计入费用来计算的。（　　）
21. 分步计算产品成本不一定就是分生产车间计算产品成本。（　　）

22. 在平行结转分步法下，各步骤的生产费用都要在完工产品和广义在产品之间进行分配。（　　）

23. 在平行结转分步法下，不需要设置“自制半成品”账户。（　　）

24. 分步法均应顺序结转半成品成本，直至最后步骤计算出完工产品成本。（　　）

25. 逐步结转分步法实际上就是品种法的多次连接应用。（　　）

26. 在平行结转分步法下，任何一个生产步骤都不能全面反映其生产费用的实际耗费水平。（　　）

27. 在平行结转分步法下，各步骤完工产品与在产品之间的费用分配，是指产成品与广义在产品之间的费用分配。（　　）

28. 在逐步结转分步法下，若采用综合结转法结转半成品成本，则还需要进行成本还原。（　　）

29. 在分步法下，产品成本计算的步骤应由实际生产步骤确定。（　　）

30. 生产车间结转完工半成品的会计分录可能借记“自制半成品”科目，贷记“基本生产成本”科目。（　　）

31. 在逐步结转分步法下，无论采用何种方法结转半成品成本，第一个生产步骤的产品成本明细账的登记方法均相同。（　　）

32. 成本还原分配率表示产成品成本中所包含的半成品成本的比例。（　　）

五、实训题

（一）练习产品成本核算的品种法

1. 资料：假定某公司只有一个基本生产车间，单步骤大量生产甲、乙两种产品，该公司2010年5月份的有关成本资料如下列各表所示。该公司有关费用的分配方法如下：

（1）甲、乙产品耗用的原材料均系开工时一次性投入；

（2）甲、乙共同耗用的材料按定额耗用量比例分配；

（3）生产工人人工费用按甲、乙产品实际工时比例分配；

（4）甲产品按定额比例法将生产费用在完工产品和在产品之间进行分配；乙产品按约当产量法将生产费用在完工产品和在产品之间进行分配，乙产品月末在产品的完工程度为50%。

产量资料

2010年5月　　　　单位：件

产品名称	月初在产品	本月投产	本月完工产品	月末在产品
甲产品	50	700	500	250
乙产品	70	580	550	100

月初在产品成本

2010 年 5 月 1 日　　单位：元

产品名称	直接材料	直接人工	制造费用	合计
甲产品	1 000	400	400	1 800
乙产品	900	700	300	1 900

本月发生的生产费用

2010 年 5 月　　单位：元

费用要素 \ 用途	甲产品生产用	乙产品生产用	甲、乙共同用	基本生产一般用	合计
A 材料	4 000	5 000			9 000
B 材料			21 000		21 000
C 材料				5 000	5 000
人工费用			17 200	2 000	19 200
折旧费				1 000	1 000
办公费				4 000	4 000
水电费				900	900
合计	4 000	5 000	38 200	12 900	60 100

其他有关资料

2010 年 5 月

项目	B 材料消耗定额（千克）	实际耗用工时（小时）	材料定额成本（元）	定额工时（小时）
甲产品	1 000	4 000		
乙产品	1 100	4 600		
甲完工产品			7 500	5 500
甲在产品			5 000	2 500
合计	2 100	8 600	12 500	8 000

2. 要求：

（1）设置基本生产车间的“制造费用明细账”“甲产品生产成本明细账”和“乙产品生产成本明细账”。

（2）编制“材料费用分配汇总表”“人工费用分配汇总表”，编制会计分录，登记有关账簿。

（3）编制计提折旧、办公费、水电费耗用的会计分录（假设办公费的对应科目为“银行存款”，水电费的对应科目为“应付账款”），并登记有关账簿。

（4）根据“制造费用明细账”编制“制造费用分配表”，编制会计分录，登记有关账簿。

（5）根据“甲、乙产品明细账”归集的生产费用，编制“完工产品与月末在产品成本分配表”，编制会计分录，登记有关账簿。

材料费用分配汇总表

2010年5月　　单位：元

<table>
<tr><th colspan="2" rowspan="2">材料用途</th><th colspan="3">B材料</th><th rowspan="2">A材料</th><th rowspan="2">C材料</th><th rowspan="2">合计</th></tr>
<tr><th>定额耗用量（千克）</th><th>分配率</th><th>分配额</th></tr>
<tr><td rowspan="2">产品领用</td><td>甲产品</td><td></td><td></td><td></td><td></td><td></td><td></td></tr>
<tr><td>乙产品</td><td></td><td></td><td></td><td></td><td></td><td></td></tr>
<tr><td colspan="2">小计</td><td></td><td></td><td></td><td></td><td></td><td></td></tr>
<tr><td colspan="2">车间一般耗用</td><td></td><td></td><td></td><td></td><td></td><td></td></tr>
<tr><td colspan="2">合计</td><td></td><td></td><td></td><td></td><td></td><td></td></tr>
</table>

人工费用分配汇总表

2010年5月　　单位：元

<table>
<tr><th colspan="2">用途</th><th>实际工时（小时）</th><th>分配率</th><th>分配额</th></tr>
<tr><td rowspan="2">产品生产人员</td><td>甲产品</td><td></td><td></td><td></td></tr>
<tr><td>乙产品</td><td></td><td></td><td></td></tr>
<tr><td colspan="2">小计</td><td></td><td></td><td></td></tr>
<tr><td colspan="2">车间管理人员</td><td></td><td></td><td></td></tr>
<tr><td colspan="2">合计</td><td></td><td></td><td></td></tr>
</table>

制造费用分配表

2010年5月　　单位：元

受益对象	实际工时（小时）	分配率	分配额
甲产品			
乙产品			
合计			

完工产品与月末在产品成本分配表

产品名称：甲产品　　　　2010 年 5 月　　　　单位：元

成本项目		原材料	直接人工	制造费用	合计
生产费用合计					
费用分配率					
完工产品费用（500 件）	定额				
	实际				
	单位成本				
月末在产品费用（250 件）	定额				
	实际				
合计	定额				
	实际				

完工产品与月末在产品成本分配表

产品名称：乙产品　　　　2010 年 5 月　　　　单位：元

成本项目	直接材料	直接人工	制造费用	合计
生产费用合计				
完工产品数量				
月末在产品数量				
投料率/完工程度				
月末在产品约当产量				
约当总产量				
单位成本				
月末在产品成本				
完工产品成本				

基本生产成本明细账

车间：基本生产车间　　　　产品：甲产品　　　　单位：元

2010 年		凭证字号	摘要	直接材料	直接人工	制造费用	发生额合计		余额
月	日						借方	贷方	
5	1		期初余额						
5	31		本月发生材料费						
			本月发生人工费						
			分配的制造费						

（续表）

2010年		凭证字号	摘要	直接材料	直接人工	制造费用	发生额合计		余额
月	日						借方	贷方	
			生产费用合计						
			完工产品成本转出						
			月末在产品成本						

基本生产成本明细账

车间：基本生产车间　　　　　　产品：乙产品　　　　　　单位：元

2010年		凭证字号	摘要	直接材料	直接人工	制造费用	发生额合计		余额
月	日						借方	贷方	
5	1		期初余额						
	31		本月发生材料费						
			本月发生人工费						
			分配的制造费						
			生产费用合计						
			完工产品成本转出						
			月末在产品成本						

制造费用明细账

车间：基本生产车间　　　　　　单位：元

2010年		凭证字号	摘要	材料费	人工费	折旧费	水电费	办公费	发生额合计		余额
月	日								借方	贷方	
5	31		本月材料费								
			本月人工费								
			本月折旧费								
			本月水电费								
			本月办公费								
			费用合计								
			分配转出								

产品成本计算程序：

1. 按产品成本计算对象开设“基本产生成本”账户，登记期初余额。开设相关成本计算账户，如“制造费用”账户、“辅助生产成本”账户、“管理费用”账户等。

2. 分配原材料费用，登记有关账簿。（登记账簿要有会计分录）

3. 分配人工费用，登记有关账簿。（登记账簿要有会计分录）

4. 分配外购动力、折旧、其他费用，登记有关账簿。(登记账簿要有会计分录)

5. 分配辅助生产成本，登记有关账簿。(登记账簿要有会计分录)

6. 分配制造费用，登记基本生产成本明细账。(登记账簿要有会计分录)

7. 生产费用合计，在完工产品与月末在产品之间分配。结转完工产品成本。(登记账簿要有会计分录)

(二) 练习产品成本核算的一般分批法

1. 资料：某工厂企业生产甲、乙两种产品，属于小批生产，采用分批法计算成本。生产情况和生产费用资料如下：

(1) 4月份生产的产品批号为：

301批号甲产品5台，3月投产，本月完工。

401批号乙产品10台，本月投产，月末完工2台。

(2) 4月份的成本资料如下：

301批号甲产品的月初在产品费用为：直接材料6 000元，直接人工2 000元，制造费用5 000元，合计13 000元。

各批产品本月发生的费用如下：

批号	直接材料	直接人工	制造费用
301		500	1 000
401	7 000	2 000	4 000

401批号乙产品完工数量少，按计划成本结转，每台计划成本为：直接材料900元，直接人工230元，制造费用500元，合计1 630元。

(3) 5月份的成本资料如下：

401批号乙产品全部完工，5月份发生的直接人工费用为800元，制造费用为1 400元。

2. 要求：

(1) 计算4月份各批产品完工产品和月末在产品成本；

(2) 计算5月份401批号乙产品完工产品成本；

(3) 计算401批号乙产品全部完工产品实际总成本和单位成本。

产品成本明细账

产品批号：301　　购货单位：白云工厂　　投产日期：3月

产品名称：甲产品　　批量：5台　　完工日期：4月

项目	直接材料	直接人工	制造费用	合计
月初在产品费用				
本月生产费用				
生产费用合计				
完工产品成本				
完工产品单位成本				

产品成本明细账

产品批号：401　　购货单位：大宇工厂　　投产日期：4 月

产品名称：乙产品　　批量：10 台　　完工日期：5 月

（本月完工 2 台）

项目	直接材料	直接人工	制造费用	合计
本月生产费用				
单台计划成本				
完工 2 台产品成本				
月末在产品成本				

产品成本明细账

产品批号：401　　购货单位：大宇工厂　　投产日期：4 月

产品名称：乙产品　　批量：10 台　　完工日期：5 月

（本月完工 8 台）

项目	直接材料	直接人工	制造费用	合计
月初在产品费用				
本月生产费用				
生产费用合计				
完工 8 台产品成本				
完工产品单位成本				

（三）练习产品成本核算的简化分批法

1. 资料：

（1）某产品制造企业小批生产多种产品，该企业 2010 年 9 月份的产品批号有：

9210 批号甲产品 6 件，7 月投产，本月完工；

9211 批号乙产品 12 件，8 月投产，本月完工 2 件；

9241 批号甲产品 8 件，8 月投产，尚未完工；

9261 批号丙产品 4 件，9 月投产，尚未完工。

（2）各批号产品各月份发生的原材料和工时的资料如下：

产品批号	月份	原材料（元）	工时（小时）
9210	7 8 9	5 800 1 130 1 210	5 430 8 870 16 700
9211	8 9	13 350	28 630 14 140
9241	8 9	9 840 2 980	19 070 42 080
9261	9	19 910	28 580

9211 批号产品的原材料在生产开始时一次投入，其完工 2 件的工时为 10 460 小时，在产品 10 件的工时为 32 310 小时。

(3) 累计至 8 月份该厂全部在产品的工资及福利费为 23 850 元，制造费用为 36 060元。

9 月份该厂发生的工资及福利费为 41 550 元，制造费用为 45 690 元。

2. 要求：

根据上述资料，用简化分批法计算产品成本。

基本生产二级账

（各批产品总成本） 单位：元

月	日	摘要	直接材料	生产工时	直接人工	制造费用	合计
8	31	累计					
8	31	全部产品累计间接费用分配率					
8	31	在产品					
9	30	本月发生					
	30	累计					
	30	全部产品累计间接费用分配率					
	30	本月完工产品转出					
	30	月末在产品					

产品成本明细账

产品批号：9210　购货单位：万里工厂　投产日期：7 月

产品名称：甲产品　批量：6 件　完工日期：9 月

月	日	摘要	直接材料	生产工时	直接人工	制造费用	合计
7	31	本月发生					
8	31	本月发生					
9	30	本月发生					
	30	累计数及累计间接费用分配率					
	30	本月完工产品转出					
	30	完工产品单位成本					

产品成本明细账

产品批号：9211　　购货单位：大恒工厂　　投产日期：8月

产品名称：乙产品　　批量：12件　　完工日期：9月（完工2件）

月	日	摘要	直接材料	生产工时	直接人工	制造费用	合计
8	31	本月发生					
9	30	本月发生					
	30	累计数及累计间接费用分配率					
	30	本月完工产品（2件）转出					
	30	完工产品单位成本					
	30	在产品					

产品成本明细账

产品批号：9241　　购货单位：兴华公司　　投产日期：8月

产品名称：甲产品　　批量：8件　　完工日期：

月	日	摘要	直接材料	生产工时	直接人工	制造费用	合计
8	31	本月发生					
9	30	本月发生					
	30	在产品					

产品成本明细账

产品批号：9261　　购货单位：东方集团　　投产日期：9月

产品名称：丙产品　　批量：4件　　完工日期：

月	日	摘要	直接材料	生产工时	直接人工	制造费用	合计
9	30	本月发生					
	30	在产品					

（四）练习分步法

1. 资料：

某厂生产甲产品，经过三个车间制造完成。第三车间单位在产品和产成品耗用第二车间半成品1件；第二车间单位在产品和半成品耗用第一车间半成品1件。原材料在第一个车间一次投入，按约当产量比例法分配生产费用。本月产量记录和成本费用资料见下表。

（1）产量记录表：

摘要	一车间	二车间	三车间	产成品（件）
月初在产品	4	10	8	
本月投入或上步转入	56	50	30	
本月完工	50	30	15	
月末在产品	10	30	17	15
在产品完工程度	50%	50%	50%	

（2）成本费用资料：

项目	车间类别	直接材料	直接人工	制造费用	合计
月初在产品成本	一车间		7 000	5 000	35 000
	二车间	23 000	3 000	7 000	10 000
	三车间		5 000	2 500	7 500
本月发生费用	一车间		90 000	70 000	490 000
	二车间	330 000	15 000	35 000	50 000
	三车间		15 000	7 000	22 000

2. 要求：根据上述资料分别编制三个生产车间的甲产品成本计算单。

第五章　产品成本计算的辅助方法

学习目标

【知识目标】通过对本章的学习，要求了解分类法和定额法的定义、应用意义；熟悉分类法和定额法的特点、适用范围、优缺点；掌握分类法和定额法的计算程序。

【技能目标】能够根据企业的实际情况，合理选择产品成本计算的辅助方法，并能进行相应成本的计算、成本计算单的填制等。

案例导入

江岸公司是一家制鞋厂，由于该公司产品质量好、价格适宜，获得广大消费者的青睐，因而，为了满足市场需求，该厂扩大了各种类型产品的生产。

扩大规模后，该厂生产鞋的品种和数量都有较大扩充。该厂生产的鞋子种类，按材料划分，主要有皮鞋、布鞋、胶鞋和塑料鞋；按穿鞋对象划分，主要有男鞋、女鞋和童鞋；按季节划分，主要有单鞋、棉鞋和凉鞋。

该厂在扩大生产规模前，由于产品品种较少，故采用品种法核算产品成本。然而，由于扩大了生产规模，产品成本核算工作量剧增，而且产品成本计算经常出错。该公司财务部门曾试图选用分步法对产品成本进行核算，但仍然存在大量问题。如何能更准确、更简便地计算产品成本，有人建议将产品按照一定的标准进行分类，根据类别来进行产品成本的核算。这种方法是否适当？通过本章的学习相信你可以为江岸公司的成本计算出谋划策。

第一节　产品成本计算的分类法

一、分类法的概念与特点

产品成本计算的分类法，是指将不同品种、规格的产品按照一定的标准归类，并以产品的类别作为成本计算对象，设置产品生产成本明细账归集生产费用，计算出产品成本的一种方法。

在一些工业企业中，生产的产品品种、规格繁多，如食品厂、文具厂、制衣厂等，在这些企业，若按产品品牌、规格归集产品生产费用，成本计算工作将极为繁重。因此，在这种情况下，采用分类法来核算产品成本，可简化成本计算工作。然而，分类法只是产品成本计算的一种辅助方法，这种方法需要在品种法、分步法或分批法的基础上才能得以应用。

二、分类法的适用范围

分类法作为产品计算的一种辅助方法，与企业生产类型无直接关系，它可以在各种类型的生产中应用，即凡是产品品种、规格繁多，又可以按照一定标准划分为若干类别的车间或企业，均可以采用分类法来核算产品成本。

三、分类法的计算程序

（一）划分产品类别，并按类别设立成本计算单

首先，根据产品耗用原材料、生产工艺特点、产品规格等的不同，将产品划分为若干类别。例如，轧钢厂可根据产品的结构不同，将产品分为钢板、钢管、圆钢等类别。然后，将产品类别作为成本计算对象，并设立成本计算单。

（二）归集生产费用，计算各类产品总成本

按成本项目归集生产费用，直接计入费用直接计入有关成本项目，间接计入费用按照一定标准在各类产品中进行分配。

（三）选用适当方法，计算类内各种产品成本

根据合理的分配标准，将得到的各类产品的总成本在类内各种产品之间进行分配。类内产品的分配标准主要有：定额消耗量、定额费用、定额工时、产品的体积、产品的重量、产品的长度等。所选用的分配标准必须与产品成本密切相关，这是各种产品成本计算准确与否的重要前提。

为了简化分配工作，通常将分配标准折算成相对固定的系数，按照固定的系数分配同类产品内各种产品的成本，这种方法也称为系数法。系数一经确定，在一定时期内稳定不变。采用系数法核算类内各产品成本的步骤如下：

（1）确定分配标准，定其系数为“1”。在同类产品中，选择一种有代表性的产品，如产量大、生产比较稳定或规格较为适中的产品作为标准产品，将这种产品的系数定为“1”。

（2）确定其他产品的折算系数。按照分配标准，用类内其他产品与标准产品进行比较，得出的比率即为该种产品的系数。

（3）计算类内产品的总系数。将类内各产品的系数相加，得到类内产品的总系数。

（4）确定费用分配率，计算类内各产品的成本。首先，计算类内产品的分配率，然后，计算某种产品的成本。

类内产品的分配率 = 类产品的某成本项目总成本 ÷ 该类产品的总系数

某种产品的成本 = 某种产品的系数 × 类内产品的分配率

[例5.1] 海源厂大量生产甲、乙、丙三种产品，这三种产品所耗用的原材料相同，生产工艺相似，归为A类产品，并采用分类法计算成本。类内各产品之间的分配标准为：原材料费用按各种产品的原材料费用系数分配，原材料费用系数按原材料费用定

额确定；其他费用按定额工时比例分配。则甲、乙、丙产品成本计算的相关过程如下：

（1）编制原材料费用及原材料费用系数表，如表 5.1 所示。

表 5.1　A 类产品原材料费用及相关系数计算表

产品名称	原材料消耗定额（千克）	原材料费用系数
甲	150	1.5
乙	100	1
丙	200	2

（2）按产品类别开设产品成本明细账。根据各项生产费用分配表登记产品成本明细账，计算该类产品成本，如表 5.2 所示。

表 5.2　产品成本明细账

产品类别：A 类　　　201×年×月　　　单位：元

摘要	原材料	工资及福利费	制造费用	成本合计
月初在产品成本	82 000	5 000	3 500	90 500
本月生产费用	471 000	29 000	25 000	525 000
本月费用合计	553 000	34 000	28 500	615 500
本月完工产品成本	435 000	28 800	21 120	484 920
月末在产品成本	118 000	5 200	7 380	130 580

（3）采用分类法计算甲、乙、丙三种产品成本，并编制 A 类产品成本计算表，具体如表 5.3 所示。

表 5.3　A 类产品内各种产品成本计算表

项目	产量（件）	原材料费用系数	原材料费用总系数	定额工时	定额总工时	原材料费用	工资及福利费	制造费用	成本合计
①	②	③	④=②×③	⑤	⑥=②×⑤	⑦=④×分配率	⑧=⑥×分配率	⑨=⑥×分配率	⑩
分配率	-	-	-	-	-	300	1.5	1.1	
甲产品	500	1.5	750	12	9 000	225 000	13 500	9 900	248 400
乙产品	300	1	300	10	3 000	90 000	4 500	3 300	97 800
丙产品	200	2	400	18	7 200	120 000	10 800	7 920	138 720
合计	-	-	1 450		19 200	435 000	28 800	211 20	484 920

上表中费用分率的计算如下：

原材料费用分配率＝435 000/1 450＝300

工资及福利费分配率 = 28 800/19 200 = 1.5

制造费用分配率 = 21 120/19 200 = 1.1

如上所述，当分类法与品种法结合使用时，产品成本的计算对象为该类各种产品成本，成本明细账根据类别设置。同理，当分类法与分步法结合使用时，产品成本的计算对象为该类产品每一步骤的成本，其成本明细账应根据该类产品的各步骤设置。

第二节　产品成本计算的定额法

一、定额法的概念与特点

在前面几章所学习的成本计算方法中，如品种法、分批法、分步法和分类法等，其生产费用的日常核算，都是按照实际发生额进行归集和分配的。因此，生产费用和产品成本脱离定额的差异，及差异产生的原因，只能在报告期末进行实际资料和定额资料的对比、分析才能得到反映，不利于产品成本的实时反映，不利于产品成本的控制和监督。

产品成本的定额法，就是为了克服以上几种成本计算方法的不足，从而实时反映实际脱离定额的差异，将产品成本的计划、控制、核算和分析结合在一起而采用的一种方法，以便于加强成本控制和管理。定额法作为一种产品成本核算的辅助方法，必须与产品成本核算的基本方法结合使用。定额成本法的特点如下：

(1) 将事先制定的产品消耗定额、费用定额和定额成本作为降低成本的目标和核算的基础。

(2) 在生产费用发生时，将符合定额的费用和发生的差异分别核算，以及时揭示产品实际成本脱离定额的差异，以加强对成本差异的日常核算、分析和控制。

(3) 月末，在定额成本的基础上，加减各种产品差异，计算产品的实际成本，为成本的分析、考核提供依据。

二、定额法的适用范围

定额成本法的应用与企业产品的生产类型无直接关系，它是以定额成本作为计算产品实际成本的基础。因此，这种方法适用于定额管理基础较好、定额管理制度较为健全、产品定型、各种消耗定额都较为准确、稳定的企业。

为了对生产费用进行严密的日常核算的监督，对变动差异进行核算，及时发现产生差异的原因，明确成本降低的目标和相关人员的责任，以减少损失和浪费，保证成本的实际发生额在定额成本内进行，因此，只要满足以上条件，都可采用定额成本法。

三、定额法的计算程序

采用定额法计算产品成本的一般程序如下：

(1) 按照企业生产工艺特点和管理要求，确定产品计算对象，选定成本计算的基本方法。

（2）按照定额成本标准，计算产品中各成本项目的定额费用。

（3）生产费用发生时，将符合定额的费用和发生的差异分别核算。

（4）按确定的产品成本计算基本方法，归集、结转各项费用的定额成本差异，并按一定标准在完工产品与在产品之间进行分配。

（5）将产品定额成本加减所分配的定额成本差异、材料成本差异及定额变动差异，即可求得产品的实际成本。

四、定额成本及差异的计算

根据定额法的计算程序可知，选用定额法对产品成本进行核算时影响产品成本的因素包含：定额成本、定额成本差异、材料成本差异和定额变动差异。各因素的核算方法如下：

（一）定额成本的核算

采用定额成本法计算产品成本，首先，必须制定产品的材料、动力、工时等消耗定额；然后，根据各项定额消耗、计划直接材料单价、计划直接人工费用率及计划制造费用率计算产品的各项费用定额；最后，由产品的各项费用定额得出产品的单位定额成本。产品的各项费用额定的核算如下：

产品直接材料费用定额＝直接材料消耗定额×计划直接材料单价

产品直接人工费用定额＝产品生产工时定额×计划直接人工费用率

制造费用定额＝产品生产工时定额×计划制造费用率

由此可见，产品的定额成本与计划成本既有相似之处，也有不同之处。相同之处在于：两者都是以产品的定额消耗和计划单价作为确定成本的依据的。不同之处在于：计划成本是在一定时间内（一般为一年）稳定不变的消耗定额；而定额成本是指在当时的生产技术条件下，制定的消耗定额，随着生产技术的进步，需对定额成本下的消耗定额进行不断的修订。

产品定额成本通常由计划部门、技术部门和财务部门等共同制定。如果产品的零部件不多，一般先制定零部件成本，再汇总计算部件和产成品定额成本。如果产品的零部件较多，为了简化核算，可直接根据零部件的原材料消耗、工时定额消耗，以及计划直接材料单价、计划直接人工费用率、计划制造费用率计算零部件定额成本，再汇总计算整个产品定额成本。计算产品定额成本，需编制“产品定额成本计算表”进行相应核算。

［例5.2］海星电器有限公司为有效进行企业产品成本的定额管理，采用定额法计算产品成本。该企业生产的甲产品由A、B两种部件组装而成，由于零部件不多，可先制定零部件成本，再汇总计算部件和产成品定额成本。具体计算如表5.4、表5.5所示。

表 5.4　单位产品定额成本计算表

产品名称：甲产品　　　　201×年11月

所需零件名称	零件数量	直接材料定额				工时定额（小时）
		数量（千克）	计划单价（元）	单件金额（元）	金额合计（元）	
A	3	5	30	150	450	6
B	2	4	40	160	320	4
合计	-	-	-	-	770	10

表 5.5　产品定额成本表

产品名称：甲产品　　　　201×年11月

直接材料的金额	直接人工			制造费用			产品定额成本合计
	计划直接人工费用率（元/小时）	工时定额（小时）	金额（元）	计划间接人工费用率（元/小时）	工时定额（小时）	金额（元）	
770	8	10	80	6	10	60	910

（二）脱离定额差异的核算

在日常成本管理中，进行脱离定额差异的核算，便于掌握产品成本的超支或节约等差异状况，及时反映差异原因，有效降低产品成本。脱离定额差异的核算是成本控制的重要内容。

脱离定额差异是指在生产产品的过程中，各项费用的实际成本与定额成本的差异。脱离定额差异根据成本项目不同，或将其划分为直接材料脱离定额差异、直接人工费用脱离定额差异、制造费用脱离定额差异。

1. 直接材料脱离定额差异的核算

由于直接材料在各成本项目中占有较大的比重，而且属于直接费用，可能也有必要在费用发生的当时，按照产品核算定额费用和脱离定额差异。直接材料脱离定额差异，主要体现产品直接材料的实际耗用量与定额耗用量的差异，即量差，公式表示如下：

直接材料脱离定额差异＝实际产量×（单位产品实际耗用量－单位产品定额耗用量）×直接材料计划单价

核算直接材料脱离定额差异的常用方法有限额法和切割法两种。

（1）限额法又称差异凭证法，是控制领料的一种方法。在限额法下，原材料的领用须实行限额领料制度，符合定额的原材料应根据限额领料单等定额凭证领发。凡超过限额的用料或代用材料，应填制超额领料单或代用材料领料单等差异凭证，并经过一定的审批手续后领发。

当每批生产任务完成后，应根据车间余料填制退料单，退料单也是差异凭证的一种，在核算材料脱离定额差异时，应考虑退料所引起的节约差异。

由于实际投产产品数量与定额生产产品的数量不一定相同，因此，限额法只是控制领料的一种方法，但不一定能完全控制用料。故差异凭证体现的主要是领料差异，不一定是用料差异。

［例5.3］某限额领料单规定的产品数量为500件，每件产品的直接材料消耗定额为3千克，则领料限额为1 500千克；本月实际领料1 400千克，领料差异为少领用100千克。现假定有以下三种情况：

情况一：本期投产产品数量符合限额领料单规定的产品数量，即为500件，且期初、期末均无余额。则上述少领100千克的领料差异即为用料脱离定额的节约差异。

情况二：本期投产产品数量仍为500件，但本期期初车间余料有200千克，期末余料为150千克，则由下列计算可知，直接材料脱离定额差异为节约了50千克。

直接材料定额消耗量＝3×500＝1 500（千克）

直接材料实际消耗量＝200＋1 400－150＝1 450（千克）

直接材料脱离定额差异＝1 450－1 500＝－50（千克）

情况三：本期投产产品数为400件，期初、期末均无余额，则由下列计算可知，直接材料脱离定额差异为超支200千克。

直接材料定额消耗量＝3×400＝1 200（千克）

直接材料实际消耗量＝1 400（千克）

直接材料脱离定额差异＝1 400－1 200＝200（千克）

（2）切割法。切割法适用于必须经过切割的板材、棒材等材料的核算。采用切割法核算材料脱离定额差异需采用材料切割单。材料切割单应按切割材料的批别开列，在单中要注明所需切割材料的种类、数额、消耗定额和应切割的毛坯数量；切割完成后，再填写实际切割的毛坯数量和材料的实际消耗量；根据实际切割成的毛坯数量和消耗定额，计算出材料的定额耗用量，再将其与实际耗用量做比较，便可计算出原材料脱离定额的差异。材料切割核算单的格式如表5.6所示。

表5.6 材料切割核算单

材料编号或名称：101　　材料计量单位：千克　　材料计划单价：3.00元

产品名称：乙　　零件编号或名称：1011　　图纸号：120

切割日期：201×年×月×日　　完工日期：201×年×月×日

发料数量	退回余料	材料实际消耗	废料回收数量
165	5	160	40

单件消耗定额	应切割成的毛坯数	实际切割成的毛坯数定额	单件回收废料定额	材料定额消耗量	废料定额回收量
30	5	4	3	120	12

材料脱离定额差异		废料脱离定额差异			差异原因	责任者
数量	金额	数量	单价	金额	违规操作，增加了边料，减少了毛坯	切割工人
40	120	－28	1	－28		

2. 直接人工费用脱离定额差异的核算

人工费用分为计时工资和计件工资两种。在计件工资形式下，直接人工属于直接计入费用，其脱离定额差异的核算与直接材料脱离定额差异的核算类似。即根据相应产量记录，将符合定额的人工费用在定额凭证中得以反映，脱离定额差异的人工费用在差异凭证中得以反映。并且，在凭证中注明差异发生的原因，按照相应规定办理审批手续。在计时工资形式下，需在月终得到实际人工费用总额后，再根据定额费用确定其脱离定额的差异，其具体计算公式如下：

直接人工费用脱离定额差异 = 实际直接人工费用 - 定额直接人工费用

实际直接人工费用 = 实际产量实际工时 × 实际直接人工费用率

定额直接人工费用 = 实际产量定额工时 × 计划直接人工费用率

从上述公式可以看出，要使直接人工费用不脱离定额，可从以下两方面入手：按照定额产量合理控制生产产品的数量；提高工人生产效率，有效降低费用率。

[例5.4] 海源厂某车间生产丙产品，2月计划产量的定额工时为12 000小时，计划直接人工费用率为5元/小时；本月实际的生产工时为15 000小时，实际人工费用率为6元/小时，则丙产品的直接人工费用脱离定额差异计算如下：

甲产品实际直接人工费用 = 15 000 × 6 = 90 000（元）

甲产品定额直接人工费用 = 12 000 × 5 = 75 000（元）

甲产品直接人工费用脱离定额的差异 = 90 000 - 75 000 = 15 000（元）

3. 制造费用脱离定额差异

通常，制造费用属于间接计入费用，在日常核算中不能按照产品直接确定费用脱离定额的差异，只能在月末将实际费用分配给各种产品后，根据实际费用与定额费用相比来确定每种产品的脱离定额差异。制造费用脱离定额差异的计算公式如下：

制造费用脱离定额差异 = 实际制造费用 - 定额制造费用

实际制造费用 = 实际产量实际工时 × 实际制造费用率

定额制造费用 = 实际产量定额工时 × 计划制造费用率

（三）材料成本差异的分配

采用定额法计算产品成本时，为了便于对产品成本进行考核和分析，材料的核算通常都采用计划价格进行，即材料定额成本和脱离定额差异均采用计划单价乘以相应耗用量。然而，计划单价与实际单价通常会存在一定的差异，这个差异体现为“价差”，它应该包含在实际成本与定额成本的总差异之中。因此，在月末计算产品成本时，还需分配材料成本差异，具体计算公式如下：

原材料成本差异 =（原材料费用定额 ± 原材料脱离定额差异）× 原材料成本差异分配率

[例5.5] 海源厂丙产品2月所耗原材料费用定额为55 000元，脱离定额差异为超支1 000元，当月材料成本差异率为 -2%。则该产品应分配的材料成本差异为：

（55 000 + 1 000）×（-2%）= -1 120（元）

为了简化核算，各种产品应该分配的材料成本差异，一般均由该产品的完工产品成本负担，月末在产品不再负担此项差异。

综上所述，产品中材料的实际计算公式可归纳为如下公式：

某产品材料实际成本 = 材料定额成本 ± 材料脱离定额差异 ± 材料成本差异

（四）定额变动差异的核算

由于生产技术和劳动生产率的提高，原来的消耗定额和费用定额需进行修订，修订后的定额与修订前定额之间的差异，称为定额变动差异。脱离定额差异反映生产中超支或节约的状况，而定额变动差异是定额本身变动所产生的，与生产中各项费用的超支或节约无关。

消耗定额和定额成本一般是在月初、季初或年初定期进行修订的。在定额变动的当月，其月初在产品的定额成本并未修订，仍按照旧定额计算，而本月新投入的产品则是依据新的定额进行核算，故“期初定额成本 + 本期投入的定额成本 = 完工产品定额成本 + 月末在产品定额成本”不成立。因此，计算月初在产品的定额变动差异也是定额法核算的一个重要环节，具体计算公式如下：

月初在产品定额变动差异 = 按旧定额计算的月初在产品费用 × ［（按旧定额计算的单位产品费用 − 按新定额计算的单位产品费用）/按旧定额计算的单位产品费用］

［例 5.6］海源厂某车间丁产品实行新的原材料消耗定额，单件产品旧的原材料费用定额为 18 元，新的原材料定额为 15 元。该产品月初在产品按旧定额计算的原材料定额费用为 20 000 元。则月初在产品定额变动差异计算结果如下：

月初在产品定额变动差异 = 20 000 × ［（18 − 15）/18］ = 3333.33（元）

第三节 各种产品成本计算方法的实际应用

一、各种产品成本计算方法实际应用概述

在前述章节中，产品成本计算的基本方法包含品种法、分批法和分步法，辅助方法包含分类法和定额法。在实际工作中，一个企业可能有若干个车间，一个车间也可能生产若干种产品，这些车间或产品的生产类型和管理要求并不一定相同，故在一个企业或车间中，就有可能同时运用不同的产品成本计算方法。即便是同一种产品，在该产品生产的各个步骤中，各种半成品和各个成本项目之间，它们的生产类型或管理要求也不一定相同。因而，在一种产品的成本计算中，也有可能将几种成本计算方法有机结合。

根据企业的生产特点和管理要求不同，将产品成本计算的基本方法和辅助方法有机结合，可保证产品成本计算工作准确、有效。

（一）产品成本计算基本方法同时应用

一个企业或一个车间，在下列情况下，可以同时采用几种成本计算方法。

（1）一个企业的各个生产车间的生产类型不同，可以采用不同的成本计算方法。

例如，某企业有三个车间，第一车间主要大批量单步骤生产甲产品，第二车间主要小批量单件生产乙产品，第三车间主要大量、大批的多步骤生产丙产品。在此情况下，可以采用品种法计算甲产品成本，分批法计算乙产品成本，分步法计算丙产品成本。

（2）一个企业的各个生产车间的生产类型相同，但由于管理要求不同，可以采用不同的成本计算方法。

例如，一个企业有两个车间，均大量、大批生产产品。第一车间生产甲产品，第二车间生产乙产品。若企业为严格控制成本，要求必须对甲产品的每一个步骤的成本进行相应的核算，对乙产品未做特殊要求。在此情况下，就可以采用分步法计算甲产品成本，采用品种法计算乙产品成本。

（3）一个车间生产多种产品，由于各种产品的生产类型不同或管理上的要求不同，可以采用不同的成本计算方法。

例如，一个基本生产车间生产甲、乙两种产品，甲产品正处于小批量制作阶段，而乙产品由于生产工艺成熟，处于大批、大量生产。在此情况下，甲产品可以采用分批法计算产品成本，乙产品采用品种法计算产品成本。

（二）产品成本计算基本方法和辅助方法结合使用

1. 品种法与分类法的结合使用

例如，一个企业大量、大批单步骤生产产品，这些产品品种多，且使用原材料相同、生产工艺相似。在此情况下，计算产品成本时，可以选用品种法作为成本计算的基本方法，选用分类法作为成本计算的辅助方法。

2. 品种法与定额法的结合使用

例如，一个企业大量、大批单步骤生产产品，该企业定额管理基础较好，为了合理控制和监督成本运作，及时反映成本差异，故在此情况下，企业可选用品种法作为成本计算的基本方法，选用定额法作为成本计算的辅助方法。

3. 分批法和定额法的结合使用

例如，一个企业小批量生产某种产品，该企业定额基础较好，由于管理上需要严格控制产品成本，以确保产品成本低于定额成本。在此情况下，计算产品成本时，可选用基本方法中的分批法，并且选用辅助方法中的定额法。

综上所述，分类法和定额法，是为了简化成本计算工作和加强定额管理而采用的两种辅助方法，它们与生产类型的特点没有直接联系，在各种类型的产品生产中都可以应用。但应用的同时，必须与产品成本计算的基本方法，即品种法、分批法和分步法结合起来使用。企业在选用成本计算的方法时，需根据企业的生产特点和管理要求，并参照自身的规模、管理水平等情况，从实际出发，合理、灵活地选用各种成本计算方法。

本章小结

本章阐述产品成本计算的辅助方法——分类法和定额法，以及各种成本计算方法的实际应用。分类法和定额法作为产品成本的辅助方法，并不能独立使用，需要与产品成本计算的基本方法结合起来使用。

分类法以产品类别作为成本计算对象，归集生产费用，计算出各类产品的总成本，在此基础上，选择适当的标准在各类产品内部进行分配计算类别内各种产品成本的一种方法。分类法主要适用于产品品种、规格繁多，又可以按照一定标准划分为若干类别的车间或企业，分类法的应用可以有效简化成本计算。分类法需通过一定的标准对产品进行分类，如标准选用不当，将会影响产品成本计算的准确性。因此，在实际工作中，如何选用适当的标准对产品进行分类是分类法的一个重要环节。

定额法是以产品的定额成本为基础，将符合定额的生产费用和脱离定额的差异分别核算出来，并在定额成本的基础上加减各种差异，从而计算出产品实际成本的一种方法。定额法是一种将成本计划、控制、分析与核算有机结合起来的一种方法，它适用于定额管理基础较好、定额管理制度较为健全，产品定型、各种消耗定额都较为准确、稳定的企业。通过定额法的使用，能及时、有效地反映实际成本与定额成本的差异，并反映差异产生的原因，合理节约成本。

分类法和定额法作为产品成本计算的辅助方法，与企业生产类型无直接关系，企业为了简化成本计算工作和加强定额管理，可以根据实际情况，将产品成本的基本方法和辅助方法适当结合起来使用。

练习题

一、简答题

1. 定额成本与计划成本有何异同？
2. 脱离定额差异与定额变动差异有何异同？
3. 分类法可与产品成本计算的哪些基本方法配合使用，为什么？
4. 定额法可与产品成本计算的哪些基本方法配合使用，为什么？

二、单项选择题

1. 下列方法中属于产品成本计算辅助方法的是（　　）。

A. 品种法　　B. 分类法　　C. 分步法　　D. 分批法

2. 分类法是以（　　）作为成本计算对象，归集费用，计算产品成本的一种方法。

A. 产品品种　　B. 生产批别　　C. 产品类别　　D. 生产步骤

3. 采用分类法计算产品成本的主要目的是（　　）。

A. 适应生产组织特点　　B. 简化成本计算工作

C. 适应企业生产工艺特点　　D. 满足企业管理需要

4. 采用定额法计算产品成本的主要目的是（　　）。

A. 适应生产组织特点　　B. 简化成本计算工作

C. 适应企业生产工艺特点　　D. 满足企业成本管理需要

5. 产品成本计算的定额法（　　）。

A. 是一种可以单独使用的产品成本计算方法

B. 是一种计算产品成本必不可少的成本计算方法

C. 是一种提高企业产品成本管理水平必不可少的产品成本计算的基本方法

D. 是一种需要根据各类产品的生产工艺特点和管理要求，与基本方法结合运用的产品成本计算的辅助方法

6. 由于调整旧定额而产生的新旧定额之间的差额称为（　　）。

A. 成本定额差异　　B. 材料成本差异

C. 定额变动差异　　D. 脱离定额差异

7. 原材料脱离定额的差异是（　　）。

A. 数量差异　　B. 价格差异

C. 一种定额变动差异　　D. 原材料成本差异

8. 产品成本计算的定额法，在适用范围上（　　）。

A. 与生产类型没有直接关系

B. 与生产的类型有直接的关系

C. 只适用于大批、大量单步骤生产的机械制造业

D. 只适用于大批、大量多步骤生产的企业

三、多项选择题

1. 产品成本计算的基本方法有（　　）。

A. 品种法　　B. 分类法

C. 定额法　　D. 分批法

2. 采用定额法计算产品成本时，影响产品实际成本的因素包含（　　）。

A. 产品定额成本　　B. 脱离定额差异

C. 定额变动差异　　D. 材料成本差异

3. 采用定额法计算产品成本时，由于超支或节约影响产品实际成本的因素包含（　　）。

A. 产品定额成本　　B. 脱离定额差异

C. 定额变动差异　　D. 材料成本差异

四、判断题

1. 只要产品的品种、规格繁多，就可以采用分类法计算产品成本。（　　）

2. 按照系数法分配计算类内各种产品成本的方法，是为了计算简便而采用的一种方法。（　）

3. 分类法的应用与产品的生产类型没有直接的关系。（　）

4. 定额法是一种单纯计算产品实际成本的成本计算方法。（　）

5. 只有大批、大量生产的企业才能采用定额法计算产品成本。（　）

6. 对于同一个企业，只能采用一种成本计算方法。（　）

五、简述题

1. 简述分类法的特点和计算程序。

2. 简述定额法的特点和计算程序。

六、实训题

（一）江岸公司大量生产 A、B、C 三种产品。这三种产品所消耗的原材料相同，生产工艺相近，故将其归为甲类产品，并采用分类法计算产品成本。各项费用的分配标准如下：直接材料费用按各种产品的系数比例进行分配，以 A 产品为标准产品；其他各项费用按定额工时比例进行分配。本月该类产品的成本明细账如下表所示：

产品成本明细账

产品名称：甲类　　　　××年××月　　　　单位：元

摘要	原材料	工资及福利费	制造费用	成本合计
本月生产费用合计	26 000	52 200	10 640	88 840
产成品成本	24 000	47 200	9 440	80 640
月末在产品成本	2 000	5 000	1 200	8 200

各产品的相关资料如下表：

产品名称	本月产量	原材料定额消耗（千克）	工时定额（小时）
A	500	160	8
B	600	240	5
C	800	120	6

要求：编制产品成本计算表，采用分类法计算 A、B、C 三种产品的成本。

（二）D 产品采用定额法计算产品成本，该产品只消耗一种原材料，原材料是在生产开始时一次投入。其他有关资料如下：

（1）本月开始实行新的原材料消耗定额，即原材料的消耗定额由原来的 40 千克变为 36 千克，原材料的计划单价不变，仍为每千克 10 元。

（2）本月初在产品原材料的定额费用为 30 000 元，脱离定额差异为节约 5 000 元。

（3）本月投产产品共 1 000 件，实际耗用原材料 36 500 千克。

(4) 本月原材料成本差异为超支1%。

(5) 本月完工产品为800件。

要求:

1. 计算月初在产品定额变动差异。

2. 若脱离定额差异按定额费用比例在完工产品与月末在产品之间进行分配,且定额变动差异和原材料成本差异全部由完工产品承担。请计算本月完工产品和月末在产品的原材料实际费用。

第六章 成本报表和成本分析

学习目标

【知识目标】通过本章的学习,要求了解企业编制成本报表的作用、成本报表的种类;熟悉成本报表编制的要求;了解成本分析的作用、内容、一般程序和原则;熟悉成本分析的方法。

【技能目标】从企业的实际情况出发,设计和编制商品产品成本报表、主要产品单位成本报表及制造费用明细表等主要成本报表;进行全部产品成本、主要产品单位成本、期间费用、责任成本的分析。

案例导入

2008 年年底,中国彩电倾销案已经进入实地调查阶段。2008 年 12 月 8 日,美国商务部派出的一支核查小组已经悄悄来到厦门。在离夏华厂区不远处的一家饭店安顿好后,他们在夏华的一间会议室里,逐个核实几百种彩电零部件的成本,以认定其倾销幅度。

据知情人士透露,夏华的积极配合使核查工作比想象中顺利。此前十几天,夏华聘请的反倾销专家美国律师波特已经和他的五六位同事抢先一步到达中国,帮助夏华备齐相关资料。

调查从一张成本表开始。在这张表上密密麻麻地写满了制造一台彩电所需的几百种零部件的名称、价格等资料。核查小组的主要任务之一就是逐一核对这些项目。

第一节 成本报表

会计报表是企业依据日常核算资料进行归集、汇总,加工而成的一个完整的报告体系。通过这一报告体系可以反映企业一定时日的财务状况和某一会计期间的经营成果、现金流量信息,从而满足企业内外各方了解、分析、考核企业经济效益的需要。企业会计报表分为两大类:一类为向外报送的会计报表,如资产负债表、利润表、现金流量表,其具体格式和编制说明由企业会计制度做出规定;另一类为企业内部管理需要的报表,如成本报表等,其具体种类、格式由企业自行规定。成本报表是企业内部报表中的主要报表,本节主要阐述成本报表的种类及其编制方法。

一、成本报表的意义

成本报表是根据日常成本核算资料及其他有关资料编制的，用以反映企业生产费用与产品成本的构成及其升降变动情况，以考核各项费用与生产成本计划执行结果的会计报表，是会计报表体系的重要组成部分。成本报表资金耗费和产品成本及其升降变动情况，用以考核成本计划执行结果。产品成本作为反映企业生产经营活动情况的综合性指标，是企业经营管理水平的重要尺度。

成本报表是为企业内部管理需要而编制的，对加强成本管理、提高经济效益有着重要的作用。其作用主要有：

1. 综合反映报告期内的产品成本

产品成本是反映企业生产经营各方面工作质量的一项综合性指标，也就是说，企业的供、产、销的各个环节的经营管理水平，最终都直接或间接地反映到产品成本中来，通过成本报表资料，能够及时发现在生产、技术、质量和管理等方面取得的成绩和存在的问题。

2. 评价和考核各成本环节成本管理的业绩

利用成本报表上所提供的资料，经过有关指标计算、对比，可以明确各有关部门和人员在执行成本计划、费用预算过程中的成绩和差距，以便总结工作经验和教训，奖励先进、鞭策后进，调动广大职工的积极性，为全面完成和超额完成企业成本费用计划而努力奋斗。

3. 可利用成本资料进行成本分析

通过成本报表资料的分析，可以揭示成本差异对产品成本升降的影响程度以及发现产生差异的原因和责任，从而可以有针对性地采取措施，把注意力放在解决那些属于不正常的、对成本有重要影响的关键性差异上，这样对于加强日常成本的控制和管理就有了明确的目标。

4. 成本报表资料为制订成本计划提供依据

企业要制订成本计划，必须明确成本计划目标。这个目标是建立在报告年度产品成本实际水平的基础上，结合报告年度成本计划执行的情况，考虑计划年度中可能变化的有利因素和不利因素，来制订新年度的成本计划。所以说本期成本报表所提供的资料，是制订下期成本计划的重要参考资料。同时，管理部门也根据成本报表资料来对未来时期的成本进行预测，为企业制定正确的经营决策和加强成本控制与管理提供必要的依据。

二、成本报表的分类

成本报表的种类和格式不是由国家统一会计制度规定的，成本报表具有灵活性和多样性的特点。但就生产性企业而言，一般可以按以下标准分类：

（一）按编制时间来分类

成本报表根据管理上的要求一般可按月、按季、按年编报。但对内部管理的特殊需要，也可以按日、按旬、按周，甚至按工作班来编报，目的在于满足日常、临时、特殊任务的需要，使成本报表资料及时服务于生产经营的全过程。

（二）按编报的对象分类

成本报表按编报的对象可分为对外成本报表和对内成本报表。

（1）对外成本报表是指企业向外部单位，如上级主管部门和联营主管单位等报送的成本报表。在市场经济中，成本报表一般被认为是企业内部管理用的报表，为了保守秘密，按惯例不对外公开发表，但在我国国营企业和国有联营企业中，为了管理的需要，目前或者相当长的一段时间还需要分管和托管这些企业的主管部门。主管部门为了监督和控制成本费用、了解目标成本的完成情况、进行行业的分析对比，并为成本预测和成本决策提供依据以及投资者等需要了解企业经营状况和效益，都要求企业提供成本资料。实际上也还是一种扩大范围的内部报表。

（2）对内成本报表是指为了企业本单位内部经营管理需要而编制的各种报表。这种报表，其内容、种类、格式、编制方法和程序、编制时间和报送对象，均由企业根据自己生产经营和管理的需要来确定。成本报表就是其中的一种，它编制的目的，主要在于让企业领导者和职工了解日常成本费用计划预算执行的情况，以便调动大家的积极性来控制费用的发生，为提高经济效益服务。同时为企业领导者和投资者提供经营的成本费用信息，以便进行决策和采取有效措施，不断降低成本费用。

（三）按报表反映的经济内容分类

成本报表按报表反映的经济内容可分为反映成本情况的报表、反映费用支出情况的报表和反映专项管理的成本报表。

1. 反映成本情况的报表

反映成本情况的报表有产品生产成本表或产品生产成本表、主要产品单位成本表和制造费用明细表等。这类报表侧重于揭示企业为生产一定种类和数量产品所花费的成本是否达到了预定的目标，通过分析比较，找出差距，明确薄弱环节，进一步采取有效措施，为挖掘降低成本的内部潜力提供有效的资料。

2. 反映费用支出情况的报表

反映费用支出情况的报表有销售费用明细表、管理费用明细表和财务费用明细表等。通过它们可以了解到企业在一定期间内费用支出总额及其构成，并可以了解费用支出合理性以及支出变动的趋势，这有利于企业和主管部门正确制订费用预算、控制费用支出、考核费用支出指标合理性、明确有关部门和人员的经济责任，防止随意扩大费用开支范围。

3. 反映专项管理的成本报表

反映专项管理的成本报表主要有责任成木表和质量成本表。这类报表侧重于反映和考核责任成本、质量成本预算执行情况，为不断降低产品成本，提高企业经济效益，并为评定质量体系的有效性提供依据。

三、成本报表的特点

成本报表从实质上看，它是企业内部成本管理的报表。企业内部成本报表主要的特点有：

1. 编报的目的主要服务于内部

过去在计划经济下的成本报表和新体制下的成本报表编报服务对象和目的是有差别的。在计划经济模式下，成本报表与其他财务报表一样都是向外、向上编报，以为上级服务为主。在市场经济模式下，成本报表主要为企业内部管理服务，满足企业管理者、成本责任者对成本信息的需求，有利于观察、分析、考核成本的动态，有利于控制计划成本目标的实现，也有利于经济预测工作。

2. 内部成本报表的内容灵活

对外报表的内容，由国家统一规定，强调完整性。内部成本报表主要是围绕着成本管理需要反映的内容，没有明确规定一个统一的内容和范围，不强调成本报告内容的完整性，往往从管理出发对某一问题或某一侧面进行重点反映，揭示差异，找出原因，分清责任。因此，内部成本报表的成本指标可以是多样化的，以适应不同使用者和不同管理目的对成本信息的需求，使内部成本报表真正为企业成本管理服务。

3. 内部成本报表格式与内容相适应

对外报表的格式与内容一样，都由国家统一规定的，企业不能随意改动。而内部成本报表的格式是随着反映的具体内容，可以自己设计的，允许不同内容可以有不同格式，同一内容在不同时期也可有不同格式。总之，只要有利于为企业成本管理服务，就可以拟订不同报表格式。

4. 内部成本报表编报不定时

对外报表一般都是定期的编制和报送，并规定在一定时间内必须报送。而内部成本报表主要是为企业内部成本管理服务，所以，内部成本报表可以根据内部管理的需要适时地、不定期地进行编制，使成本报表及时地反映和反馈成本信息，揭示存在的问题，促使有关部门和人员及时采取措施，改进工作、提高服务效率、控制费用的发生，达到节约的目的。

5. 内部成本报表按生产经营组织体系上报

对外报表一般是按时间编报的，目前主要是报送财政、银行和主管部门等。而内部成本报表是根据企业生产经营组织体系逐级上报，或者是在为解决某一特定问题的权责范围内进行传递，使有关部门和成本责任者及时掌握成本计划目标执行的情况，揭示差异、查找原因和责任，评价内部环节和人员的业绩。

四、成本报表的编制

（一）成本报表编制概述

1. 成本报表的设置要求

成本报表一般根据企业的生产特点与管理需要自行设置，并可随着情况的变化对报表的种类、格式进行调整。在设置成本报表时应重点考虑以下几个方面：

（1）报表的专题性。企业既要有反映成本全貌的报表，又要有反映成本管理中某一专门问题的报表。

（2）报表指标内容的实用性。企业设置的成本报表要符合企业生产经营的特点，满足企业成本管理的要求。

（3）报表格式的针对性。企业设置的成本报表要针对企业某一具体业务的特点来设计报表和报表项目。

2. 成本报表的编制要求

为了提高成本信息的质量，充分发挥成本报表的作用，成本报表的编制应符合下列基本要求：

（1）可靠性。即成本报表的指标数字必须真实可靠，能如实地集中反映企业实际发生的成本费用。

（2）重要性。即对于重要的项目（如重要的成本、费用项目），在成本报表中应单独列示，以显示其重要性；对于次要的项目，可以合并反映。

（3）正确性。即成本报表的指标数字要计算正确；各种成本报表之间、主表与附表之间、各项目之间，凡是有勾稽关系的数字，应相互一致；本期报表与上期报表之间有关的数字应相互衔接。

（4）完整性。即应编制的各种成本报表必须齐全；应填列的指标和文字说明必须全面；表内项目和表外补充资料不论根据账簿资料直接填列，还是分析计算填列，都应当准确无缺，不得随意取舍。

（5）及时性。即按规定日期报送成本报表，保证成本报表的及时性，以便各方面利用和分析成本报表，充分发挥成本报表应有的作用。

（二）商品产品成本报表的编制

1. 商品产品成本报表的含义

商品产品成本表是反映企业在报告期内生产全部产品（包括可比产品和不可比产品）的总成本以及各种主要产品的单位成本和总成本的报表。通过本报表，可以反映出主要产品单位成本的变动，并可分析产品成本变动的原因。该表一般分为三种形式，即按产品种类反映的商品产品成本报表、按成本项目反映的商品产品成本报表和按成本性态反映的商品产品成本报表。

2. 商品产品成本报表的结构及编制方法

（1）按产品种类反映的商品产品成本报表的结构及编制方法

按产品种类反映的商品产品成本表，是按产品种类汇总反映企业在报告期内生产的全部商品产品的单位成本和总成本的报表。该表将全部产品分为可比产品和不可比产品，列示各种产品的单位成本、本月总成本、本年累计总成本。

按产品种类反映的商品产品生产成本表的格式如表6.1所示。

表 6.1　商品产品成本表（按产品种类反映）

编制单位：××　　　　201×年12月　　　　单位：元

产品名称	计量单位	实际产量		单位成本				本月总成本			本年累计总成本		
		本月	本年累计	上年实际平均	本年计划	本月实际	本年累计实际平均	按上年实际平均单位成本计算	按本年计划单位成本计算	本月实际	按上年实际平均单位成本计算	按本年计划单位成本计算	本年实际成本
可比产品：								39 000	39 400	39 500	234 600	235 040	236 840
甲	件	100	620	150	148	145	146	15 000	14 800	14 500	93 000	89 900	90 520
乙	件	200	1 180	120	123	125	124	24 000	24 600	25 000	141 600	145 140	146 320
不可比产品：													
丙	件	50	360		60	56	58		3 000	2 800		21 600	20 880
产品成本合计									42 400	42 300		256 640	257 720

补充资料：

编制商品产品生产成本表，主要依据有关产品的“产品成本明细账”、年度成本计划、上年本表等资料填列下列有关项目：

（1）“产品名称”项目

本项目应填列主要的“可比产品”与“不可比产品”的名称。

（2）“实际产量”项目

此项目应根据“产品成本明细账”的记录计算填列。

（3）“单位成本”项目

①“上年实际平均单位成本”项目：根据上年度本表所列各种可比产品的全年累计实际平均单位成本填列。

②“本年计划单位成本”项目：根据年度成本计划的有关资料填列。

③“本月实际单位成本”项目：根据有关产品成本明细账中的资料，按下述公式计算填列：

某产品本月实际单位成本 = 该产品本月实际总成本 ÷ 该产品本月实际产量

④“本年累计实际平均单位成本”项目，根据有关产品成本明细账资料计算填列，计算方法为：某产品本年累计实际平均单位成本 = 该产品本年累计实际总成本 ÷ 该产品本年累计实际产量

（4）“本月总成本”项目

①“按上年实际平均单位成本计算”项目：本月实际产量与上年实际平均单位成本之积。

②“按本年计划单位成本计算”项目：本月实际产量与本年计划单位成本之积。

③“本月实际”项目：根据本月有关产品成本明细账的记录填列。

（5）“本年累计总成本”各项目

①“按上年实际平均单位成本计算”项目：本年累计实际产量与上年实际平均单位成本之积。

②“按本年计划单位成本计算”项目：本年累计实际产量与本年计划单位成本之积。

③“本年实际成本”项目：根据有关的产品成本明细账资料填列。

（2）按成本项目反映的商品产品成本报表的结构及编制方法

按成本项目反映的商品产品成本表，是按成本项目汇总反映企业在报告期内发生的全部生产费用以及商品产品生产总成本的报表。该表可以分为生产费用和生产成本两部分，其格式如表 6.2 所示。

表 6.2　商品产品成本表（按成本项目反映）

编制单位：××　　201 ×年 12 月　　单位：元

项目	上年实际	本年计划	本月实际	本年累计实际
生产费用：				
直接材料费用		116 788	21 573	123 705
直接人工费用		64 160	10 152	64 430
制造费用		76 992	11 267	67 316
生产费用合计		25	42	25
加：在产品、自制半成品期初余额		8 000	10 200	10 980
减：在产品、自制半成品期末余额		9 300	10 892	8 771
商品产品生产成本合计		256 640	42 300	257 720

该表可以反映报告期内全部商品产品生产费用的支出情况和各种费用的构成情况。通过该表可以对企业的生产费用进行一般评价。

表中的“本月实际”栏的生产费用数，应根据各种产品成本明细账所记本月生产费用合计数，按照成本项目分别汇总填列。在此基础上，加上在产品和自制半成品的期初余额，减去在产品和自制半成品的期末余额，就可以计算出本月完工的商品产品成本合计。

（3）按成本性态反映的商品产品成本报表

按成本性态反映的商品产品成本报表，反映企业在报告期内发生的全部生产成本费用（按成本性态反映）和各成本性态（分别反映变动费用和固定费用）的成本费用。利用此表可以定期、总括地考核和分析企业全部产品成本计划的完成情况，便于有针对性地提出改进措施。这种格式的产品成本表，其基本结构是按成本性态分别变动成本和固定成本列示的产品总成本，并按上年实际数、本年计划数、本月实际数、本年实际数，分项分栏进行反映。其格式如表 6.3 所示。

表 6.3　商品产品成本表（按成本性态反映）

编制单位：× ×　　　　201 ×年 12 月　　　　单位：元

项目	上年实际	本年计划	本月实际	本年累计实际
变动费用：				
直接材料费用		116 788	21 573	123 705
直接人工费用		64 160	10 152	64 430
制造费用		70 000	10 000	60 000
变动费用合计		25	41 725	248 135
固定费用：				
固定制造费用		6 992	1 267	7 316
加：在产品、自制半成品期初余额		8 000	10 200	10 980
减：在产品、自制半成品期末余额		9 300	10 892	8 771
商品产品生产成本合计		256 640	42 300	257 720

表中的“本月实际”栏的生产费用数，应根据各种产品成本明细账所记本月生产费用合计数，按照费用项目分别汇总填列；制造费用按变动制造费用和固定制造费用分项填列。在此基础上，加上在产品和自制半成品的期初余额，减去在产品和自制半成品的期末余额，就可以计算出本月完工的商品产品成本合计。

（三）主要产品单位成本表的编制

1. 主要产品单位成本表的含义

主要产品单位成本表是反映企业在报告期内生产的各种主要产品单位成本的构成情况和各项主要技术经济指标执行情况的报表。主要产品单位成本表是对商品产品生产成本表的有关单位成本所做的进一步补充说明。

2. 主要产品单位成本表的结构

主要产品单位成本表分为上、下两部分。上半部分分别按成本项目列示历史先进水平、上年实际平均、本年计划、本月实际和本年累计实际平均的单位成本。下半部分则分别列示主要技术经济指标的历史先进水平、上年实际平均、本年计划、本月实际和本年累计实际平均的单位用量。

主要产品单位成本表的格式和内容如表 6.4 所示。

表 6.4　主要产品单位成本表

编制单位：　　　　201 ×年 12 月　　　　单位：元

产品名称	甲产品	本月计划产量	500
规格	XX	本月实际产量	500
产量单位	件	本年累计计划产量	5 200
销售单价	157	本年累计实际产量	5 500

（续表）

<table>
<tr><td>产品名称</td><td colspan="3">甲产品</td><td colspan="6">本月计划产量</td><td colspan="2">500</td></tr>
<tr><td>成本项目</td><td colspan="3">历史先进水平</td><td colspan="2">上年实际平均</td><td colspan="2">本年计划</td><td colspan="2">本月实际</td><td colspan="2">本年累计实际平均</td></tr>
<tr><td>直接材料</td><td colspan="3">37</td><td colspan="2">40.5</td><td colspan="2">40</td><td colspan="2">39</td><td colspan="2">39.5</td></tr>
<tr><td>直接人工</td><td colspan="3">10</td><td colspan="2">12.58</td><td colspan="2">12</td><td colspan="2">13</td><td colspan="2">12</td></tr>
<tr><td>制造费用</td><td colspan="3">25</td><td colspan="2">29.17</td><td colspan="2">29</td><td colspan="2">26.23</td><td colspan="2">28.41</td></tr>
<tr><td>合计</td><td colspan="3">72</td><td colspan="2">82.5</td><td colspan="2">81</td><td colspan="2">78.23</td><td colspan="2">79.91</td></tr>
<tr><td>技术经济指标</td><td>用量单位</td><td>单位用量</td><td>金额</td><td>单位用量</td><td>金额</td><td>单位用量</td><td>金额</td><td>单位用量</td><td>金额</td><td>单位用量</td><td>金额</td></tr>
<tr><td>1. A 材料</td><td>千克</td><td>4</td><td></td><td>6</td><td></td><td>5.5</td><td></td><td>4.9</td><td></td><td>5</td><td></td></tr>
<tr><td>2. B 材料</td><td>千克</td><td>4.5</td><td></td><td>5.5</td><td></td><td>5</td><td></td><td>4.9</td><td></td><td>5</td><td></td></tr>
<tr><td>3. 工时</td><td>小时</td><td>4</td><td></td><td>5.2</td><td></td><td>5</td><td></td><td>4.5</td><td></td><td>4.5</td><td></td></tr>
</table>

3. 主要产品单位成本表的编制方法

编制主要产品单位成本表，主要依据有关产品的“产品成本明细账”资料、成本计划、历年有关成本资料、上年度本表有关资料及产品产量、材料和工时的消耗量等资料。主要产品单位成本表应按主要产品分别编制。

主要产品单位成本表各项目的填列方法如下：

（1）“本月计划产量”和“本年累计计划产量”项目：分别根据本月和本年产品产量计划填列。

（2）“本月实际产量”和“本年累计实际产量”项目：根据统计提供的产品产量资料或产品入库单填列。

（3）“成本项目”各项目应按规定填列。

（4）“主要技术经济指标”项目：反映主要产品每一单位产量所消耗的主要原材料、燃料、工时等的数量。

（5）“历史先进水平”栏各项目：反映本企业历史上该种产品成本最低年度的实际平均单位成本和实际单位用量，根据有关年份成本资料填列。

（6）“上年实际平均”栏各项目：反映上年实际平均单位成本和单位用量，根据上年度本表的“本年累计实际平均”单位成本和单位用量的资料填列。

（7）“本年计划”栏各项目：反映本年计划单位成本和单位用量，根据年度成本计划资料填列。

（8）“本月实际”栏各项目：反映本月实际单位成本和单位用量，根据本月产品成本明细账等有关资料填列。

（9）“本年累计实际平均”栏各项目：反映本年年初至本月月末该种产品的平均实际单位成本和单位用量，根据年初至本月月末的已完工产品成本明细账等有关资料，采用加权平均计算后填列。

本表中按成本项目反映的“上年实际平均”、“本年计划”、“本月实际”、“本年累计实际平均”的单位成本合计，应与产品生产成本表中的各该产品单位成本金额分别相等。

（四）制造费用明细表的编制

1. 制造费用明细表的含义

制造费用明细表是反映企业在报告期内发生的各项制造费用情况的报表。根据制造费用明细表，可以了解报告期内制造费用的实际支出水平；可以考核制造费用计划的执行情况；可以判断制造费用的变化趋势，以便加强对制造费用的控制和管理等。

2. 制造费用明细表的结构

制造费用明细表是按制造费用各项目列示“本年计划数”“上年实际数”和“本年实际数”三项资料。其格式如表6.5所示。

表6.5 制造费用明细表

编制单位：××　　201×年　　单位：元

项目	行次	本年计划数	上年实际数	本年实际数
职工薪酬费	1	49 500		50 600
折旧费	2	1 650	52 800	1 600
修理费	3	4 000	1 600	3 800
租赁费	4	500	3 000—	500
机物料消耗	5	8 000	8 000	8 600
低值易耗品摊销	6	900	920	910
水电费	7	15 000	18 000	15 000
办公费	8	6 000	6 600	6 800
差旅费	9	2 500	2 900	3 200
运输费	10	2 900	2 900	3 000
保险费	11	1 500	1 400	1 600
劳动保护费	12	800	800—	880
季节性修理期间的停工损失	13	2 100	600	2 200
其他	14	550		450
合计		95 900	99 520	107 330

3. 制造费用明细表的编制方法

（1）“本年计划数”栏项目：根据本年制造费用预算填列。

（2）“上年实际数”栏项目：根据上年度本表的“本年实际数”栏相应数字填列。如果表内所列费用项目与上年度的费用项目在名称和内容上不相一致的，应对上年度的各项数字按本年度表内项目的规定进行调整。

（3）“本年实际数”栏项目：根据本年“制造费用明细账”中各费用项目累计数填列。

（五）期间费用明细表的编制

1. 期间费用明细表的内容和结构

期间费用明细表是反映企业在报告期内发生的各种期间费用情况的报表，包括管理费用明细表、财务费用明细表和销售费用明细表。

各种期间费用明细表的结构是：表中分费用项目列示“本年计划数”“上年实际数”和“本年实际数”三栏。

期间费用明细表的格式如表 6.6、表 6.7 和表 6.8 所示。

表 6.6　管理费用明细表

编制单位：××　　　　201×年度　　　　单位：元

项目	行次	本年计划数	上年实际数	本年实际数
职工薪酬费	1	99 000	110 000	100 100
差旅费	2	70 000	80 000	64 000
办公费	3	60 000	80 000	58 000
折旧费	4	5 000	5 000	5 000
修理费	5	4 100	3 800	4 600
机物料消耗	6	9 000	7 800	8 500
低值易耗品摊销	7	8 000	8 500	8 200
工会经费	8	3 000	2 120	1 800
职工教育经费	9	2 900	1 300	1 290
劳动保险费	10	15 000	11 300	12 000
咨询费	11	16 000	19 000	20 000
审计费	12	18 000	28 000	22 000
税金	13	60 000	62 000	59 000
土地使用费	14	6 600	6 600	6 600
技术转让费	15	184 000	182 000	156 000
技术开发费	16	150 000		140 000
无形资产摊销	17	13 000	12 000	13 000
业务招待费	18	40 000	45 000	35 000
存货盘亏、毁损	19	6 000	2 900	6 100
其他	20	18 000	24 000	16 000
合计		787 600	69 512	737 190

表 6.7　财务费用明细表

编制单位：××　　　　201×年　　　　单位：元

项目	行次	本年计划数	上年实际数	本年实际数
利息支出（减利息收入）	1	13 600	14 000	16 000
汇兑损失（减汇兑收益）	2			
金融机构手续费	3	5 000	6 600	4 100
其他	4		2 100	900
合计		18 600	22 700	21 000

表 6.8 销售费用明细表

编制单位：× × 201 × 年 单位：元

项目	行次	本年计划数	上年实际数	本年实际数
职工薪酬费	1	3 410	3 190	3 520
差旅费	2	4 100	5 100	4 700
办公费	3	6 000	6 900	5 600
折旧费	4	610	610	610
修理费	5	300	300	220
机物料消耗	6	700	700	590
低值易耗品摊销	7	120	120	130
运输费	8	21 000	15 000	21 000
装卸费	9	4 000	3 000	4 900
包装费	10	20 000	17 000	19 000
保险费	11	55 000	50 000	55 000
委托代销手续费	12	3 000	2 000	3 300
广告费	13	90 000	40 000	90 000
展览费	14	5 000	–	6 000
租赁费	15	–	–	–
销售服务费	16	8 000	3 100	6 000
其他	17	30 000	37 000	28 000
	18			
合计		251 240	184 020	248 570

2. 期间费用明细表的编制方法

管理费用明细表、财务费用明细表和销售费用明细表各项目的填列方法为：

（1）“本年计划数”栏项目：根据本年度各项费用预算填列。

（2）“上年实际数”栏项目：根据上年度本表的“本年实际数”栏相应数字填列。如果表内所列费用项目和上年度的费用项目在名称和内容上不相一致的，应对上年度的各项数字按本年度表内项目的规定进行调整。

（3）“本年实际数”栏各项目：根据本年度“管理费用明细账”“财务费用明细账”和“销售费用明细账”中各项费用的累计数填列。

（六）责任成本报表

1. 责任成本报表的含义

责任成本报表是实行责任成本预算和核算的企业，根据各成本责任中心的日常责任成本核算资料编制的，用以反映和考核责任成本预算执行情况的报表。

责任成本报表的核心是揭示差异，如果预算数小于实际数，称为“不利差异”，表示可控成本的超支；如果预算数大于实际数，称为“有利差异”，表示可控成本的节约。

2. 责任成本报表的结构

责任成本报表的内容通常按各成本中心的可控制成本列示其预算数、预算调整数、实际数、业务量差异和各种差异。责任成本报表内容的详细程度应服从于各级成本管理人员的信息需求，越低层次的责任成本报表越详细，越高层次的责任成本报表越概要。

责任成本报表的一般格式如表 6.9 所示。

表 6.9　××基本生产车间责任成本报表

××年×月　　　　金额单位：元

项目	预算	调整预算	实际	业务量差异	耗费或效率差异
	①	②	③	④=②-①	⑤
直接材料：B 材料	20 000	25 000	22 000	+5 000	
材料耗用量差异					-3 000
直接人工	20 000	28 000	32 000	+8 000	
效率差异					-1 000
工资率差异	+5 000			-5 000	
变动制造费用	36 000	39 600	30 800	+3 600	
效率差异					- 3 400
耗用差异					-5 400
变动成本合计	16 000	92 600	84 800	+16 600	
可控固定成本					- 7 800
管理人员工资	8 000	8 000	8 500		+500
折旧	30 000	30 000	30 000		0
合计	38 000	38 000	38 500		+500
车间可控成本合计	124 000	130 600	123 300	16 600	-7 300

3. 责任成本报表的编制方法

(1) ①栏直接根据各责任中心的责任成本预算填列；

(2) ②栏以实际生产量、标准单耗和标准单价三者的乘积填列；

(3) ③和⑤栏直接根据各责任中心的成本和有关差异账户的数据填列。

(七) 质量成本表

1. 质量成本表的含义和内容

质量成本表是根据企业质量管理的需要，按照质量成本项目计算企业实际发生的质量成本，用以反映、分析和考核一定时期内质量成本预算执行情况的内部成本报表，反映的内容包括：故障成本、鉴定成本和预防成本。

故障成本即质量损失，它分内部故障成本和外部故障成本。内部故障成本是指产品在出厂以前因质量不合格而发生的损失和处理费用，包括废品损失、不合格品返修费用、返修产品复检费、因质量事故造成的停工损失等。外部故障成本是指产品出售后由质量问题而发生的损失和支付的一些费用，如退换损失、折价损失、保管和修理费用等。

鉴定成本是指企业在生产经营过程中，为了保证和提高产品质量所支出的一切费用以及未达到质量标准而产生的损失费用。

预防成本是指为了维护和保证产品质量，使它达到设计标准而发生的一切费用，包括质量控制的技术和管理费用、工序控制费用、质量管理培训费、质量改进措施费等。

质量成本表的格式如表6.10所示。

表6.10 质量成本明细报表

编制单位：×× 201×年 单位：元

项目	预算控制数	实际数	差异	差异率
预防成本：				
1. 质量奖励费				
2. 职工薪酬费				
3. 产品认证费				
4. 质量工作费				
5. 职工教育培训费				
6. 质量审核费				
7. 质量改进措施费				
预防成本小计				
鉴定成本：				
1. 检验测试费				
2. 检测设备折旧费				
3. 办公费				
4. 职工薪酬费				
5. 检测用水电费				
鉴定成本小计				
内部故障成本：				
1. 返修损失				
2. 废品损失				
3. 质量事故停工损失				
内部故障成本小计				
外部故障成本：				
1. 外退返修				
2. 保修费				
3. 索赔费用				
4. 质量事故处理费				
外部故障成本小计				
质量成本合计				

2. 质量成本表的编制方法

（1）表中质量成本的实际数一般来源于原始记录和原始凭证。如废品通知单、返修单、检验工时报告单、质量事故减产损失计算表及各种台账的统计数等。质量管理各网点的核算人员，应负责收集原始资料，进行登记、汇总，并据以编制质量成本表。

（2）表中质量成本的预算控制数，应根据计划年度企业制订的质量成本预算控制数逐项填列。

（3）表中的差异数应根据质量成本实际数与预算控制数逐项计算填列。差异栏中用金额表示的差异应等于实际数减去预算控制数，用百分比表示的差异应等于差异额除以预算控制数。

第二节 成本分析

成本分析（cost analysis），是利用成本核算及其他有关资料，分析成本水平与构成的变动情况，研究影响成本升降的各种因素及其变动原因，寻找降低成本的途径的分析方法。成本分析是成本管理的重要组成部分，其作用是正确评价企业成本计划的执行结果，揭示成本升降变动的原因，为编制成本计划和制定经营决策提供重要依据。

一、成本分析的作用

成本分析可以在经济活动的事前、事中或事后进行。在不同时段进行的成本分析，具有不同的作用。

在经济活动开展之前，通过成本预测分析，可以选择达到最佳经济效益的成本水平，确定目标成本，为编制成本预算提供可靠依据。

在经济活动过程中，通过成本控制分析，可以及时发现实际成本支出脱离目标成本的差异（尤其是不利差异）及原因，进而采取相应的措施，保证目标成本的实现。

在经济活动完成之后，通过实际成本分析，可以评价成本计划的执行结果、考核业绩、总结经验教训，指导今后的决策。

二、成本分析的内容

从生产经营的全过程来看，成本分析贯穿于成本管理工作的始终，包括事前成本预测、决策分析；事中成本控制分析；事后成本总结分析。

由于事前成本分析和事中控制分析也属于成本预测、成本决策、成本计划和成本控制的内容。因此，本节主要介绍成本的事后分析。

成本的事后分析，是指对企业生产经营过程中发生的实际成本及费用，与计划成本和各项费用预算进行比较分析，查明产生差异的原因，提出降低成本、节约费用的措施。其内容主要包括：

（1）全部商品产品成本计划完成情况分析；

（2）可比产品（主要产品）成本计划完成情况分析；

（3）主要产品单位成本分析；

（4）期间费用预算执行情况分析；

(5) 主要技术经济指标对产品成本影响分析；

(6) 责任成本分析；

(7) 质量成本分析。

三、成本分析的一般程序及原则

(一) 成本分析的一般程序

成本分析的程序，就是进行成本分析的基本步骤。只有遵循一定的程序，成本分析才能得出正确的结论。

成本分析的一般程序如下：

1. 制订成本计划，确定成本分析目标

企业成本分析所要解决的问题，一般是企业在日常成本管理中发现的问题，或者根据企业经营管理的需要而确定的成本分析对象。因此，成本分析首先要根据这些问题，确定分析目标、拟订分析计划、明确分析要求。只有这样，才能保证成本分析工作的顺利进行。

2. 收集成本信息，整理成本资料

在确定成本分析目标的基础上，收集相关的成本信息；然后从实际出发，实事求是地对所收集的成本信息进行去粗取精、去伪存真的加工处理。只有这样，才能使收集的大量成本信息真正成为成本分析中有用的资料。

3. 发现成本管理问题，分析成本变动原因

通过成本分析，确定各项成本指标变动的差异，发现问题；然后对影响成本指标的因素进行分类，衡量各因素变动对成本指标变动的影响程度和方向，进而确定起决定性作用的主要因素。

分析原因是分析过程中最关键的一步，在这一步骤中需要运用较多的定量技术分析方法。

4. 做出综合评价，提出改进建议

在发现问题、分析原因之后，要根据分析的结果，对成本管理工作做出综合评价，分清责任、提出建议和措施。同时，必须注意抓好措施的实施和检查，保证成本分析能够真正为后期的成本管理工作服务。

只有不断地发现问题、分析问题、解决问题，才能不断地降低产品成本、提高成本管理水平。

(二) 成本分析的原则

为了保证成本分析工作的顺利进行，成本分析的结论正确、有效，成本分析应遵循以下原则：

1. 遵纪守法，实事求是

在成本分析中，应该揭示那些违反财经法律、法规和制度的事项，如把不应该列为成本开支的费用计入成本，或者把应该计入成本的费用列作其他方面的支出。

在分析影响产品成本升降的原因时，不能凭主观臆想形成结论，也不能将成本升

高的主观原因说成是客观原因引起的。要从客观实际出发，恰如其分地得出实际的结论。

2. 全面分析和重点分析相结合

成本是企业经济活动情况的综合反映，是多种因素影响的结果。要想真正揭示成本升降的原因，必须从相互联系的经济活动的各个方面进行研究，不能以个别的、片面的情况作为分析的依据。例如，产品质量的提高，往往会使成本增加，可是产品质量提高以后，可能就会使产销量扩大。而产销量的扩大，又可能会导致成本的相对降低。因此，不能仅仅考虑提高产品质量所增加的成本，还要把提高质量所增加的成本和扩大销售所降低的成本综合起来考虑，才能得出正确的结论。

全面分析并不意味着对与成本有关的所有因素不分巨细、面面俱到地进行分析，而应按例外管理的原则，抓住重点问题深入剖析。影响成本的因素很多，必须找出影响成本的关键因素进行重点分析。只有把关键问题分析清楚了，才能提出恰当的改进措施，促使成本进一步降低。

3. 辩证统一

企业产品总成本的下降，并不等于所有产品的成本都下降，也不等于所有车间、部门或所有的成本项目成本都下降。为此，必须进一步研究各个产品组成结构内部的成本情况，以及所有成本项目的成本情况。要坚持“一分为二”的观点，这就要求企业的全体员工，在看到成绩的同时，还要看到缺点；在发现不利因素的同时，要想到有利的因素；在采用经济分析的同时，要兼顾技术分析；在给予物质利益奖励的同时，不要忽视精神因素的作用。

四、成本分析的基本方法

成本分析常用的方法有对比分析法和因素分析法等。

（一）对比分析法

对比分析法也称比较分析法。它是通过实际数与基数的对比来揭示实际数与基数之间的差异，借以了解经济活动的成绩和问题的一种分析方法。

对比分析法只适用于同质指标的数量对比，运用这种分析方法时，应该注意指标的可比性。进行对比的各项指标在经济内容、计算期和影响指标形成的客观条件等方面，应有可比的共同基础。

在成本分析中运用对比分析法，主要有以下几种对比方式：

1. 分析期实际数据与计划（预算）数据对比

分析期实际数据与计划（预算）数据比较是基本的比较方法。这种方法可以找出分析期实际成本或费用，与计划成本或费用预算之间的差异，查明成本计划和费用预算的执行情况。在具体比较时，可以计算出下列指标：

（1）实际脱离计划的差异额，即实际与计划比较增加或减少的数额。其计算公式为：

实际较计划增减的数额 = 分析期指标的实际数据 - 分析期指标的计划数据

在费用总额和产品单位成本的分析中，经常要用到上述公式。分析期实际费用总额大于预算中费用总额或产品实际单位成本大于计划单位成本时，称为费用或成本的超支，反之为费用的节约或成本的降低。

（2）实际脱离计划的差异率，即实际较计划增加或减少的百分比。其计算公式为：

$$实际较计划增减的百分比=\frac{分析期指标的实际数据-分析期指标的计划数据}{分析期指标的计划数据}\times100\%$$

将分析期实际数据与计划（预算）数据比较，如果实际数据与计划数据的差异额较大，必须对计划（预算）的编制情况进行检查。

2. 分析期实际数据与前期实际数据对比

将分析期的实际成本、费用与前期（上月、上季、上年、上年同期等）实际成本、费用比较，可以反映企业成本、费用的变动趋势。

在成本分析中，将分析期实际数据与前期实际数据对比，除了可以计算出分析期实际数据较前期增加或减少的数额（差异额）和增加或减少的百分比（差异率）外，主要产品（可比产品）成本降低额和降低率也是这种对比方式的另一种表现形式。企业主要产品（可比产品）成本降低额和降低率，无论是计划降低额（降低率）还是实际降低额（降低率），都是与上年实际进行比较来计算的。其计算公式为：

可比产品实际成本降低额＝可比产品实际产量按上年平均单位成本计算的总成本－可比产品实际总成本

可比产品实际成本降低率＝可比产品实际成本降低额÷可比产品实际产量按上年实际平均单位成本计算的总成本×100%

可比产品计划成本降低额＝可比产品计划产量按上年平均单位成本计算的总成本－可比产品计划总成本

可比产品计划成本降低率＝可比产品计划成本降低额÷可比产品计划产量按上年平均单位成本计算的总成本×100%

在成本分析中，分析期实际数据还应当与本企业历史先进水平的成本、费用指标比较。历史先进水平是指本企业生产的该种产品，成本水平最低的年度的实际成本；或在生产规模、生产条件大致相同的情况下，某种费用总额最低的年度的费用额。

3. 分析期实际数据与本行业（企业集团）实际平均数据和本行业（企业集团）先进企业实际数据对比

将分析期实际数据与计划数据和前期实际数据进行内部的纵向比较，还不能充分说明企业成本管理工作的成绩和成本、费用的水平。只有将企业实际数据与行业实际平均数据和同行业先进企业的实际数据进行横向对比，才能找出本企业与其他同行的差距，才能确定企业成本管理水平在同行业、同类企业中的位置。

（二）因素分析法

因素分析法是依据分析指标与其影响因素之间的关系，确定各因素对各分析指标影响程度的一种技术方法。因素分析法是经济活动分析中最重要的方法之一，也是成本分析中可运用的方法。连环替代法是因素分析法的一种主要形式。

1. 连环替代法的程序

（1）确定分析指标与其影响因素之间的关系。确定分析指标与其影响因素之间的关系，通常采用指标分解法，即将经济指标在计算公式的基础上进行分解或扩展，得出各影响因素与分析指标之间的关系式。如对于材料费用指标，要确定它与影响因素之间的关系，可分解为：

材料费用 = 产品产量 × 单位产品材料费用

= 产品产量 × 单位产品材料消耗量 × 材料单价

分析指标与影响因素之间的关系式，既说明哪些因素影响分析指标，又说明这些因素与分析指标之间的关系及顺序。如上式中影响材料费用的有产品产量、材料单耗和材料单价三个因素。它们都与材料费用成正比关系。它们的排列顺序是：产品产量在先，其次是材料单耗，最后是材料单价。

（2）根据分析指标的报告期数值与基期数值列出关系式或指标体系，确定分析对象。如材料费用的指标体系是：

基期材料费用 = 基期产品产量 × 基期材料单耗 × 基期材料单价

实际材料费用 = 实际产品产量 × 实际材料单耗 × 实际材料单价

分析对象（材料费用差异额）= 实际材料费用 - 基期材料费用

（3）连环顺序替代，计算替代结果。连环顺序替代，就是以基期指标体系为计算基础，用实际指标体系中的每一因素的实际数顺序地替代其相应的基期数。每进行一次替代，替代的实际数保留下来。有几个因素就替代几次，并相应确定计算结果。

（4）比较各因素的替代结果，确定各因素对分析指标的影响程度。比较替代结果是连环进行的，即将每次替代所计算的结果与这一因素被替代前的结果进行对比，二者的差额就是替代因素对分析对象的影响程度。

（5）检验分析结果。检验分析结果是将各因素对分析指标的影响额相加，其代数和应等于分析对象。如果二者相等，说明分析结果可能是正确的；如果二者不相等，则说明分析结果一定是错误的。

需要指出的是，连环替代法的程序或步骤是紧密相连、缺一不可的，尤其是前四个步骤，任何一个步骤出现错误，都会出现错误结果。

连环替代法的程序可用简单的数学公式表示。设某一经济指标 N 是由相互联系的 a、b、c 三个因素组成的（假定该经济指标是以组成因素的乘积的形态出现），其计划指标 N_0 是由 a_0、b_0、c_0 三个因素综合影响的结果，其实际指标 N_1 是由 a_1、b_1、c_1 三个因素综合影响的结果，即有下列表达式：

$$N_0 = a_0 \times b_0 \times c_0 \tag{1}$$

$$N_1 = a_1 \times b_1 \times c_1 \tag{2}$$

该指标实际脱离计划差异 $d = (N_1 - N_0)$，同时受 a、b、c 三个因素变动的影响。现在要测定各因素变动对 N 的影响，必须补充两个中间环节。

假定变动 a 因素，有

$N_2 = a_1 \times b_0 \times c_0$ (3)

在 a 因素变动的基础上再变动 b 因素，有

$N_3 = a_1 \times b_1 \times c_0$ (4)

这样就可以计算各个因素的影响程度，计算结果是：

式（3）－式（1）$=N_2 - N_0$，是由 $a_1 - a_0$ 产生的影响。

式（4）－式（3）$=N_3 - N_2$，是由 $b_1 - b_0$ 产生的影响。

式（2）－式（4）$=N_1 - N_3$，是由 $c_1 - c_0$ 产生的影响。

把各个因素加以综合

$(N_2 - N_0) + (N_3 - N_2) + (N_1 - N_3) = N_1 - N_0 = d$

下面举例说明连环替代法的步骤和应用。

［例 6.1］某企业 201×年 5 月和 6 月有关材料费用、产品产量、材料单耗和材料单价的资料如表 6.11 所示。

表 6.11　材料成本资料

指标	201×年 5 月	201×年 6 月
材料费用（元）	9 000	8 415
产品产量（件）	100	110
材料单耗（千克）	10	9
材料单价（元）	9	8.5

要求：分析各因素变动对材料费用的影响程度。

根据连环替代法的程序和上述对材料费用的因素分解式，可得出：

实际指标体系：110×9×8.5 ＝8 415（元）

基期指标体系：100×10×9 ＝9 000（元）

分析对象：8 415－9 000＝－585（元）

在此基础上，进行连环顺序替代，并计算每次替代后的结果：

基期指标体系：100×10×9＝9 000（元）

替代第一因素：110×10×9＝9 900（元）

替代第二因素：110×9×9＝8 910（元）

替代第三因素：110×9×8.5＝8 415（元）

确定各因素对材料费用的影响程度：

产品产量的影响：9 900－9 000＝900（元）

材料单耗的影响：8 910－9 900＝－990（元）

材料单价的影响：8 415－8 910＝－495（元）

最后检验分析结果：900－990－495＝－585（元）

采用实际数与计划数进行因素分析，可以了解各因素脱离计划的变动对分析指标的影响程度。

2. 应用连环替代法应注意的问题

连环替代法作为因素分析方法的主要形式，在实践中应用比较广泛。但是，在应用连环替代法的过程中必须注意以下几个问题：

（1）因素分解的相关性。所谓因素分解的相关性，是指分析指标与其影响因素之间必须真正相关，即有实际经济意义，各影响因素的变动确实能说明分析指标差异产生的原因。这就是需要我们在因素分解时，根据分析的目的和要求，确定合适的因素分解式，以找出分析指标变动的真正原因。

（2）分析前提的假定性。所谓分析前提的假定性，是指分析某一因素对经济指标差异的影响时，必须假定其他因素不变，否则就不能分清各单一因素对分析对象的影响程度。因此，在因素分解时，并非分解的因素越多越好，而应根据实际情况，具体问题具体分析，尽量减少相互影响较大的因素再分解。

（3）因素替代的顺序性。因素分解不仅要准确，而且因素排列顺序不能交换，这里特别强调的是不存在乘法交换率问题。因为分析前提假定性的原因，按不同顺序计算结果是不同的。传统的方法是依据数量指标在前，质量指标在后的原则进行排列的。

（4）顺序替代的连环性。连环性在确定各因素变动对分析对象的影响时，都是将某因素替代后的结果与该因素替代前的结果对比，一环套一环，这样才能保证各因素对分析对象影响结果的可行性，又便于检验分析结果的准确性。

资料卡 6.1 **如何编写成本分析报告?**

首先应掌握成本资料，利用成本资料采用适当的方法进行分析，然后再编写报告。分析时可先用对比分析法，将成本的实际水平与以下方面进行比较：

——与计划比；

——与去年同期比；

——与历史最好水平比；

——与同行业先进水平比；

——与国际、国内先进水平比。

实施对比分析后，可将对比分析的结果（对比找出的差距）采用因素分析法，找出问题产生的原因，尤其是主要的原因。然后，可再采用关联分析或相关分析，来认识和归纳这些问题间的内在联系，多总结规律，说明问题就可以了。分析的方法和工具很多，可以有针对性地酌情使用。

成本分析报告的基本内容一般包括以下几个方面：

——问题的提出（给出要分析的主题，即你想分析什么问题）；

——数据的整理（围绕主题收集和整理数据，可利用数据说明实际成本情况和现状）；

——数据的分析（用数据来说明主题，从而找出问题、发现规律、总结发展趋势）；

——分析的结论（对成本分析的结果要得出结论意见）；

——改进的措施；

——意见或建议；

——报告的分发。

五、成本分析实例

(一) 成本计划完成情况分析

成本计划完成情况分析包括：产品生产成本计划完成情况分析和主要产品单位成本分析。分析的重点是产品生产成本分析中的可比产品成本分析。

1. 产品生产成本计划完成情况分析

(1) 全部产品生产成本计划完成情况分析

全部产品包括可比产品和不可比产品两部分。对全部产品的分析，只能以本年实际成本和本年计划成本进行比较，确定其实际成本较计划成本的降低额和降低率，初步了解企业完成成本计划的一般情况。

[例6.2] 某企业201×年的成本资料如表6.12所示。

表6.12 商品产品成本表（按产品种类反映）

编制单位：×× 201×年12月 单位：元

产品名称	计量单位	产量		单位成本			成本计划（计划产量）		本年总成本（实际产量）		
		计划	实际	上年实际	本年计划	本年实际	按上年实际单位成本计算	按本年计划单位成本计算	按上年实际单位成本计算	按本年计划单位成本计算	实际成本
		P_1	P_2	C_0	C_1	C_2	P_1C_0	P_1C_1	P_2C_0	P_2C_1	P_2C_2
一、可比产品											
甲产品	件	200	800	100	95	94	20 000	19 000	80 000	76 000	75 200
乙产品	件	400	400	50	45	44	20 000	18 000	20 000	18 000	17 600
小计							40 000	37 000	100 000	94 000	92 800
二、不可比产品											
丙产品	件	300	300		50	52		15 000		15 000	15 200
小计								15 000		15 000	15 200
全部产品成本								52 000		109 000	108 400

设P_1：计划产量；P_2：实际产量；C_0：上年实际平均单位成本；C_1：本年计划单位成本；C_2：本年实际单位成本。则：

全部产品成本降低额＝计划总成本－实际总成本

$=\sum$（实际产量×计划单位成本）$-\sum$（实际产量×实际单位成本）

$=\sum P_2C_1-\sum P_2C_2=\sum P_2(C_1-C_2)=109\ 000-108\ 400=600$（元）

全部产品成本降低率＝成本降低额÷计划总成本×100%

＝600÷109 000×100%＝0.55%

（2）可比产品成本降低任务完成情况的分析

计划降低额＝$\frac{\text{全部可比产品计划产量按上年}}{\text{实际平均单位成本计算的总成本}}-\frac{\text{全部可比产品计划产量按计划}}{\text{单位成本计算的总成本}}$

＝∑（计划产量×上年实际平均单位成本）－∑（计划产量×计划单位成本）

$=\sum P_1C_0-\sum P_1C_1$

计划降低率＝计划降低额÷全部可比产品计划产量按上年实际平均单位成本计算的总成本×100%

$=(\sum P_1C_0-\sum P_1C_1)\div\sum P_1C_0\times100\%$

实际降低额＝$\frac{\text{全部可比产品实际产量按上年}}{\text{实际平均单位成本计算的总成本}}-\frac{\text{全部可比产品实际产量按本年}}{\text{实际单位成本计算的总成本}}$

＝∑（实际产量×上年实际平均单位成本）－∑（实际产量×本年实际单位成本）

$=\sum P_2C_0-\sum P_2C_2$

实际降低率＝实际降低额÷全部可比产品实际产量按上年实际平均单位成本计算的总成本×100%

$=(\sum P_2C_0-\sum P_2C_2)\div\sum P_2C_0\times100\%$

［例6.3］某企业可比产品的成本及产量资料如表6.13所示。

表6.13　可比产品的成本及产量资料

编制单位：××　　201×年12月　　单位：元

产品名称	计量单位	本年产量		单位成本		
		计划	实际	上年实际	本年计划	本年实际
		P_1	P_2	C_0	C_1	C_2
可比产品						
甲产品	件	200	800	100	95	94
乙产品	件	400	400	50	45	44

要求：分析全部可比产品成本降低任务的完成情况。

①首先计算全部可比产品的成本降低任务即计划降低额和计划降低率（见表6.14）。

表 6.14　可比产品成本计划完成情况分析表

编制单位：××　　　　201×年 12 月　　　　单位：元

产品名称	计量单位	计划产量	单位成本		总成本		计划降低任务	
			上年实际	本年计划	上年成本	计划成本	降低额	降低率
		P_1	C_0	C_1	P_1C_0	P_1C_1	$P_1C_0-P_1C_1$	$\frac{降低额}{P_1C_0}$
可比产品								
甲产品	件	200	100	95	20 000	19 000	1 000	5%
乙产品	件	400	50	45	20 000	18 000	2 000	10%
合计					40 000	37 000	3 000	7.5%

$$7.5\% = \frac{3\ 000}{40\ 000}\times 100\%$$

$$= \frac{1\ 000+2\ 000}{40\ 000}\times 100\%$$

$$= \frac{(20\ 000\times 5\% + 20\ 000\times 10\%)}{40\ 000}\times 100\%$$

$$= \left(\frac{20\ 000}{40\ 000}\times 5\% + \frac{20\ 000}{40\ 000}\times 10\%\right)\times 100\%$$

$$= (50\%\times 5\% + 50\%\times 10\%)\times 100\%$$

上式中50%、50%是甲、乙产品计划产量上年成本占可比产品计划产量上年总成本的比重，也就是产品品种结构。

②其次，计算全部可比产品成本的实际降低额和实际降低率，与计划降低额和计划降低率相对比，分析其成本降低任务完成情况（见表6.15）。

表 6.15　可比产品成本的实际完成情况分析表

编制单位：××　　　　201×年 12 月　　　　单位：元

产品名称	计量单位	实际产量	单位成本			总成本			实际降低情况	
			上年实际	本年计划	本年实际	上年成本	计划成本	本年实际	降低额	降低率
可比产品		P_2	C_0	C_1	C_2	P_2C_0	P_2C_1	P_2C_2	$P_2C_0-P_2C_2$	$\frac{降低额}{P_2C_0}$
甲产品	件	800	100	95	94	80 000	76 000	75 200	4 800	6%
乙产品	件	400	50	45	44	20 000	18 000	17 600	2 400	12%
合计						100 000	94 000	92 800	7 200	7.2%

$$7.2\% = \frac{7\ 200}{100\ 000}\times 100\% = \frac{4\ 800+2\ 400}{100\ 000}\times 100\%$$

$$=\frac{(80\ 000\times 6\%+20\ 000\times 12\%)}{100\ 000}\times 100\%$$

$$=(\frac{80\ 000}{100\ 000}\times 6\%+\frac{20\ 000}{100\ 000}\times 12\%)\times 100\%$$

$$=(80\%\times 6\%+20\%\times 12\%)\times 100\%$$

上式中80%、20%是甲、乙产品实际产量上年成本占可比产品实际产量上年总成本的比重，也就是实际产品品种结构。

计划降低额 $=\sum P_1C_0-\sum P_1C_1$

$=(200\times 100+400\times 50)-(200\times 95+400\times 45)$

$=40\ 000-37\ 000=3\ 000$（元）

计划降低率 $=(\sum P_1C_0-\sum P_1C_1)\div\sum P_1C_0\times 100\%$

$=3\ 000\div 40\ 000\times 100\%$

$=7.5\%$

实际降低额 $=\sum P_2C_0-\sum P_2C_2$

$=(800\times 100+400\times 50)-(800\times 94+400\times 44)$

$=100\ 000-92\ 800=7\ 200$（元）

实际降低率 $=(\sum P_2C_0-\sum P_2C_2)\div\sum P_2C_0\times 100\%=7\ 200\div 100\ 000=7.2\%$

可见，可比产品实际降低额超额完成了计划，比计划多降低4 200元；实际降低率没有完成计划，低于计划0.3%。

（3）影响可比产品成本降低任务完成的因素分析

影响可比产品成本降低任务完成的因素有以下三个：

①产品产量

可比产品成本降低额是根据各种产品的产量、品种结构和单位成本确定的。

成本计划降低额是根据各种产品计划产量制订的，而实际成本降低额是根据各种产品的实际产量计算的。因此，在产品品种结构和单位成本不变时，产品产量增减，就会使成本降低额发生同比例的增减，然而，却不会使成本的降低率发生变化。

[例6.4] 接上例，假定该企业本年甲、乙产品产量都比计划增长了20%，实际的单位成本又完全等于计划单位成本，其结果如表6.16所示。

表6.16 可比产品成本的实际完成情况分析表

编制单位：×× 201×年12月 单位：元

可比产品	实际产量	上年实际单位成本	本年实际单位成本	总成本			实际降低情况	
				上年成本	计划成本	实际成本	降低额	降低率
甲产品	240	100	95	24 000	22 800	22 800	1 200	5%
乙产品	480	50	45	24 000	21 600	21 600	2 400	10%
合计				48 000	44 400	44 400	3 600	7.5%

上表两种产品实际产量比计划产量增长了20%，因而使成本降低额相应从计划的3 000元，增长到3 600元，增长率为20%（600÷3 000），但成本降低率仍然为7.5%。由此可见，在其他因素不变的条件下，产品产量的变动只影响成本降低额发生变化，并不影响成本的降低率。

②产品品种结构

由于各种可比产品成本降低率不同，如果成本降低率大的产品在全部可比产品中所占的比重比计划提高，则整体的降低额和降低率都会加大，反之亦然。沿用表6.14的数据，可得：

$$7.5\% = \frac{3\ 000}{40\ 000} \times 100\% = \frac{1\ 000 + 2\ 000}{40\ 000} \times 100\%$$

$$= \frac{(20\ 000 \times 5\% + 20\ 000 \times 10\%)}{40\ 000} \times 100\%$$

$$= \left(\frac{20\ 000}{40\ 000} \times 5\% + \frac{20\ 000}{40\ 000} \times 10\%\right) \times 100\% = (50\% \times 5\% + 50\% \times 10\%) \times 100\%$$

上式中50%、50%是甲、乙产品计划产量上年成本占可比产品计划产量上年总成本的比重，也就是产品品种结构。

③产品单位成本

产品单位成本对可比产品成本降低任务完成的影响同P174（2）可比产品成本降低任务完成情况的分析。故由计算结果可知，产品实际单位成本比计划降低得多，降低额和降低率就越大，反之亦然。

下面用连环替代法分别计算产品产量、产品品种结构、产品单位成本三个因素的变动对成本降低任务完成情况的影响。

设 P_1 为计划产量；P_2 为实际产量；C_0 为上年实际平均单位成本；C_1 为本年计划单位成本；C_2 为本年实际单位成本。

可比产品的成本及产量资料如表6.17所示。

表6.17　可比产品的成本及产量资料

编制单位：××　　　　201×年12月　　　　单位：元

产品名称	计量单位	本年产量		单位成本		
		计划	实际	上年实际	本年计划	本年实际
		P_1	P_2	C_0	C_1	C_2
可比产品						
甲产品	件	200	800	100	95	94
乙产品	件	400	400	50	45	44

计算结果如表6.18所示。

表6.18　可比产品成本降低任务完成情况分析表

编制单位：××　　201×年12月　　单位：元

顺序	指标		成本降低额（元）	成本降低率
（1）	按计划产量、计划品种结构、计划单位成本计算的成本降低额和降低率		$\sum P_1C_0-\sum P_1C_1$ =40 000－37 000 =3 000	3 000÷40 000 =7.5%
（2）	按实际产量、计划品种结构、计划单位成本计算的成本降低额和降低率		$\sum P_2C_0\times7.5\%$ =100 000×7.5% =7 500	7.5% 保持不变
（3）	按实际产量、实际品种结构、计划单位成本计算的成本降低额和降低率		$\sum P_2C_0-\sum P_2C_1$ =100 000－94 000 =6 000	6 000÷100 000 =6%
（4）	按实际产量、实际品种结构、实际单位成本计算的成本降低额和降低率		$\sum P_2C_0-\sum P_2C_2$ =100 000－92 800 =7 200	7 200÷100 000 =7.2%
各因素的影响程度				
产量变动影响		（2）－（1）	7 500－3 000＝4 500	0
品种结构变动的影响		（3）－（2）	6 000－7 500＝－1 500	6%－7.5%＝－1.5%
单位成本变动的影响		（4）－（3）	7 200－6 000＝1 200	7.2%－6%＝1.2%
合计			+4 200	－0.3%

2. 主要产品单位成本分析

主要产品单位成本分析包括两方面的内容，一是技术经济指标变动对单位成本的影响，二是主要产品单位成本计划完成情况的分析。

（1）技术经济指标变动对单位成本的影响分析

技术经济指标是指从各种生产资源（如设备、原材料、能源及劳动力等）的利用情况和产品质量等方面，反映生产技术水平各种指标的总称。如材料利用率、劳动生产率、设备利用率、产品合格率等。

技术经济指标是影响产品单位成本的重要因素。结合技术经济指标进行成本分析，就是要研究这些指标的变动对成本的影响程度，有利于提高成本分析工作质量，使其更好地发挥积极作用。

①原材料技术经济指标变动对产品成本的影响

第一，改进产品设计对产品成本影响的分析。

在生产比较正常、管理水平比较高的企业里，要大幅度地降低成本，必须从产品设计、产品结构和生产工艺等方面的改革入手。在产品结构和工艺改革之前，应进行产品成本功能分析，要在保证产品质量的前提下进行，可以使产品的体积由大变小、重量由重变轻、结构由繁变简、效能由低变高。尽量做到在提高产品使用价值的同时，减少原材料等物质的消耗，降低产品成本。相关计算公式如下：

改进产品设计引起的单位产品成本降低率

$$=\left(1-\frac{\text{改进后产品重量}}{\text{改进前产品重量}}\right)\times\text{改进前单位产品材料成本占产品成本比重}$$

改进产品设计引起的单位产品成本降低额（即节约的单位产品材料成本）

=改进前单位产品成本×改进产品设计引起的单位产品成本降低率

［例6.5］某企业M产品改进前的产品重量为50千克，单位成本为200元，其中原材料成本150元，改进后的产品重量为45千克。

则产品设计改变引起的单位产品成本降低率

$$=\left(1-\frac{45}{50}\right)\times\frac{150}{200}=7.5\%$$

产品设计改变而节约的单位产品材料成本

=200×7.5%=15（元）

第二，原材料利用率变动对产品成本影响的分析。

原材料利用率反映的是投入生产的原材料消耗重量与产量之间的比例关系，如酒厂的出酒率、油厂的出油率、糖厂的出糖率等。

其计算公式为：

$$\text{原材料利用率}=\frac{\text{产品产量}}{\text{投入原材料消耗量}}\times100\%$$

可见，原材料利用率与产品单耗材料是倒数关系。原材料利用率的变动，不但通过单位产品原材料耗用量的变动，直接影响产品成本，而且通过产量变动，影响单位产品的固定费用，间接影响产品成本。

相关计算公式如下：

原材料利用率变动对单位产品成本降低率的影响

$$=\left(1-\frac{\text{上年原材料利用率}}{\text{本年原材料利用率}}\right)\times\text{上年单位产品材料成本占产品成本比重}$$

第三，配料比例变动对产品成本影响的分析。

配料比例是指生产产品所耗同种材料的不同等级材料的混合比重。由于不同等级的材料价格不同，使得配料比例不同的产品，其单位材料成本也就不同。在保证产品质量和功能不受影响的情况下，多耗用低等级材料、少耗用高等级材料，就可以使产品材料成本下降。

配料比例变动对材料成本的影响分析如下：

首先，计算平均单价

由于配料比例及材料单价有计划数与实际数之分，所以，平均单价有以下三种形式：

计划配比计划价格计算的平均单价（又称计划平均单价）

$$=\frac{\sum\text{（计划单耗}\times\text{计划单价）}}{\sum\text{计划单耗}}=\sum\text{（计划配比}\times\text{计划单价）}$$

实际配比计划价格计算的平均单价

$$=\frac{\sum（实际单耗\times 计划单价）}{\sum 实际单耗}=\sum（实际配比\times 计划单价）$$

实际配比实际价格计算的平均单价（又称实际平均单价）

$$=\frac{\sum（实际单耗\times 实际单价）}{\sum 实际单耗}=\sum（实际配比\times 实际单价）$$

然后，分析配料比例变动对产品成本的影响

这一过程实际上是"连环替代法"的运用过程。因为，单位产品材料成本 = ∑（单耗×单价）=单耗总量×∑（配料比例×单价）

所以可以将"单位产品材料成本"指标，视为待分析的综合指标，而影响其变动且相互关联的三个因素，依次是单耗总量、配料比例和单价。

第四，合理代料对产品成本影响的分析。

合理代料是指从降低成本的角度出发，在保证产品质量的前提下，用价格低的材料代替价格高的材料，如用硬塑代替钢、铜等材料，用普通的材料代替紧俏或稀有材料。合理代料不但扩大了材料来源，是促进生产发展的重要措施，而且是降低产品成本的重要途径。

因此，合理代料所形成的材料成本节约额，也是产品成本节约额的重要构成。其计算公式为：

合理代料而形成的材料成本节约额

=代用材料用量×代用材料价格－原用材料用量×原用材料价格

第五，综合利用材料对产品成本影响的分析。

综合利用材料是指企业对本企业生产产品过程中产生的各种废物进行加工处理，生产出有用的物资产品。企业若能对本企业生产中产生的废气、废水、废渣进行综合利用，一方面能减少环境污染，变废为宝，为社会节约资源，并为社会提供有用的物质财富；另一方面能让综合利用生产出来的副产品分摊一部分主产品的原材料成本和相关的固定费用，从而使主产品成本下降。

②劳动生产率变动对产品成本影响的分析

劳动生产率的提高，意味着单位产品消耗时间的减少，从而导致其负担的工资成本相应减少。可是，劳动生产率的增长，往往伴随着人均工资率的增长，从而使产品单位成本提高。因此，要计算劳动生产率增长对产品成本的影响，要看劳动生产率的增长速度是否高于人均工资增长的速度。若前者高于后者，则会引起单位产品工资成本的下降，否则，就会引起单位产品工资成本的上升。相关计算公式为：

劳动生产率增长和人均工资增长对成本降低率的影响

$$=\left(1-\frac{1+人均工资增长率}{1+劳动生产率增长率}\right)\times 上年工资成本占产品成本的比重$$

③产品产量变动对产品成本影响的分析

某些技术经济指标，如设备利用指标，虽然不直接影响产品的消耗，但是却可以通过产量变动来间接影响产品的成本。为了分析这类指标变动对产品成本的影响，需要先确定产量变动对单位成本的影响。

产量变动会影响单位产品成本中的固定费用和半变动费用，而不会影响其变动费用。企业的制造费用一般属于半变动费用（可分解为固定部分和变动部分）。

相关计算公式为：

产量变动和半变动费用变动对单位产品成本降低率的影响

$$=\left(1-\frac{1+\text{半变动费用增长率}}{1+\text{产品产量增长率}}\right)\times\text{上年半变动费用占产品成本的比重}$$

技术经济指标分析还有产品质量变动对成本影响的分析、环境成本变动对成本影响的分析等，与上述分析基本相同，同学们可以自己独立思考得出结论。

（2）主要产品单位成本计划完成情况的分析

主要产品单位成本计划完成情况的分析，就是将分析期产品的各项费用与基期数（计划、同行或历史先进水平）相比较进行差异分析。

［例6.6］数据源于表6.4，现对本年累计实际平均单位成本进行分析，如表6.19所示。

表6.19 甲产品单位成本计划完成情况分析表

编制单位：×× 201×年12月 单位：元

成本项目	与本年计划比		与上年实际比		与历史先进水平比	
	降低额	降低率（%）	降低额	降低率（%）	降低额	降低率（%）
直接材料	0.5	1.25	1.25	3.07	-2.5	-6.76
直接人工	0	0	0.58	4.61	-2	-20
制造费用	0.59	2.03	0.76	2.61	-3.41	-13.64
合计	1.09	1.35	2.59	3.14	-7.91	-10.99

从表6.19可以看出，甲产品的本年累计实际平均单位成本比本年计划降低了1.09元，降低率为1.35%，其主要原因是由制造费用和直接人工单位成本的降低引起的；比上年实际降低了2.59元，降低率为3.14%，其主要原因是由直接材料费用、直接人费用和制造费用的降低引起的；比历史先进水平高出7.91元，降低率为-10.99%。

（二）费用预算执行情况的分析

由于制造费用、销售费用、管理费用和财务费用都是按整个公司或分厂、车间、部门编制预算加以控制的，因而分析各种费用预算的执行情况、查明各种费用实际脱离预算的原因，也只能按整个公司或分厂、车间、部门进行。

对上述费用进行分析，首先应以本年实际数与本年预算数相比较，确定实际脱离预算的差异，然后分析差异形成的原因。此外，为了从动态上观察、比较各项费用的变动情况和变动趋势，还应将本月实际与上年同期实际进行对比。

由表6.7的数据，以财务费用为例，对财务费用分析（如表6.20所示）如下：

表 6.20　财务费用分析表

编制单位：××　　　　　　201×年　　　　　　单位：元

项目	本年实际与上年实际相比		本年实际与本年计划相比	
	变动额	变动率（%）	变动额	变动率（%）
利息支出（减利息收入）	2 000	0.142 9	2 400	0.176 5
汇兑损失（减汇兑收益）				
金融机构手续费	−2 500	−0.378 8	−900	−0.18
其他	−1 200	−0.571 4	900	
合计	−1 700	−0.074 88	2 400	0.129 0

由表 6.20 可知，利息支出比上年和计划都有所提高，金融机构手续费比上年和计划都有所下降，至于提高或下降是有利的还是不利的，要结合具体业务量和销售业绩等加以分析。

其他费用的分析方法与财务费用的分析相同。

为了深入研究制造费用、销售费用、管理费用和财务费用变动的原因，评价费用支出的合理性，寻求降低各种费用支出的方法，可按费用的用途及影响费用变动的因素，将各种费用项目按以下类别进行研究：

（1）生产性费用，如制造费用中的折旧费、修理费、机物料消耗等。

（2）管理性费用，如行政管理部门人员的工资、办公费、业务招待费等。

（3）发展性费用，如职工教育经费、设计制图费、研究开发费等。

（4）防护性费用，如劳动保护费、保险费等。

（5）非生产性费用，主要指材料、在产品、产成品的盘亏和毁损等。

（三）责任成本表分析

1. 责任成本表分析的意义和内容

通过对责任成本表进行分析，将各责任成本中心（单位）的实际责任成本与计划责任成本进行比较，确定责任成本的节约或超支，并分析其具体的原因是企业按责任归属考核成本中心、控制成本业绩的重要方法。每个成本中心必须根据计划期开始前编制的责任预算，和平时责任成本实际发生数额的记录以及所编制的工作实绩报告，进行对比分析，查找发生差异的原因，为进一步改善经营决策和管理提供具体的信息。

2. 责任成本表的分析方法

分析责任成本计划执行情况，应剔除计划产量与实际产量统计口径不一致的影响，如加工车间本月计划产量为 100 件，实际产量为 110 件，则应区分成本项目，以产量完成情况调整变动费用，再以调整后的变动费用与实际费用比较，以计划固定费用与实际固定费用进行比较。

进行调整时，对确定的变动费用项目，可按下列公式调整：

$$\text{按实际产量调整的变动费用项目计划} = \frac{\text{调整前变动费用项目计划}}{\text{计划产量}} \times \text{实际产量}$$

对混合费用项目应设法事先确定其变动费用部分与固定费用部分的比重，再进行调整。例如，对未采用变动成本法进行成本计算的制造费用项目可按下列公式进行调整：

$$\text{按实际产量调整的制造费用计划} = \text{制造费用调整前计划总额} \times \text{固定费用部分比重} \times \text{制造费用调整前计划总额} \times \text{变动费用部分比重} \times \text{产量计划完成百分比}$$

［例6.7］某企业加工车间201×年12月的责任成本表如表6.21所示。

表6.21　责任成本表

责任单位：加工车间　　201×年12月　　单位：元

成本性态	成本或费用项目	本月责任成本			累计责任成本		
		计划	实际	差异	计划	实际	差异
变动成本	直接材料	40 000	42 900	-2 900			
	直接人工	10 000	11 200	-1 200		（略）	
	变动性制造费用	4 500	4 000	500			
	小计	54 500	58 100	-3 600			
固定成本	工资及福利费	3 000	3 100	-100			
	办公费	1 000	1 300	-300			
	折旧费	4 000	4 000	0			
	劳动保护费	2 000	200	1 800			
	水电费	300	500	-200			
	其他	200	400	-200			
	小计	10 500	9 500	1 000			
合计		65 000	67 600	-2 600			

假定其变动费用占30%，固定费用占70%，则：

$$\text{调整后制造费用计划} = 15\,000 \times 70\% + 15\,000 \times 30\% \times \frac{110}{100} = 15\,450\ (\text{元})$$

根据上述资料，加工车间责任成本计划执行情况分析表如表6.22所示。

表6.22　加工车间责任成本计划执行情况分析表

201×年12月

成本项目	计划	计划调整	实际	差异	差异率
栏次	①	②	③	④=③-②	⑤=④÷②
直接材料	40 000	44 000	42 900	1 100	2.5%
直接人工	10 000	11 000	11 200	-200	-1.8%

（续表）

成本项目	计划	计划调整	实际	差异	差异率
制造费用	15 000	15 450	13 500	1 950	12.62%
合计	65 000	70 450	67 600	2 850	4%

由表6.22可知，加工车间本月实际责任成本比计划要求降低了2 850元，降低率为4%，在降低成本方面取得了一定的成绩。其中，直接材料实际比计划降低了1 100元，材料费用的节约，主要是加强了管理、减少了损失浪费，使消耗水平有所下降；直接人工实际比计划超出200元，主要是生产工人协调不好，产生了个别窝工现象，造成了生产工时的浪费；制造费用实际比计划降低了1 950元，是降低幅度最大的成本项目，应进一步分析其原因。制造费用中固定费用部分，计划为10 500元，实际为9 500元，实际比计划节约1 000元，其原因是由于各项目支出水平变动的影响，虽然工资及福利费、办公费、水电费及其他费用等共超支800元，但由于劳动保护费节约1 800元，仍使固定费用部分节约了1 000元。但对这种情况还应进一步分析责任成本单位有无为了降低可控成本压缩劳动保护费合理支出的情况。劳动保护费用与安全生产和劳动条件的改善相关，不能认为越少越好，否则将给企业带来相应隐患。制造费用降低额扣减其固定费用部分降低额后就是变动费用的降低额，根据表6.22的资料，本例为950元（即1 950－1 000），主要是由于单位产品工时耗用和小时费用率变动的影响，应结合具体情况加以分析。另外，由于产量增加会使单位产品固定成本降低，形成固定总成本的相对降低；产量减少会使单位产品固定成本升高，形成固定总成本的相对超支。其计算公式为：

$$\begin{array}{c}\text{产量变动相对超支}\\\text{（或节约）的固定费用}\end{array}=\left(\begin{array}{c}\text{产品计}\\\text{划产量}\end{array}-\begin{array}{c}\text{产品实}\\\text{际产量}\end{array}\right)\times\text{单位产品计划固定成本}$$

本例中制造费用中固定费用计划数为10 500元，则制造费用由于产量变化而形成的相对节约额为：

（100－110）×（4 500÷100）＝－450（元）

（四）质量成本分析

1. 质量成本分析的意义和内容

质量成本的分析，就是通过分析产品质量与成本升降因素及其对经济效益影响程度的分析。在实际工作中，质量过高或过低都会造成浪费，不能使企业获得好的经济效益。因此，必然追求最佳质量水平和最佳成本水平。为了使企业产品质量和成本达到最佳质量水平，就应围绕企业经营目标分析企业内外各种影响因素。从原则上讲，最佳质量水平是要达到必要功能与成本耗费的最佳结合。从这个意义上说，计算质量成本不是目的，其目的在于进行质量成本及其效果分析。

如图6.1所示，其中S_1曲线表示在一般情况下质量—价格—销售收入之间的关系。随着质量的提高，销售量增多，销售收入也增加。但当质量提到一定程度后，价格相当昂贵，销售量将减少，销售收入增长缓慢，甚至出现下降的情况。S_2曲线表示

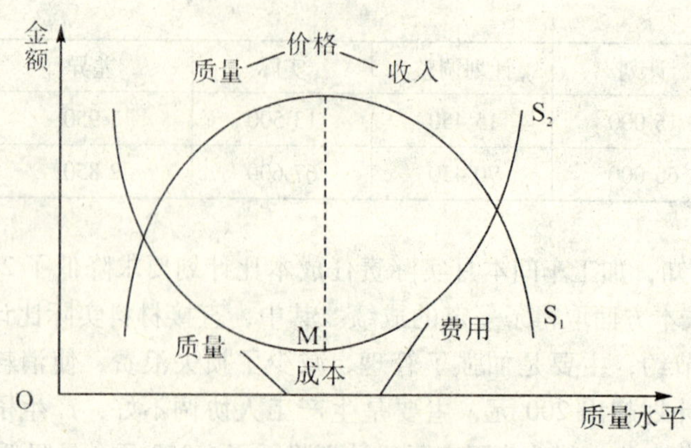

图 6.1 质量与收益的关系

在一般的情况下质量—成本—费用曲线。当质量很低时，用户不购买造成积压损失，或用户购买后要求索赔多，损失大而成本高。随着质量的提高，次品及废品损失减少，成本降低，到某一质量水平后，要再提高质量，成本将又随着提高。某一质量水平的利润为销售收入与成本的差值，即 S_1 减去 S_2。在 M 点，差值最大，即利润最高。那么 M 点就是最佳质量水平。

2. 对影响质量成本因素的分析

对质量成本水平分析要深入到质量成本构成的各要素中去，即从质量成本总额中各因素所占比重来分析质量成本构成及其变化。

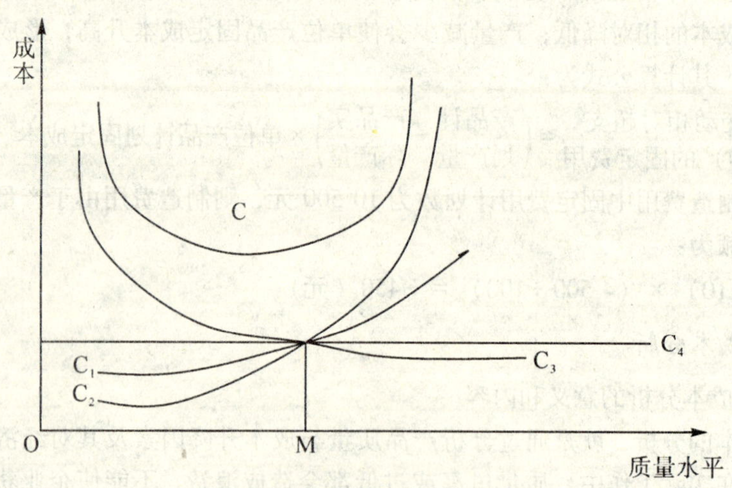

图 6.2 成本与质量水平关系图

C_1——预防成本，C_2——鉴定成本

C_3——事故成本，C_4——基本生产成本

如图 6.2 所示，图中 C_1 为预防成本曲线，C_2 为鉴定成本曲线，C_3 为事故成本曲线。当产品质量为 100% 不合格时，其预防费用为零。随着质量的升高，预防、鉴定费用逐渐增高；当质量为 100% 合格时，预防成本很高。事故成本曲线 C3 的变动规律是：当产品质量较低时，事故损失大；当质量提高到 100% 合格时，事故损失为零。C_4 为

基本生产成本线，不随质量成本而变化，属于不变成本。C为总成本曲线，任一点的总成本为C_1、C_2、C_3、C_4之和。当质量水平较低或较高时，总成本都比较高，在M点或M点附近区域总成本最低，它就是最佳质量水平。这里M点与图6.1是吻合的。这两种分析方法，本质也是一致的，只是应用场合不同而需要提供不同成本信息。

根据国内外成功的经验，质量成本比例最佳值为C_3占50%，C_2为40%，C_1占10%，即质量管理成本占50%，损失成本占50%为宜。

3. 对质量成本效益的分析

质量成本效益分析亦称考核指标分析，通过产品总成本中质量成本占用率，可以看出质量成本是否下降；通过商品总产值中质量成本占用率和质量成本利润率，可以看出质量成本的效果。

$$\text{产品总成本质量成本占用率}=\frac{\text{质量成本}}{\text{产品总成本}}\times 100\%$$

$$\text{商品总产值质量成本占用率}=\frac{\text{质量成本}}{\text{总产值}}\times 100\%$$

$$\text{推行质量成本后成本降低率}=\frac{\text{推行前产品总成本}-\text{推行后产品总成本}}{\text{推行前产品总成本}}\times 100\%$$

$$\text{推行质量成本后故障成本降低率}=\frac{\text{推行前故障成本}-\text{推行后故障成本}}{\text{推行前故障成本}}\times 100\%$$

$$\text{质量成本利润率}=\frac{\text{产品销售利润}}{\text{质量成本}}\times 100\%$$

$$\text{推行质量成本后的废品损失降低率}=\frac{\text{推行前废品净损失}-\text{推行后废品净损失}}{\text{推行前废品净损失}}\times 100\%$$

4. 对质量成本趋势的分析

质量成本本身并不能向管理部门提供足够的资料，以使它与其经营成本同样得到重视，因此必须通过计算一些基数与质量成本进行对比，从不同角度说明经营情况。这些资料有：工时资料、成本资料、销售资料、单位试验和检验费用资料以及增值资料。通过这些资料来计算各种基数，其计算公式如下：

$$\text{工时基数}=\frac{\text{内部故障成本}}{\text{直接工时}}$$

$$\text{单位基数}=\frac{\text{试验和检验费用}}{\text{产品数量}}$$

$$\text{成本基数}=\frac{\text{总损失成本}}{\text{制造成本}}$$

$$\text{增值基数}=\frac{\text{总质量成本}}{\text{增值额}}$$

$$\text{销售基数}=\frac{\text{总质量成本}}{\text{净销售额}}$$

提示：只有保持质量基数的一致性才能成为一种比较的方法。如受到下述情况影响时应对它们进行调整：由自动化代替直接工人时；由于使用代用材料、方法或工艺，使制造成本有了变化；毛利、售价、运费和市场需要的变化；产品组成的变化；上述公式中分子的时间尺度不同于分母的时间尺度等，都要进行调整，才好比较。在比较趋势时，必须考虑和了解这些因素。

本章小结

成本报表编制和分析是成本会计的重要内容之一，是实现成本会计任务、发挥成本会计作用的重要手段。成本报表是根据日常成本核算资料及其他有关资料编制的，用以反映企业生产费用与产品成本的构成及其升降变动情况，以考核各项费用与生产成本计划执行结果的会计报表。它按照不同的划分标准可以分为以下几类：按报表编制的时间，可以分为月报表、季报表和年报表；按报表的报送对象，可以分为对内成本报表和对外成本报表；按报表反映的内容，可以分为反映成本情况的报表、反映费用支出情况的报表和反映专项管理的报表。成本报表的编制遵循可靠性、重要性、正确性、完整性和及时性的原则。

本章主要讲述了全部商品产品成本表、主要产品单位成本表、制造费用明细表、期间费用明细表、责任成本表、质量成本表六类成本报表的编制及其分析。其中作为新增内容，特别给出了责任成本和质量成本的概念。

成本分析是基于成本核算基础上，对成本报表中列示的各项费用、成本进行分析的方法。具体来讲，就是将各项费用、成本与基期数（历史成本、同行业平均水平或计划数等）进行比较，确定差异、分析产生差异的原因，找出具体的影响因素，以便采取措施，进一步挖掘降低成本的潜力。

成本分析的方法主要有对比分析法和因素分析法两种。

成本分析的内容主要有：全部产品成本计划完成情况分析、可比产品（主要产品）成本计划完成情况分析、主要产品单位成本分析、期间费用预算执行情况分析、主要技术经济指标对产品成本影响分析、责任成本分析和质量成本分析。

成本分析在揭示成本差异原因、掌握成本变动规律；合理评价成本计划完成情况，正确考核成本责任单位的工作业绩；检查企业是否贯彻国家有关方针、政策和财经规律；挖掘降低成本的潜力，不断提高企业的经济效益等方面发挥着重要的作用。

练习题

一、单项选择题

1. 下列不属于成本报表的是（　　）。

A. 商品产品成本表　　B. 主要产品单位成本表
C. 现金流量表　　D. 制造费用明细表

2. 成本报表属于（　　）。

A. 对外报表　　B. 对内报表

C. 既是对内报表，又是对外报表　　D. 对内还是对外由企业决定

3. 企业成本报表的种类、项目、格式和编制方法（　　）。

A. 由国家统一规定　　B. 由企业自行制定

C. 由企业主管部门统一规定　　D. 由企业主管部门与企业共同制定

4. （　　）是进行成本分析的主要依据。

A. 成本制度　　B. 成本预测

C. 成本报表　　D. 企业会计准则

5. 下列不属于成本分析的基本方法是（　　）。

A. 对比分析法　　B. 产量分析法

C. 因素分析法　　D. 比率分析法

6. 根据实际指标与不同时期的指标对比，来揭示差异、分析差异产生原因的分析方法称为（　　）。

A. 因素分析法　　B. 差量分析法

C. 对比分析法　　D. 相关分析法

7. 在进行全部商品产品成本分析、计算成本降低率时，是用成本降低额除以（　　）。

A. 按计划产量计算的计划总成本

B. 按计划产量计算的实际总成本

C. 按实际产量计算的计划总成本

D. 按实际产量计算的实际总成本

8. 对可比产品成本降低率不产生影响的因素是（　　）。

A. 产品品种结构　　B. 产品产量

C. 产品单位成本　　D. 产品总成本

9. 采用连环替代法，可以揭示（　　）。

A. 产生差异的因素和各因素的影响程度

B. 产生差异的因素

C. 产生差异的因素和各因素的变动原因

D. 实际数与计划数之间的差异

二、多项选择题

1. 商品产品成本表可以反映可比产品与不可比产品的（　　）。

A. 实际产量　　B. 单位成本

C. 本月总成本　　D. 本年累计总成本

2. 工业企业编制的成本报表有（　　）。

A. 商品产品成本表　　B. 主要产品单位成本表

C. 制造费用明细表　　D. 成本计算单

3. 生产多品种的情况下，影响可比产品成本降低额的因素有（　　）。

A. 产品产量　　B. 产品单位成本

C. 产品价格　　　　　　　　　　　　　　D. 产品品种结构

4. 影响可比产品降低率变动的因素可能有（　　）。

A. 产品产量　　　　　　　　　　　　　　B. 产品单位成本

C. 产品价格　　　　　　　　　　　　　　D. 产品品种结构

5. 成本报表分析常用的方法有（　　）。

A. 对比分析法　　　　　　　　　　　　　B. 比例分析法

C. 因素分析法　　　　　　　　　　　　　D. 趋势分析法

6. 在采用因素分析法进行成本分析时，确定各因素替代顺序时，下列说法正确的有（　　）。

A. 先替代数量指标，后替代质量指标

B. 先替代质量指标，后替代数量指标

C. 先替代实物量指标，后替代价值量指标

D. 先替代主要指标，后替代次要指标

7. 在进行可比产品成本降低任务完成情况分析时，对于产品单位成本的变动，下列说法正确的有（　　）。

A. 产品单位成本的变动影响成本降低额

B. 产品单位成本的变动影响成本降低率

C. 产品单位成本的变动不影响成本降低额

D. 产品单位成本的变动不影响成本降低率

8. 在计算可比产品成本计划降低额时，需要计算的指标有（　　）。

A. 实际产量按上年实际单位成本计算的总成本

B. 实际产量按本年实际单位成本计算的总成本

C. 计划产量按上年实际单位成本计算的总成本

D. 计划产量按本年计划单位成本计算的总成本

三、判断题

1. 商品产品成本表是反映企业在报告期内生产的全部商品产品的总成本的报表。（　　）

2. 企业编制的成本报表一般不对外公布，所以，成本报表的种类、项目和编制方法可由企业自行确定。（　　）

3. 企业编制的所有成本报表中，“商品产品成本表”是最主要的报表。（　　）

4. 在分析某个指标时，将与该指标相关但又不同的指标加以对比，分析其相互关系的方法称为对比分析法。（　　）

5. 采用因素分析法进行成本分析时，各因素变动对经济指标影响程度的数额相加，应与该项经济指标实际数与基数的差额相等。（　　）

6. 在进行全部商品产品成本分析时，需要计算成本降低率，该项指标是用成本降低额除以实际产量的实际总成本计算的。（　　）

7. 在进行可比产品成本降低任务完成情况的分析时，由于产品产量因素的变动，

只影响成本降低额，不影响成本降低率。（ ）

8. 可比产品成本实际降低额是用实际产量的按上年实际单位成本计算的总成本与实际产量按本年实际单位成本计算的总成本计算的。（ ）

9. 不可比产品是指上年没有正式生产过，没有上年成本资料的产品。（ ）

10. 本年累计实际产量与本年计划单位成本之积，称为按本年实际产量计算的本年累计总成本。（ ）

四、实训题

（一）某企业有关产量、单位成本和总成本的资料如下：

产品名称		实际产量		单位成本		总成本	
		本月	本年累计	上年实际平均数	本年计划	本月实际	本年累计数
可比产品	A 产品	100	900	800	780	75 000	684 000
	B 产品	30	500	500	480	13 500	235 000
	C 产品	80	1 100	700	710	55 200	748 000
不可比产品	D 产品	300	3 200		1 150	375 000	3 520 000
	E 产品	600	7 800		1 480	894 000	11 076 000

要求：根据上述资料，编制"商品产品成本表"。

（二）某企业本年度各种产品计划成本和实际成本资料如下：

成本对比分析表

项目	本年计划成本	本年实际成本	成本差异额	成本差异率
A 产品	1 000 000	980 000		
B 产品	2 500 000	2 600 000		
C 产品	3 800 000	4 000 000		
合计				

要求：根据上述资料，采用对比分析法，分析各种产品的成本差异额和成本差异率并将计算结果填入上表中。

（三）某企业生产的 A 产品，本月份产量及其他有关材料费用的资料如下：

产量及其他有关资料

项目	计划数	实际数
产品产量（件）	200	220
单位产品材料消耗量（千克）	30	28

（续表）

项目	计划数	实际数
材料单价	500	480
材料费用		

要求：根据上述资料，采用因素分析法分析各种因素变动对材料费用的影响程度。

（四）某企业本年度生产五种产品，有关产品产量及单位成本资料如下：

产量及单位成本资料

产品类别		实际产量（件）	计划单位成本（元）	实际单位成本（元）
可比产品	A 产品	200	150	162
	B 产品	300	200	180
	C 产品	800	1 200	1 150
不可比产品	D 产品	260	380	400
	E 产品	400	760	750

要求：根据上述资料，按产品品别计算企业全部商品产品成本计划的完成情况，并将计算结果填入下表中。

全部商品产品成本计划完成情况分析表

产品名称		总成本		差异	
		按计划计算	按实际计算	降低额（元）	降低率（%）
可比产品	A 产品				
	B 产品				
	C 产品				
	小计				
不可比产品	D 产品				
	E 产品				
	小计				
合计					

（五）某企业本年度生产A、B、C、D四种产品，有关资料如下：

产量及单位成本资料

产品名称	产量（件）		单位成本（元）		
	计划	实际	上年实际	本年计划	本年实际
A产品	2 000	2 300	1 000	980	990
B产品	1 000	900	1 500	1 600	1 480
C产品	5 600	6 000	3 000	2 900	2 800
D产品	7 000	6 900	5 900	5 800	5 500

要求：根据上述资料对可比产品成本降低任务完成情况进行分析，并将计算结果填入下表中：

可比产品成本计划降低任务

可比产品	计划产量	单位成本		总成本		降低任务	
		上年	计划	上年	计划	降低额	降低率
A产品							
B产品							
C产品							
D产品							
合计							

可比产品成本实际完成情况

可比产品	实际产量	单位成本			总成本			降低任务	
		上年	计划	实际	上年	计划	实际	降低额	降低率
A产品									
B产品									
C产品									
D产品									
合计									

可比产品成本降低任务完成情况分析

影响因素				计算方法	
顺序	产量	品种构成	单位成本	降低额	降低率
(1)	计划	计划	计划		

（续表）

影响因素				计算方法	
（2）	实际	计划	计划		
（3）	实际	实际	计划		
（4）	实际	实际	实际		
各因素的影响： 产量因素的影响 品种构成因素的影响 单位成本构成因素的影响 合计					

第七章 成本控制

学习目标

【知识目标】通过本章的学习，要求了解企业成本控制是企业根据一定时期预先建立的成本管理目标，由成本控制主体在其职权范围内，在生产耗费发生以前和成本控制过程中，对各种影响成本的因素和条件采取的一系列预防和调节措施，以保证成本管理目标实现的管理行为。通过本章的学习，应了解成本控制是致力于满足顾客、最高管理者、相关方以及法律法规等对成本的要求。

【技能目标】通过本章的学习，能运用标准成本法、ABC 作业成本法等进行成本控制。

案例导入

“我们不能控制售价，但我们可以控制我们的制造成本，控制我们的效率。”

位于芝加哥的西屋空气制动器公司传送带速度的变化反映了顾客需求的变化，需求下降，速度变慢，反之亦然。根据专家建议，公司实施奖金计划。要求员工以固定的时间间隔将产成品送上传送带。只要当天按规定完成这项任务，工人就可以得到 1.5 美元/小时的奖金（收入提高了 12.5%）。这有效地激励了工人，使该公司的生产力比上年提高了 10 倍。这是一个双赢的措施。

第一节 成本控制概述

一、成本控制的概念

成本控制，就是以降低成本为目的，以成本计划和定额标准为目标，对实际成本与标准成本之间的差异进行分析，并随机对偏离标准成本的差异进行调整或采取措施来纠正偏差的管理活动。

二、成本控制系统的组成

一个企业的成本控制系统包括组织系统、信息系统、考核制度和奖励制度等内容。

（一）组织系统

组织是指人们为了一个共同目标而从事活动的一种方式。在企业组织中，通常将目标划分为几个子目标，并分别指定一个下级单位负责完成。每个子目标可再划分为更小的目标，并指定更下一级的部门去完成。一个企业的组织机构可以用管理等级和平均控制跨度来描述。管理等级是最高级的单位和最低级单位之间的等级；控制跨度是指一个单位所属下级的数目。一个企业的组织机构还可以用各级管理等级之间权力集中和分散的程度来描述。在一个高度集中的组织机构中，权力集中于较高级别的管理层次，低级管理人员只拥有很少的决策权。

（二）信息系统

成本控制系统的另一个组成部分是信息系统，也就是责任会计系统。责任会计系统是企业会计系统的一部分，负责计量、传送和报告成本控制使用的信息。

责任会计系统主要包括编制责任预算，核算预算的执行情况，分析、评价和报告业绩三个部分。

（三）考核制度

考核制度是控制系统发挥作用的重要因素。

（四）奖励制度

奖励制度是维持控制系统长期有效运行的重要因素。人的工作努力程度受业绩评价和奖励办法的影响。经理人员往往把注意力集中到与业绩评价有关的工作上，尤其是业绩中能够影响奖励的部分上。因此，奖励可以激励人们努力工作。奖励有货币奖励和非货币奖励两种形式，如提升、加薪、表扬、奖金等。惩罚也会影响工作努力程度，惩罚是一种负奖励。

三、成本控制的作用

成本控制的作用主要有：是及时准确地获取成本管理信息的首要途径；是成本计划得以实现的保证；是发现差异及其原因的重要手段；可以保证成本计划数字的准确性；可以对人力、财力、物力消耗进行有效监督。

四、成本控制的方法

（一）事前控制的方法

所谓事前控制，主要是指在产品投产以前，对产品的设计成本、新产品的试制成本以及新材料、新工艺的成本所进行的成本控制。事前控制的方法主要包括：同类产品成本对比法和价值工程法。

价值＝功能/成本

企业要想提高产品价值（成本的效益），有以下五种选择，如表7.1所示。

表 7.1　功能、成本关系表

	功能	成本
价值提高	不变	降低
	提高	不变
	提高	降低
	提高大	提高小
	降低小	降低大

（二）事中控制的方法

所谓事中控制，就是在产品成本形成的过程中，根据各种事先确定了的定额、标准、预算等对成本进行控制。它主要包括：制度控制、目标控制和预算控制。

（三）事后控制的方法

所谓事后控制，就是在成本形成后，通过对比分析找出差异以及产生差异的原因，总结经验教训，为今后的成本控制工作找到新的突破点。

（四）建立标准成本系统

所谓标准成本系统，是指制定标准成本，引导大家遵守标准成本的要求、计算并分析实际成本与标准成本的差异、提出改进措施的成本管理制度。

（五）质量成本控制

所谓质量成本，是指为保证产品符合一定质量要求所发生的一切损失和费用。一般包括两大部分：由于产品质量未达标而造成的损失；为保证和提高产品质量而发生的一切费用。

第二节　标准成本法

标准成本制度是在泰罗的科学管理制度的影响下于20世纪初在美国产生的，随着该制度内容的不断发展和完善，逐渐被西方国家的企业广为采用，并成为企业日常成本管理中应用最为普遍和有效的一种成本控制制度。标准成本制度是针对实际成本计算系统不能提供成本控制确切信息的缺点而研究出来的一种成本控制制度。该制度是工业经济发展的产物，是支撑基于物质资本逻辑的工业经济发展的主要管理制度之一。

一、标准成本法概述

（一）标准成本法的含义

标准成本法亦称为标准成本制度，是根据健全的生产、工程、技术测定等科学方法制定的，以标准成本为基础，将实际发生的成本与标准成本进行比较，揭示和分析成本差异，并对成本差异进行账务处理的一种成本控制法。标准成本法是成本中心业绩评价的基础。

在标准成本中，基本上排除了不应该发生的“浪费”，因此被认为是一种“应该成本”。标准成本和估计成本同属于预计成本，但后者不具有衡量工作效率的尺度性，主要体现可能性，供确定产品销售价格使用。标准成本要体现企业的目标和要求，主要用于衡量产品制造过程的工作效率和控制成本，也可用于存货和销货成本计价。

（二）标准成本法的内容

标准成本法的主要内容包括：标准成本的制定、成本差异的计算和分析、成本差异的账务处理。其中标准成本的制定是采用标准成本法的前提和关键，据此可以达到成本事前控制的目的；成本差异计算和分析是标准成本法的重点，借此可以促成成本控制目标的实现，并据以进行经济业绩考评。

产品成本一般由直接材料、直接人工和制造费用三大部分构成，标准成本也应由这三大部分分别确定。

（1）直接材料成本是指直接用于产品生产的材料成本，它包括标准用量和标准单位成本两方面。材料标准用量，首先要根据产品的图纸等技术文件进行产品研究，列出 所需的各种材料以及可能的代用材料，并要说明这些材料的种类、质量以及库存情况。其次，通过对过去用料经验的记录进行分析，采用其平均值，或最高与最低值的平均数，或最节省的数量，或通过实际测定，或技术分析等数据，科学地制订用量标准。

（2）直接人工成本是指直接用于产品生产的人工成本。在制订产品直接人工成本标准时，首先要对产品生产过程加以研究，研究有哪些工艺，有哪些作业或操作、工序等。其次要对企业的工资支付形式、制度进行研究，以便结合实际情况来制订标准。

（3）制造费用可以分为变动制造费用和固定制造费用两部分。这两部分制造费用都按标准用量和标准分配率的乘积计算，标准用量一般都采用工时表示。

上述标准成本的制订，可以通过编制标准成本单来进行。

在制定时，其中每一个项目的标准成本均应分为用量标准和价格标准。其中，用量标准包括单位产品消耗量、单位产品人工小时等；价格标准包括原材料单价、小时工资率、小时制造费用分配率等。具体如下：

直接材料标准成本 = 单位产品的用量标准 × 材料的标准单价

直接工资标准成本 = 单位产品的标准工时 × 小时标准工资率

变动制造费用标准成本 = 单位产品直接人工标准工时 × 每小时变动制造费用的标准分配率

其中：变动制造费用标准分配率 = 变动制造费用预算总数/直接人工标准总工时

固定制造费用标准成本 = 单位产品直接人工标准工时 × 每小时固定制造费用的标准分配率

其中：固定制造费用标准分配率 = 固定制造费用预算总数/直接人工标准总工时。

（三）标准成本法的步骤

标准成本法的步骤如下：

（1）根据健全的生产、工程、技术测定等科学方法制定单位产品标准成本；

（2）根据每种产品的实际产量和单位标准成本计算每种产品的标准成本；

（3）汇总计算每种产品的实际成本；

（4）计算每种产品标准成本与实际成本的差异；

（5）分析每种产品差异产生的原因；

（6）对每种产品的标准成本及其差异进行账务处理。

（四）标准成本法的作用

1. 有利于简化成本核算

在标准成本法下，在产品、产成品和销售成本均按标准成本计价，这样可以减少成本核算的工作量，简化日常会计核算工作。

2. 有利于进行成本控制

成本控制分事前、事中和事后控制三个环节。通过事前的成本控制，可以制定出相应的标准成本，可以事前限制各种消耗和费用的发生；通过事中的成本控制，及时揭示实际成本和标准成本是节约还是超支，采取措施对成本核算工作加以改进，纠正不利差异，达到既定的成本控制目标；通过事后成本分析，总结经验、找出差异，提出改进措施。

3. 有利于对各标准成本中心进行业绩评价

标准成本法将标准成本中心划分为不同的级别，并对各项标准成本指标进行分解，下达到各中心及每个员工，这样能够使人人关心成本核算和成本控制，增强成本意识。

4. 有利于进行经营决策

标准成本能提供及时、一致的成本信息，避免由于实际成本波动而造成价格波动后果的发生。也能满足竞争时市场对定价的要求。

二、标准成本概述

（一）标准成本的含义

标准成本一词准确地讲有两种含义：一种是指"单位产品的标准成本"，又被称为"成本标准"，它是根据产品的标准消耗量和标准单价计算出来的，即

单位产品标准成本 = 单位产品标准消耗量 × 标准单价

另一种含义是指"实际产量的标准成本"，它是根据实际产品产量和成本标准计算出来的，即

标准成本 = 实际产量 × 单位产品标准成本

标准成本是目标成本的一种，目标成本是一种预计成本，是指产品、劳务、工程项目等在生产经营活动前，根据预定的目标所预先制定的成本。这种预计成本与目标管理的方法结合起来，就称为目标成本。目标成本一般指单位成本而言，包括计划成

本、定额成本、标准成本和估计成本等。

（二）标准成本的分类

1. 理想标准成本和正常标准成本

标准成本按其制定所根据的生产技术和经营管理水平，可分为理想标准成本和正常标准成本。

理想标准成本是指在最优的生产条件下，利用现有的规模和设备能够达到的最低成本。制定理想标准成本的依据，是理论上的业绩标准、生产要素的理想价格和可能实现的最高生产经营能力利用水平。这里所说的理论业绩标准，是指在生产过程中毫无技术浪费时生产要素消耗量，最熟练的工人全力以赴工作、不存在废品损失和停工时间等条件下可能实现的最优业绩。这里所说的最高生产经营能力利用水平，是指理论上可能达到的设备利用程度，只扣除不可避免的机器修理、改换品种、调整设备等时间，而不考虑产品销路不佳、生产技术故障等造成的影响。这里所说的理想价格，是指原材料、劳动力等生产要素在计划期间最低的价格水平。因此，这种标准是“工厂的极乐世界”，很难成为现实，即使暂时出现也不可能持久。它的主要用途是提供一个完美无缺的目标，揭示实际成本下降的潜力。因其提出的要求太高，不能作为考核的依据。

正常标准成本是指在效率良好的条件下，根据下期一般应该发生的生产要素消耗量、预计价格和预计生产经营能力利用程度制定出来的标准成本。在制定这种标准成本时，把生产经营活动中一般难以避免的损耗和低效率等情况也计算在内，使之切合下期的实际情况，成为切实可行的控制标准。要达到这种标准不是没有困难，但它们是可能达到的。从具体数量上看，它应大于理想标准成本，但又小于历史平均水平，实施以后实际成本更大的可能是逆差而不是顺差，是要经过努力才能达到的一种标准，因而可以调动职工的积极性。

在标准成本系统中，广泛使用的是正常标准成本。它具有以下特点：它是用科学方法根据客观实验和过去实践经充分研究后制定出来的，具有客观性和科学性；它排除了各种偶然性和意外情况，又保留了目前条件下难以避免的损失，代表正常情况下的消耗水平，具有现实性；它是应该发生的成本，可以作为评价业绩的尺度，成为督促职工去努力争取的目标，具有激励性；它可以在工艺技术水平和管理有效性水平变化不大时持续使用，不需要经常修订，具有稳定性。

2. 现行标准成本和基本标准成本

标准成本按其适用期，可分为现行标准成本和基本标准成本。

现行标准成本是指根据其适用期间应该发生的价格、效率和生产经营能力利用程度等预计的标准成本。在这些决定因素变化时，需要按照改变了的情况加以修订。这种标准成本可以成为评价实际成本的依据，也可以用来对存货和销货成本计价。基本标准成本是指一经制定，只要生产的基本条件无重大变化，就不予变动的一种标准成本。所谓生产的基本条件的重大变化是指产品的物理结构变化、重要原材料和劳动力价格的重要变化、生产技术和工艺的根本变化等。只有这些条件发生变化，基本标准成本才需要修订。由于市场供求变化导致的售价变化、生产经营能力利用程度的变化以及由于工作方法改变而引起的效率变化等，不属于生产的基本条件变化，对此不需要修订基本标准成本。基本标准成本与各期实际成本对比，可反映成本变动的趋势。由于基本标准成本不按各期实际修订，不宜用来直接评价工作效率和成本控制的有效性。

（三）标准成本的一般公式

产品标准成本的制定通常按制造成本法成本项目进行，主要有直接材料、直接人工和制造费用。

制定标准成本，首先应确定直接材料和直接人工标准成本，其次要制定制造费用标准成本，最后确定单位产品的标准成本。

标准成本的计算公式如下：

某一成本项目标准成本 = 该成本项目的用量标准 × 该成本项目的价格标准

单位产品标准成本 = ∑（该成本项目的用量标准 × 某成本项目的价格标准）

= 直接材料标准成本 + 直接人工标准成本 + 制造费用标准成本

具体成本项目的标准成本公式如下：

直接材料标准成本 = 直接材料用量标准 × 直接材料价格标准

直接人工标准成本 = 工时用量标准 × 工资率标准

（其中，工资率标准 = 标准工资总额 ÷ 标准总工时）

变动制造费用标准成本 = 工时标准 × 变动制造费用标准分配率

固定制造费用标准成本 = 工时标准 × 固定制造费用标准分配率

（其中，固定制造费用标准分配率 = 固定制造费用预算总额 ÷ 标准总工时）

三、标准成本的制定

（一）直接材料标准成本的制定

直接材料标准成本由直接材料用量标准和直接材料价格标准两个因素决定。

1. 直接材料用量标准的制定

直接材料用量标准，是指企业在现有生产技术条件下，由产品设计部门、工艺技术部门和使用原材料的员工共同研究后确定的生产单位产品所耗用的各种直接材料的数量，即材料的消耗定额。这一标准包括形成产品实体必不可少的材料消耗量，以及难以避免的各种损失。

2. 直接材料价格标准的制定

直接材料的价格标准，是指以采购合同价格为基础，预计未来的各种变动因素，由会计部门、质量管理部门和采购部门共同协商确定的，取得某种材料所应该支付的单位价格，即标准单价。直接材料价格标准一般包括材料买价、运杂费和正常损耗等成本，是取得材料的完全成本。

3. 直接材料标准成本的计算公式

直接材料标准成本 =Σ（直接材料用量标准 × 直接材料价格标准）

[例 7.1] 某企业生产某产品需用 A、B、C 三种直接材料，其单位产品的直接材料的各种资料和标准成本的计算见表 7.2。

表 7.2　单位直接材料标准成本计算表

项目	A 材料	B 材料	C 材料
用量标准（公斤）	2	3	5
价格标准（元/公斤）	12	10	7
材料成本（元）	24	30	35
标准成本（元）		89	

（二）直接人工标准成本的制定

直接人工的用量标准是单位产品的标准工时。确定单位产品所需的直接生产工人工时，需要按产品的加工工序分别进行，然后加以汇总。标准工时是指在现有生产技术条件下，生产单位产品所需要的时间，包括直接加工操作必不可少的时间，以及必要的间歇和停工，如工间休息、调整设备时间、不可避免的废品耗用工时等。标准工时应以作业研究和工时研究为基础，参考有关统计资料来确定。

直接人工标准成本由人工工时用量标准与直接人工价格标准两个因素决定。

直接人工的价格标准是指标准工资率。它可能是预定的工资率，也可能是正常的工资率。如果采用计件工资制，标准工资率是预定的每件产品支付的工资除以标准工时，或者是预定的小时工资；如果采用月工资制，需要根据月工资总额和可用工时总量来计算标准工资率。

1. 用量标准

直接人工用量标准是正常生产产品所需要的直接人工小时数。

2. 价格标准

直接人工的价格标准是按现行的工资福利标准确定的每一单位工作时间的工资率。

计时工资标准 = 预计支付直接人工工资总额 ÷ 标准总工时

3. 标准成本

直接人工标准成本 =Σ（直接人工用量标准 × 直接人工价格标准）

[例 7.2] 某企业生产某产品需由甲、乙两个车间连续加工，有关资料和单位直接人工标准成本的计算见表 7.3。

表 7.3　单位直接人工标准成本计算表　　单位：元

项目	甲车间	乙车间
直接生产工人人数	30	50
每月标准工时数	164	164

（续表）

项目	甲车间	乙车间
出勤率	98%	98%
每人每月工时时数	161	161
月标准总工时时数	4 830	8 050
月标准工资总额	53 130	96 600
小时工资率	11	12
单位产品标准工时数	0.5	0.6
单位产品车间标准成本	5.5	7.2
单位产品直接人工标准成本	12.7	

（三）制造费用标准成本的制定

制造费用的标准成本又称制造费用预算，需要按照部门分别编制，由制造费用的用量标准和制造费用的价格标准两个因素决定。并且应分固定制造费用和变动制造费用分别编制，其中变动制造费用一般应按不同的生产量来计算，以适应数量的变动。

1. 变动制造费用标准成本的制定

变动制造费用的用量标准通常采用单位产品直接人工工时标准，这一标准应该与变动制造费用保持良好的线性关系。

变动制造费用的价格标准即标准分配率，是根据变动制造费用的预算和直接人工总工时计算出来的，其计算公式如下：

单位工时变动费用分配率标准 = 变动费用预算总额 ÷ 标准总工时

单位产品变动制造费用标准成本 = Σ（单位工时变动费用分配率标准 × 标准工时）

2. 固定制造费用标准成本的制定

在变动成本法下，固定制造费用属于期间成本，因此不计入产品成本。变动成本法下的固定制造费用不存在标准分配率问题，固定制造费用的控制通过预算管理来进行。其计算公式如下：

单位工时固定费用分配率标准 = 固定费用预算总额 ÷ 标准总工时

单位产品固定制造费用标准成本 = Σ（单位工时固定费用分配率标准 × 标准工时）

3. 制造费用标准成本

单位产品制造费用标准成本 = 单位产品变动制造费用标准成本 + 单位产品固定制造费用标准成本

［例 7.3］某企业生产某产品需要经过甲、乙两个车间连续加工。甲车间月工时为 4 830 工时，乙车间月工时为 8 050 工时，其他制造费用资料和单位产品制造费用标准成本的计算见表 7.4。

表 7.4　单位产品制造费用标准成本计算　　单位：元

项目	甲车间	乙车间
月标准工时总额	4 830	8 050
单位产品标准工时	0.5	0.6
变动制造费用合计	40 572	68 425
单位工时变动制造费用分配率	8.4	8.5
变动制造费用车间标准成本	4.2	5.1
单位产品变动制造费用标准成本	9.3	
固定制造费用合计	57 960	108 675
单位工时固定制造费用分配率	12	13.5
固定制造费用车间标准成本	6	8.1
单位产品固定制造费用标准成本	14.1	
单位产品制造费用标准成本	9.3 + 14.1 = 23.4	

（四）标准成本单

为了便于标准成本核算，通常应该为每一产品设置一张标准成本计算单。标准成本单（标准成本卡），就是将各项标准成本，分别按其用量标准和价格标准汇总编制的单位产品标准成本表。如上述各例，我们可以编制标准成本单，如表 7.5 所示。

表 7.5　标准成本单　　单位：元

项目	用量标准	价格标准	标准成本
直接材料：A	2 公斤	12 元/公斤	24
B	3 公斤	10 元/公斤	30
C	5 公斤	7 元/公斤	35
小计	—	—	89
直接人工：甲车间	0.5 小时	11 元/小时	5.5
乙车间	0.6 小时	12 元/小时	7.2
小计	—	—	12.7
变动制造费用：甲车间	0.5 小时	8.4 元/小时	4.2
乙车间	0.6 小时	8.5 元/小时	5.1
小计	—	—	9.3
固定制造费用：甲车间	0.5 小时	12 元/小时	6
乙车间	0.6 小时	13.5 元/小时	8.1
小 计	—	—	14.1
单位产品标准成本	125.1		

第三节 成本差异的计算

标准成本是一种目标成本，由于种种原因，产品的实际成本会与目标不符。实际成本与标准成本之间的差额，称为标准成本的差异，或称为成本差异。成本差异是反映实际成本脱离预定目标程度的信息。为了消除这种偏差，要对产生的成本差异进行分析，找出原因和对策，以便采取措施加以纠正。

一、成本差异的概念及分类

所谓成本差异，是指实际产品成本脱离标准成本的差异额。

（一）按成本差异产生的原因或形成的过程不同进行分类

直接材料、直接人工和变动制造费用都属于变动成本，其成本差异分析的基本方法相同。由于它们的实际成本高低取决于实际用量和实际价格，标准成本的高低取决于标准用量和标准价格，所以其成本差异可以归结为实际用量脱离标准造成的用量差异与实际价格脱离标准造成的价格差异两类。

1. 用量差异

用量差异是反映由于直接材料、直接人工和变动性制造费用等要素实际用量消耗与标准用量消耗不一致而产生的成本差异。其计算公式如下：

用量差异 = 标准价格 ×（实际用量 - 标准用量）

2. 价格差异

价格差异是反映由于直接材料、直接人工和变动性制造费用等要素实际价格水平与标准价格水平不一致而产生的成本差异。其计算公式为：

价格差异 =（实际价格 - 标准价格）× 实际用量

（二）根据成本差异的结果进行分类

成本差异根据成本差异的结果进行分类，可分为有利差异与不利差异。

1. 有利差异

有利差异是指因实际成本低于标准成本而形成的节约差。

2. 不利差异

不利差异则指因实际成本高于标准成本而形成的超支差。

但这里的有利与不利是相对的，并不是有利差异越大越好。例如，不能为了盲目追求成本的有利差异，而不惜以牺牲质量为代价。

（三）根据企业对成本差异的能动性分类

成本差异根据企业对成本差异的能动性分类，可分为可控差异与不可控差异。

1. 可控差异

可控差异是指与主观努力程度相联系而形成的差异，又叫主观差异。它是成本控制的重点所在。

2. 不可控差异

不可控差异是指与主观努力程度关系不大，主要受客观原因影响而形成的差异，又叫客观差异。

二、标准成本差异的性质

在计算标准成本差异时，一般分为直接材料成本差异、直接工资差异和制造费用差异三个方面。

标准成本差异本公式如下：

标准成本差异 = 产品的实际成本 - 产品的标准成本

上式中：

实际成本 = 实际数量 × 实际价格

实际数量 = 标准数量 + 数量差异

实际价格 = 标准价格 + 价格差异

则实际成本 = （标准数量 + 数量差异）×（标准价格 + 价格差异）

标准成本 = 标准数量 × 标准价格

标准成本差异 = （标准数量 + 数量差异）×（标准价格 + 价格差异）-（标准数量 × 标准价格）

上式经过整理，结果如下：

标准成本差异 = 标准价格 × 数量差异 + 标准数量 × 价格差异 + 数量差异 × 价格差异

上述计算公式可以用图表示，见图 7.1。

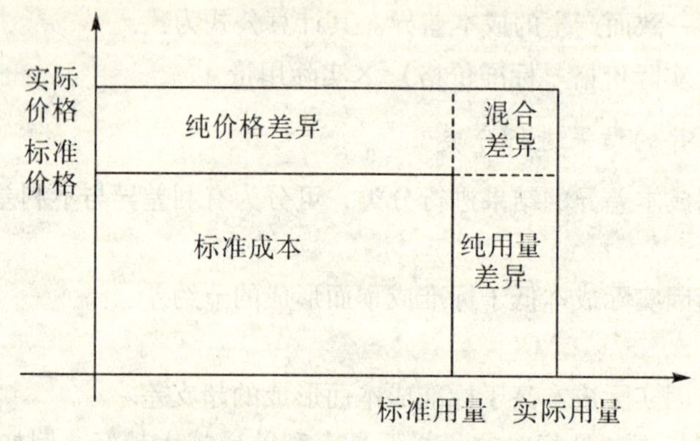

图 7.1 标准成本差异计算图示

进一步，则标准成本差异的计算公式如下：

标准成本差异 = 标准价格 ×（实际数量 - 标准数量）+ 实际数量 ×（实际价格 - 标准价格）

三、标准成本的差异计算

(一) 变动成本差异计算

直接材料实际成本与标准成本之间的差额，是直接材料成本差异。其计算公式如下：

直接材料成本差异 = 直接材料实际成本 - 直接材料标准成本

上式中的直接材料标准成本可按下式计算：

直接材料的标准成本 = 单位产品直接材料标准成本 × 产品实际产量

在进行材料成本差异分析时，可采用两因素分析法和三因素分析法。

1. 两因素分析法

两因素分析法是将直接材料标准成本差异分为材料价格差异和材料数量差异两个因素进行分析的。

该项差异形成的基本原因有两个：一个是材料价格脱离标准（价差），另一个是材料用量脱离标准（量差）。这两个因素对差异影响程度可按下式计算：

材料价格差异 = 实际数量 ×（实际价格 - 标准价格）

材料数量差异 =（实际数量 - 标准数量）× 标准价格

直接材料成本差异 = 价格差异 + 数量差异

材料价格差异是在采购过程中形成的，采购部门未能按标准价格进货的原因主要有：供应厂家价格变动、未按经济采购批量进货、未能及时订货造成的紧急订货、采购时舍近求远使运费和途耗增加、不必要的快速运输方式、违反合同被罚款、承接紧急订货造成额外采购等。

材料数量差异是在材料耗用过程中形成的，形成的具体原因有：操作疏忽造成废品和废料增加、工人用料不精心、操作技术改进而节省材料、新工人上岗造成多用料、机器或工具不适用造成用料增加等。有时多用料并非生产部门的责任，如购入材料质量低劣、规格不符也会使用料超过标准；又如加工工艺变更、检验过严也会使数量差异加大。

2. 三因素分析法

在某些加工工业中，如纺织、化学、钢铁以及橡胶制品企业，各种原材料是根据生产工艺要求，按一定比例结合在一起投入生产使用的，由于不同原材料的价格不同，如果实际配料结构与标准配料结构发生差异，对直接材料成本就会产生影响，这样就产生了直接材料组合差异，也称材料混合差异或材料结构差异。这时，影响直接材料成本差异的因素除了数量差异和价格差异外，还应包括组合差异。

在采用三因素分析法时，首先须计算标准结构的平均标准单价、实际结构的平均标准单价和实际结构的实际平均单价三个指标。其计算公式如下：

标准结构的平均标准单价 = Σ（各种材料标准耗用量 × 标准单价）÷ 各种材料标准耗用量之和

实际结构的平均标准单价 = Σ（各种材料实际耗用量 × 标准单价）÷ 各种材料标

准耗用量之和

实际结构的实际平均单价 = ∑（各种材料实际耗用量 ×实际单价） ÷各种材料实际耗用量之和

现举例说明三因素分析法的计算：

［例 7.4］假定某企业生产 A 产品，实际产量为 2 000 件，每单位产品标准配方见表 7.6。

表 7.6 单位产品标准配方表 金额单位：元

材料名称	单价	混合用量标准（公斤）	标准成本
甲材料	21	5	105
乙材料	15	9	135
丙材料	30	10	300
合计	—	24	540

A 产品耗用各种材料的实际成本资料如表 7.7 所示。

表 7.7 材料实际耗用情况表 金额单位：元

材料名称	实际单价	实际耗用量（公斤）	金额
甲材料	25	10 000	250 000
乙材料	14	16 000	224 000
丙材料	30. 25	24 000	726 000
合计	—	50 000	1 200 000

根据上述资料计算的指标如下：

标准结构的平均标准单价 = （21 ×5 + 15 ×9 + 30 ×10） ÷24 = 22. 50 元

实际结构的平均标准单价 = （10 000 ×21 + 16 000 ×15 + 24 000 ×30） ÷50 000
= 23. 4 元

实际结构的平均实际单价 = （10 000 ×25 + 16 000 ×14 + 24 000 ×30. 25） ÷
50 000 = 24 元

根据上述进行材料成本差异的三因素分析如下：

分析对象：直接材料标准成本差异 = 1 200 000 − 540 ×2 000 = 120 000 元

（1）产出差异

材料产出差异是指一定数量的投入材料经加工制造后，所生产出实际产量与应得标准产量的不同而引起的直接材料成本差异，其计算公式为：

产出差异 = （材料实际耗用量 − 材料标准耗用量）×标准结构的平均标准单价
= （50 000 − 24 ×2 000）×22. 5 = 45 000 元

（2）组合差异

组合差异是指各种材料实际配比与材料的标准配比之间的差异，确定组合差异对材料成本影响的计算公式如下：

组合差异＝材料实际耗用总量×（实际结构的平均标准单价－标准结构的平均标准单价）

＝50 000 ×（23.4－22.5）＝45 000元

（3）价格差异

价格差异是指材料的实际成本与标准成本之间的差异，其计算公式如下：

价格差异＝材料实际总耗用量 ×（实际结构的平均实际单价－实际结构的平均标准单价）

＝50 000 ×（24－23.4）＝30 000元

直接材料标准成本差异＝45 000＋45 000＋30 000＝120 000元

（二）直接工资标准成本差异的计算

直接工资标准成本差异是指直接人工实际成本与标准成本之间的差额，其计算公式如下：

直接工资标准成本差异＝实际直接工资－标准直接工资

上式中的标准直接工资按下式计算：

标准直接工资＝单位产品直接标准工资 ×实际产量

1. 两因素分析法

两因素分析法是指将直接标准工资差异分为工资率差异和人工效率差异两部分进行分析计算，它也被区分为“价差”和“量差”两部分。价差是指实际工资率脱离标准工资率，其差额按实际工时计算确定的金额，又称为工资率差异。量差是指实际工时脱离标准工时，其差额按标准工资率计算确定的金额，又称人工效率差异。有关计算公式如下：

工资率差异＝实际工时×（实际工资率－标准工资率）

人工效率差异＝（实际工时－标准工时）×标准工资率

直接人工成本差异＝ 工资率差异＋人工效率差异

工资率差异形成的原因，包括直接生产工人升级或降级使用、奖励制度未产生实效、工资率调整、加班或使用临时工、出勤率变化等。直接人工效率差异形成的原因包括工作环境不良、工人经验不足、劳动情绪不佳、新工人上岗太多、机器或工具选用不当、设备故障较多、作业计划安排不当、产量太少无法发挥批量节约优势等。

2. 三因素分析法

采用三因素分析法，即在两因素分析的基础上加入组合差异。人工组合差异，是由于在工业企业中，一种产品的生产往往需要几种不同等级的工人来完成，而不同等级的工人的小时工资率是不同的。如果在标准总工时和实际总工时内，不同等级工人完成的工时所占比重发生变动，也会产生差异，这种差异和前面所讲材料混合差异一样。为分析差异原因、明确责任，也需要计算“人工组合差异”。

在采用三因素分析法时，首先须计算以下补充指标，其计算公式如下：

标准组合的平均标准工资率 = ∑（各等级工人标准工时 ×标准工资率）÷各等级工人标准工时之和

实际组合的平均标准工资率 = ∑（各等级工人实际工时 ×标准工资率）÷各等级工人实际工时之和

实际组合的平均实际工资率 = ∑（各等级工人实际工时 ×实际工资率）÷各等级工人实际工时之和

现举例说明三因素分析法的计算：

［例 7.5］假设某企业生产 A 产品，实际产量为 2 000 件，直接工资成本资料如表 7.8 所示。

表 7.8　直接工资标准成本表

工人级别	小时工资率	工时（小时）	金额（元）
一级	11.2	200	2 240
二级	10	220	2 200
三级	9	240	2 160
合计	—	660	6 600

直接工资实际成本资料见表 7.9。

表 7.9　直接工资实际成本表

工人级别	小时工资率	工时（小时）	金额（元）
一级	11	210	2 310
二级	9.95	200	1 990
三级	8	270	2 160
合计	—	680	6 460

根据上述资料计算的有关指标如下：

标准组合的平均标准工资率 = 6 600 ÷ 660 = 10 元

实际组合的平均标准工资率 = （210 ×11.2 + 200 ×10 + 270 ×9）÷ 680 = 9.97 元

实际组合的平均实际工资率 = 6 460 ÷ 680 = 9.50 元

根据上述进行标准直接工资成本差异的三因素分析如下：

分析对象：直接工资标准成本差异 = 6 460 − 6 600 = −140 元

（1）人工效率差异

人工效率差异 = （实际工时 − 标准工时）× 标准组合的平均标准工资率

= （680 − 660）×10 = 200 元

（2）人工组合差异

人工组合差异 = 实际工时 ×（实际组合的平均标准工资率 － 标准组合的平均标准工资率）

= 680 ×（9.97 − 10）= － 20.4 元

（3）人工工资率差异

人工工资率差异 = 实际工时 ×（实际组合的平均实际工资率 － 实际组合的平均标准工资率）

= 680 ×（9.5 − 9.97）= － 319 元

直接工资标准成本差异 = 200 +（－ 20.4）+（－ 319）= − 140 元

（三）制造费用标准成本差异的计算

制造费用标准成本差异是指制造费用实际成本与标准成本之间的差异额，制造费用标准成本差异的分析可采用如下几种方式：

1. 按全部制造费用进行分析

按全部制造费用进行分析是指对制造费用不进行分类，而按其总额进行两因素分析。这时的制造费用差异，是指实际产量的标准费用同其实际费用相比的差额。其计算公式如下：

制造费用差异 = 实际制造费用 −（实际产量的标准工时 × 制造费用预算分配率）

以上费用差异可以分解为效率差异和每小时费用分配率（耗费差异）。

效率差异 =（实际工时 − 标准工时）× 制造费用预算分配率

分配率（耗费）差异 =（制造费用实际分配率 － 制造费用预算分配率）× 实际工时

= 实际制造费用 － 制造费用预算分配率 × 实际工时

2. 将制造费用分为变动制造费用和固定制造费用进行分析

制造费用可分为变动制造费用和固定制造费用两部分，所以制造费用标准成本差异的分析可分为变动制造费用差异和固定制造费用差异两部分。

（1）变动制造费用的差异

变动制造费用标准成本差异 = 变动制造费用的实际成本 − 变动制造费用的标准成本

上式中变动制造费用标准成本按下式计算：

变动制造费用标准成本 = 单位产品变动制造费用的标准成本 × 实际产量

两因素分析法

变动制造费用的差异，是指实际变动制造费用与标准变动制造费用之间的差额。它也可以分解为“价差”和“量差”两部分，价差是指变动制造费用的实际小时分配率脱离标准，按实际工时计算的金额，称为耗费差异。量差是指实际工时脱离标准工时，按标准的小时费用率计算确定的金额，称为变动费用效率差异。有关计算公式如下：

变动费用耗费差异＝实际工时×（变动费用实际分配率－变动费用标准分配率）

变动费用效率差异＝（实际工时－标准工时）×变动费用标准分配率

变动费用标准成本差异＝变动费用耗费差异＋变动费用效率差异

变动制造费用的耗费差异是部门经理的责任，他们有责任将变动费用控制在弹性预算限额之内。

变动制造费用效率差异形成原因与人工效率差异相同。

（2）固定制造费用成本差异分析

①二因素分析法

所谓两因素分析法，就是把固定制造费用差异分为固定制造费用开支差异和能力差异。

固定制造费用开支差异＝实际固定制造费用－计划固定制造费用

＝实际固定制造费用－计划产量×工时标准×标准费用分配率

＝实际固定制造费用－计划产量标准工时×标准费用分配率

固定制造费用能力差异＝（计划产量标准工时－实际产量标准工时）×标准费用分配率

②三因素分析法

三因素分析法是将固定制造费用的成本差异分为耗费差异、效率差异和闲置能量差异三部分。耗费差异的计算与二因素分析法相同。不同的是将二因素分析法中的"能量差异"进一步分解为两部分：一部分是实际工时未达到标准能量而形成的闲置能量差异；另一部分是实际工时脱离标准工时而形成的效率差异。有关计算公式如下：

耗费差异＝固定制造费用实际数－固定制造费用预算数

＝固定制造费用实际数－固定制造费用标准分配率×生产能量

闲置能量差异＝固定制造费用预算－实际工时×固定制造费用标准分配率

＝（生产能量－实际工时）×固定制造费用标准分配率

效率差异＝（实际工时－实际产量标准工时）×固定制造费用标准分配率

［例7.6］假设某企业本月份有关制造费用的资料如表7.10所示。

表7.10　有关制造费用的资料表

项目	制造费用				工时（小时）		
	变动		固定				
	实际	预算	实际	预算	实际	标准	预算
	180 000	170 000	247 500	240 000	22 500	20 000	30 000

根据上述资料，进行制造费用差异分析的结果如下：

变动制造费用差异的分析

变动制造费用的实际分配率＝180 000÷22 500＝8

变动制造费用的预算分配率＝170 000÷30 000＝5.67

变动制造费用差异 = 180 000 - 20 000 × 5.67 = 66 600

其中，

变动制造费用的效率差异 = （22 500 - 20 000）× 5.67 = 14 175

变动制造费用耗费差异 = （8 - 5.67）× 22 500 = 52 425

固定制造费用差异的分析

固定制造费用的实际分配率 = 247 500 ÷ 22 500 = 11

固定制造费用的预算分配率 = 240 000 ÷ 30 000 = 8

固定制造费用差异 = 247 500 - 20 000 × 8 = 87 500

其中，

耗费差异 = 247 500 - 240 000 = 7 500

闲置能量差异 = （30 000 - 22 500）× 8 = 60 000

效率差异 = （22 500 - 20 000）× 8 = 20 000

四、标准成本的账务处理

为了同时提供标准成本、成本差异和实际成本三项成本资料，标准成本系统的账务处理具有以下特点：

（一）“原材料”、“生产成本”和“库存商品”账户登记标准成本

无论是借方和贷方均登记实际数量的标准成本，其余额亦反映这些资产的标准成本。

（二）设置成本差异账户分别记录各种成本差异

在需要登记“原材料”、“生产成本”和“库存商品”账户时，应将实际成本分离为标准成本和有关的成本差异，标准成本数据记录“原材料”“生产成本”和“库存商品”账户，而有关的差异分别记入各成本差异账户。各差异账户借方登记“超支差异”，贷方登记“节约差异”。

（三）各会计期末对成本差异进行处理

各成本差异账户的累计发生额，反映了本期成本控制的业绩。在月末（或年末）对成本差异的处理方法有两种：

1. 结转本期损益法

按照这种方法，在会计期末将所有差异转入“本年利润”账户，或者先将差异转入“主营业务成本”账户，再随同已销产品的标准成本一起转至“本年利润”账户。采用这种方法的依据是确信标准成本是真正的正常成本，成本差异是因不正常的低效率和浪费造成的，应当直接体现在本期损益之中，使利润能体现本期工作成绩的好坏，且这种方法的账务处理比较简便。但是如果差异数额较大或者标准成本的制订不符合实际的正常水平，则不仅使存货成本严重脱离实际成本，而且会歪曲本期经营成果，因此，在成本差异数额不大时采用此种方法为宜。

2. 调整销货成本与存货法

按照这种方法，在会计期末将成本差异按比例分配至已销产品成本和存货成本中。

采用这种方法的依据是税法和会计制度均要求以实际成本反映存货成本和销货成本。本期发生的成本差异应由存货和销货成本共同负担。当然这种做法会增加一些计算分配的工作量。此外有些费用计入存货成本不一定合理，例如闲置能量差异是一种损失并不能在未来换取收益，作为资产计入存货成本明显不合理，不如作为期间费用在当期参加损益汇总。

成本差异的处理方法的选择要考虑许多因素，包括差异的类型（材料、人工或制造费用）、差异的大小、差异的原因和差异的时间（如季节性变动引起的非常性差异）等。因此，可以对各种成本差异采用不同的处理方法，如材料价格差异多采用调整销货成本与存货法，闲置能量差异多采用结转本期损益法，其他差异则可因企业具体情况而定。值得强调的是，差异处理的方法要保持历史的一致性，以便使成本数据保持可比性，并防止信息使用人产生误解。

五、标准成本的用途

（一）作为成本控制的依据

成本控制的标准有两类：一类是以历史上曾经达到的水平为依据；另一类是以应该发生的成本为依据，如各种标准成本。

（二）代替实际成本作为存货计价的依据

由于标准成本中已去除了各种不合理因素，以它为依据，进行材料在产品和产成品的计价，可使存货计价建立在更加健全的基础之上。而以实际成本计价，往往同样实物形态的存货有不同的计价标准，不能反映其真实的价值。

（三）作为经营决策的成本信息

由于标准成本代表了成本要素的合理近似值，因而可以作为定价依据，并可作为本量利分析的原始数据资料，以及估算产品未来成本的依据。

（四）作为登记账簿的计价标准

使用标准成本来记录材料，在产品和销售账户可以简化日常的账务处理和报表的编制工作。在标准成本系统中，上述账户按标准成本入账，使账务处理及时、简单，减少了许多费用的分配计算。

六、标准成本法计算的举例

某公司本月生产甲产品 200 件，全部完工，且全部出售，每件售价 500 元。“基本生产成本”和“库存商品”账户期初均无余额，本月有关资料如下：

1. 甲产品耗用 A 材料，标准耗用量为 10 千克/件，标准价格为 5 元/千克，实际耗用量为 2 100 千克，实际价格为 4 元/千克。

2. 实际耗用工时 3 000 小时，实际工资总额 42 000 元，标准工资率 10 元/小时，单位产品标准工时 20 小时。

3. 本月变动制造费用 15 000 元，变动制造费用标准分配率为 4 元/小时。固定制造费用 9 600 元，固定制造费用标准分配率为 3 元/小时。

4. 要求：按照标准成本法，根据以上资料计算出甲产品的标准成本。

(1) 领用材料会计分录

直接材料标准成本 =200 ×10 ×5 =10 000 元

直接材料实际成本 =2 100 ×4 =8 400 元

直接材料价格差异 = (4 -5) ×2 100 = -2 100 元（有利差异）

直接材料用量差异 - (2 100 -200 ×10) ×5 =500 元（不利差异）

借：基本生产成本　　10 000

　　直接材料用量差异　　500

　贷：原材料　　8 400

　　　直接材料价格差异　　2 100

(2) 直接人工会计分录

直接人工标准成本 =200 ×20 ×10 =40 000 元

直接人工实际成本 =42 000 元

直接人工实际工资率 =42 000/3 000 =14 元/小时

直接人工工资率差异 = (14 -10) ×3 000 =12 000 元（不利差异）

直接人工效率差异 = (3 000 -200 ×20) ×10 = -10 000 元（有利差异）

借：基本生产成本　　40 000

　　直接人工工资率差异　　12 000

　贷：应付职工薪酬　　42 000

　　　直接人工效率差异　　10 000

(3) 变动制造费用会计分录

标准变动制造费用 =200 ×20 ×4 =16 000 元

实际变动制造费用 =15 000 元

实际变动制造费用分配率 =15 000/3 000 =5 元/小时

变动制造费用开支差异 = (5 -4) ×3 000 =3 000 元（不利差异）

变动制造费用效率差异 = (3 000 -200 ×20) ×4 = -4 000 元（有利差异）

借：基本生产成本　　16 000

　　变动制造费用开支差异　　3 000

　贷：变动制造费用　　15 000

　　　变动制造费用效率差异　　4 000

(4) 固定制造费用会计分录

标准固定制造费用 =200 ×20 ×3 =12 000 元

实际固定制造费用 =9 600 元

实际固定制造费用分配率 =9 600/3 000 =3.2 元/小时

固定制造费用开支差异 = （3.2 −3） ×3 000 =600 元（ 不利差异）

固定制造费用效率差异 = （3 000 −200 ×20） ×3 = −3 000 元（ 有利差异）

借：基本生产成本　　12 000

　固定制造费用开支差异　　600

　贷：固定制造费用　　9 600

　　固定制造费用效率差异　　3 000

（5）完工入库会计分录

直接材料　　10 000

直接人工　　40 000

变动制造费用　　16 000

固定制造费用　　12 000

合计　　78 000

借：库存商品　　78 000

　贷：基本生产成本　　78 000

（6）销售收入会计分录

借：银行存款　　100 000

　贷：主营业务收入（500 ×200）　　100 000

（7）结转产品销售成本会计分录

借：主营业务成本　　78 000

　贷：库存商品　　78 000

（8）结转本期各项成本差异会计分录

成本差异汇总表如表 7.11 所示。

表 7.11　成本差异汇总表

账户名称	不利差异	有利差异
直接材料价格差异		2 100
直接材料用量差异	500	
直接人工工资率差异	12 000	
直接人工效率差异		10 000
变动制造费用开支差异	3 000	
变动制造费用效率差异		4 000
固定制造费用开支差异	600	
固定制造费用效率差异		3 000
合计	16 100	19 100
差异净额		3 000

借：直接材料价格差异　　2 100

直接人工效率差异	10 000	
变动制造费用效率差异	4 000	
固定制造费用效率差异	3 000	
贷：主营业务成本		3 000
直接材料用量差异		500
直接人工工资率差异		12 000
变动制造费用开支差异		3 000
固定制造费用开支差异		600

第三节 作业成本法

一、作业成本法的含义

(一) 作业成本法的产生与发展

为解决新制造环境下传统成本会计的难题，作业成本法作为新的成本核算方法应运而生。传统成本法是一种通用的解决方案，不考虑企业的目标，但新兴的作业成本从一开始就考虑企业的实施目标和范围，结合企业的实际情况实施，并把成本核算与成本信息分析和应用结合起来，直至采取改善行动，为企业提供一个整体的解决方案。

作业成本法（Activity-Based Costing，简称 ABC），是一种通过对所有作业活动进行追踪动态反映，计量作业和成本对象的成本，评价作业业绩和资源的利用情况的成本计算和管理方法。它以作业为中心，根据作业对资源耗费的情况将资源的成本分配到作业中，然后根据产品和服务所耗用的作业量，最终将成本分配到产品与服务中。分配时是将企业一般管理费用按照更现实的基础进行分摊而非按照直接劳动工时或机械工时。达成该目标的工具是作业成本法（ABC）会计系统，首先基于实施的作业累加成本，然后按成本动因分摊成本到产品或其他要素中，如客户、市场或项目。

对作业成本的研究最早可追溯到 20 世纪 40 年代，最早提出的概念是“作业会计”（Activity-Based Accounting 或 Activity Accounting）。美国会计学家埃里克·科勒（Eric Kohler）教授于 1941 年在《会计论坛》杂志发表论文首次对作业、作业账户设置等问题进行了讨论，并提出“每项作业都设置一个账户”，“作业就是一个组织单位对一项工程、一个大型建设项目、一项规划以及一项重要经营的各个具体活动所做出的贡献”。随后，乔治·斯托布斯（George. J. Staubus）教授认为，“作业会计”是一种和决策有用性目标相联系的会计。研究作业会计首先应明确“作业”“成本”和“会计目标——决策有用性”三个概念。1971 年斯托布斯在具有重大影响的《作业成本计算和投入产出会计》一书中，对“作业”“成本”“作业成本计算”等概念做了全面阐述，引发了 80 年代以后西方会计学者对传统的成本会计系统的全面反思。

1988 年，哈佛大学的罗宾·库珀（Robin Cooper）在夏季号《成本管理》杂志上发表了《一论 ABC 的兴起：什么是 ABC 系统?》一文。库珀认为产品成本就是制造和运送产品所需全部作业的成本的总和，成本计算的最基本对象是作业；ABC赖以存在的基础是作业消耗资源和产品消耗作业。接着库珀又连续发表了《二论ABC的兴起：何时需要ABC系统?》、《三论ABC的兴起：需要多少成本动因并如何选择?》和《四论ABC的兴起：ABC系统看起来到底像什么?》。他还与罗伯特·卡普兰(Robert. S. Kaplan)合作在《哈佛商业评论》上发表了《计量成本的正确性：制定正确的决策》等论文，对作业成本法的现实意义、运作程序、成本动因选择、成本库的建立等重要问题进行了全面而深入的分析，奠定了作业成本法研究的基石。此后在英、美等国家对作业成本日益兴起以及研究作业成本法的文章也纷纷出现，作业成本理论日趋完善，在冶金、电信、制药、电子设备和IT等行业的应用也逐步开展起来。

作业成本法的兴起和应用与新制造环境下成本构成内容的变化密切相关。20世纪80年代以来，制造环境发生了巨大变化，以电子计算机应用为主要特征的自动化生产程度进一步提高，直接工资在产品成本中的比重迅速下降，制造费用如新产品开发与试制费用、折旧费用、设备维护费用等的比重明显上升。传统的以机器工时、生产工人工时或生产工人工资为标准分配制造费用的成本核算方法，以成本与产量的关系为标准划分固定成本和变动成本的成本分析方法已经不能满足新时期下成本控制的信息需求，于是作业成本法应运而生。

（二）作业成本法的基本概念

1. 资源

资源是为了产出作业或产品（服务、顾客）而产生的费用支出。

2. 作业

广义的作业是指产品制造过程中的一切经济活动。这些经济活动事项，有的会发生成本，有的不会发生成本；有的能创造附加价值，即增值作业，有的不能创造附加价值，即非增值作业。因为我们的目的是计算产品成本，因此只考虑会发生成本的作业；而从管理角度出发，无附加价值的作业要尽量剔除。所以作业成本法的作业是指能产生附加价值，并会发生成本的经济活动，即狭义的作业。

作业具有以下几个基本经济特征：作业是“投入—产出”因果联动的实体，其本质是一种交易；作业贯穿于动态经营的全过程，构成联系企业内部与外部的作业链；作业是可以量化的基准。

3. 作业链

作业链是相互联系的一系列作业活动组成的链条。现代企业实际上是一个为了最终满足顾客需要而设计的一系列作业活动实体的组合，所以企业就是作业链。

4. 价值链

价值链从生产经营环节上看就是作业链，是从货币和价值的角度反映的作业链。“价值链”的概念是由美国学者迈克尔·波特（Michael Porter）1985年提出的，每一个企业都是在研发、设计、生产、销售、发送和辅助其产品生产的过程中进行种种活动的集合体，所有这些活动都可以用一个“价值链”来表示。

价值链需要不断优化、组合，如努力减少各环节的无效作业，使之逼近于零；在各环节有效作业中，提高其产出比例等。价值链的优化组合需要对其做科学的分析。分析价值链应该体现市场营销意识，尤其在买方市场中，要从顾客着手，分析顾客支付的价格与其受益的比例，产品与竞争对手的比较，逐步延伸到厂商的内部价值链组合情况；控制价值链应该从产品设计环节开始，尽力改善价值链的组合，提高其投入与产出比例。

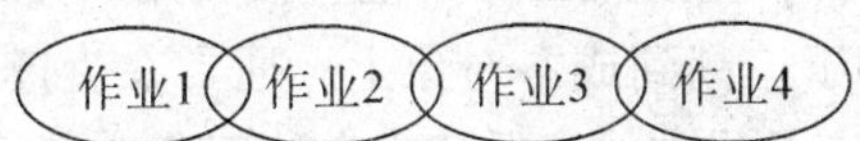

5. 成本库

成本库是指作业所发生的成本的归集。在传统的成本会计中以部门进行各类制造费用的归集，而在作业成本法中，将每一个作业中心所发生的成本或消耗的资源归集起来作为一个成本库。一个成本库是由同质的成本动因组成的，它对库内同质费用的耗费水平负有责任。成本库亦称“作业中心”。在作业成本计算法（ABC）中，具有相同性质成本动因的组合。ABC 要求应以同质的成本库来归集费用和单独分配费用，并使之归属于各有关产品。

成本库一般可以分为以下四类：（1）单位水平成本库：指生产每一单位产品所发生的作业，这类作业所耗用的成本随产品产量成比例变动，例如直接人工、直接材料、机器运转有关的动力成本等。（2）批次水平成本库：指生产每一批产品所发生的作业，这类作业所耗用的成本随生产批次成比例变动，例如生产调度、机器准备、订单处理、原料准备、质量检验的成本等。（3）产品水平成本库：指为支持生产每类产品或劳务所发生的作业，这类作业所耗用的成本随产品项目成比例变动，例如编制材料清单、处理工程变更指令、测试线路的成本等。（4）维持水平成本库：指为维持生产环境所发生的作业，这类作业所耗用的成本与产品的种类和某种产品的多少无关，此类成本属于企业生产全部产品所共同发生的成本，属于期间成本。例如厂务管理、通风、取暖、照明、厂房维修、人事管理的成本等。

6. 成本动因

成本动因理论是由库珀和卡普兰于 1987 年在《成本会计怎样系统地歪曲了产品成本》一文中提出来的。该理论认为：作业是组织内消耗资源的某种活动或事项。作业是由产品引起的，而作业又引起资源的消耗；成本是由隐藏其后的某种推动力引起的。这种隐藏在成本之后的推动力就是成本动因。或者说，成本动因就是引起成本发生的因素。成本动因有以下两种形式：

①资源动因是指决定一项作业所耗费资源的因素，反映作业量与资源耗费间的因果关系。

②作业动因是将作业中心的成本分配到产品或劳务、顾客等成本目标中的标准，它也是将资源消耗与最终产出相沟通的中介。

二、作业成本计算的过程

作业成本法在计算产品成本时，从传统的“产品”上转移到“作业”上，以作业为核算对象，首先根据作业对资源的消耗情况将资源的成本分配到作业，再由作业依成本动因追踪到产品成本的形成和积累过程，由此而得出最终的产品成本。

根据作业成本计算的基本思想，ABC 法的计算过程可归纳为以下几个步骤：

（一）直接成本费用的归集

直接成本包括直接材料、直接人工及其他直接费用，其计算方法与传统的成本计算方法一样。直接材料易于追溯到成本对象上，通常在生产成本中占有较大的比重，它计算的正确与否，对于产品成本的高低和成本的正确性有很大影响。为了加强控制、促进节约、保证费用归集的正确性，直接材料从数量到价格等各个方面，都必须按成本核算的原则和要求，认真对待。直接人工是直接用于产品生产而发生的人工费用。

（二）作业的鉴定

在企业采用作业成本核算系统之前，首先要分析、确定构成企业作业链的具体作业，这些作业受业务量而不是产出量的影响。作业的确定是作业成本信息系统成功运行的前提条件。作业的鉴定与划分是设计作业成本核算系统的难点与重点，作业划分得当，能确保作业成本信息系统的正确度与可操作性。

如炼油生产中根据不同的加工过程划分成不同的生产装置，因此核算系统是以装置划分的作业。

（三）成本库费用的归集

在确定了企业的作业划分之后，就需要以作业为对象，根据作业消耗资源的情况，归集各作业发生的各种费用，并把每个作业发生的费用集合分别列作一个成本库。

作业成本法可以大大提高制造费用分配的准确度，但并不是可以完全准确地分配制造费用。

成本库费用的核算系统以每一个生产车间的每一套生产装置为一个成本库，根据成本库中各作业所消耗资源的多少，归集各作业发生的费用。

（四）成本动因的确定

成本动因即为引起成本发生的因素。为各成本库确定合适的成本动因，是作业成本法成本库费用分配的关键。在通常的情况下，一个成本库有几个成本动因，有的成本动因与成本库费用之间存在弱线性相关性，有的成本动因与成本库费用之间存在着强线性关系：这一步的关键就在于为每一成本库选择一个与成本库费用存在强线性关系的成本动因。

（五）成本动因费率计算

成本动因费率是指单位成本动因所引起的制造费用的数量。成本动因费率的计算用下式表示：

成本动因费率＝成本库费用/成本库成本动因总量，即 $R=C/D$

式中：

R——成本库的成本动因费率；

C——成本库的费用；

D——成本库的成本动因总量。

（六）成本库费用的分配

计算出成本动因费率后，根据各产品消耗各成本库的成本动因数量进行成本库费用的分配，每种产品从各成本库中分配所得的费用之和，即为每种产品的费用分配额。

（七）产品成本的计算

生产产品的总成本即生产产品所发生的直接成本与制造费用之和。其公式为：

总成本 = 直接材料 + 直接人工 + 制造费用

三、作业成本法的应用

现举例说明作业成本法的应用。

［例 7.7］某企业本月生产 A、B 两种产品，其中 A 产品技术工艺过程较为简单，生产批量较大；B 产品技术工艺较为复杂，生产批量较小。传统成本计算所需的有关资料见表 7.12；经作业分析后，为制造费用的归集和分配所建立的作业成本库及其可追溯成本、成本动因等有关资料见表 7.13。

表 7.12 传统成本计算所需的有关资料

项目	A 产品	B 产品
产量（件）	40 000	5 000
机器工时	20 000	2 000
直接人工成本（元）	120 000	14 000
直接材料成本（元）	400 000	50 000
制造费用（元）	220 000	

表 7.13 作业成本库及其可追溯成本、成本动因等有关资料

作业成本库（作业中心）	可追溯成本	成本动因	作业量		
			A 产品	B 产品	合计
材料采购	48 000	采购次数	45	35	80
生产准备	24 000	准备次数	80	40	120
质量检验	36 000	检验次数	60	30	90
机器工作	88 000	机器工时	20 000	2 000	22 000
设备维修	24 000	维修小时	700	500	1 200
合 计	220 000	–	–	–	–

要求：

根据以上资料，分别采用传统成本计算方法（制造费用分配按机器工时比例）和作业成本法计算 A、B 两种产品的成本。

将两种成本计算方法下单位A、B产品所负担的制造费用加以比较（以作业成本法的计算结果为基准）。

【解题分析】

(1) 传统成本计算方法下A、B产品成本的计算

计算制造费用分配率，并分配制造费用

制造费用分配率 =220 000/（20 000 +2 000） =10 元/小时

A 产品应分配制造费用 =20 000 ×10 =200 000 元

B 产品应分配制造费用 =2 000 ×10 =20 000 元

计算 A、B 产品的总成本和单位成本

A 产品总成本 =120 000 +400 000 +200 000 =720 000 元

B 产品总成本 =14 000 +50 000 +20 000 =84 000 元

A 产品单位成本 =720 000/40 000 =18 元

B 产品单位成本 =84 000/5 000 =16. 8 元

(2) 作业成本计算方法下A、B产品成本的计算

计算成本动因分配率

每次采购成本 =48 000/80 =600 元/次

每次生产准备成本 =24 000/120 =200 元/次

每次质量检验成本 =36 000/90 =400 元/次

每工时机器工作成本 =88 000/22 000 =4 元/小时

每小时设备维修成本 =24 000/1 200 =20 元/小时

计算 A、B 产品的总成本和单位成本

A 产品总成本 =120 000 +400 000 + （600 ×45 +200 ×80 +400 ×60 +4 ×20 000 +20 ×700） =681 000 元

B 产品总成本 =14 000 +50 000 + （600 ×35 +200 ×40 +400 ×30 +4 ×2 000 +20 ×500） =123 000 元

A 产品单位成本 =681 000/40 000 =17. 025 元

B 产品单位成本 =123 000/5 000 =24. 6 元

两种成本计算方法下单位 A、B 产品所负担制造费用的比较如表 7. 14 所示。

表 7. 14　A、B 产品所负担制造费用的比较

产品	作业成本法	传统成本法	绝对差	相对差
A	161 000/40 000 =4. 025	200 000/40 000 =5	0. 975	24. 22%
B	59 000/5 000 =11. 8	20 000/5 000 =4	- 7. 8	- 66. 1%

四、作业成本法的优点和局限性

（一）作业成本法的优点

作业成本法的优点有：拓宽了成本核算的范围；提供了相对准确的成本信息；作业成本可以有效地改进企业战略决策；提供了便于不断改进的业绩评价体系；便于调动各部门挖掘赢利潜力的积极性；有利于企业杜绝浪费，提高经济效益。

（二）作业成本法的局限性

需要指出的是，作业成本法也有它一定的局限性。由于它提供的仍然是历史成本信息，所以要发挥决策作用必须要有附加条件。作业成本法虽然大大减少了现行方法在产品成本计算上的主观分配，但并未从根本上消除主观因素，也就是说，由于作业成本法的基础资料来自于现行的权责发生制，因此其计算结果必须受诸如折旧和开发等成本期末分配中任意性的影响。这样，作业成本法成本归集库归集成本的正确性和客观性就会受到影响。另外，就作业成本法最核心内容成本归集库和成本动因选择而言，作业成本法也无法做到尽善尽美。尽管作业成本法还存在如上一些问题，但决不能说它对我们毫无借鉴之处。它不仅是一种先进的成本计算方法，同时也是实现成本计算与控制相结合的全面成本管理制度。正如某些学者所说的：由于作业成本法独具的特点，我们完全可以在成本管理的其他方面采用，尤其是在成本控制方面，可以用作业成本法来达到控制和节约成本的目的。

作业成本法一般适用于生产自动化程度较高、制造费用在成本中所占比重较大、作业种类多，而且最好是会计电算化程度比较高的企业。

本章小结

本章内容包括标准成本法和作业成本法两部分，其中标准成本法的主要内容包括标准成本的制定、成本差异计算与分析等。作业成本法的主要内容包括基本原理和作业成本计算的一般程序。其中基本原理包括作业、作业链和价值链、成本库、成本动因；作业成本计算的一般程序包括直接成本费用的归集、作业的鉴定、成本库费用的归集、成本动因的确定、产品成本的计算、成本库费用的分配和成本动因费率计算七步。

练习题

一、单项选择题

1. 下列变动成本差异中，无法从生产过程的分析中找出产生原因的是（　　）。

A. 变动制造费用效率差异　　B. 变动制造费用耗费差异

C. 材料价格差异　　　　　　　　　　D. 直接人工差异

2. 固定制造费用的实际金额与固定制造费用的预算金额之间的差额称为（　　）。

A. 效率差异　　　　　　　　　　B. 耗费差异

C. 产量差异　　　　　　　　　　D. 能量差异

3. 固定制造费用的能量差异，是（　　）。

A. 预算产量下的标准固定制造费用与实际产量下的标准固定制造费用的差异

B. 实际产量实际工时未达到预算产量标准工时而形成的差异

C. 实际产量实际工时脱离实际产量标准工时而形成的差异

D. 实际产量下实际固定制造费用与预算产量下的标准固定制造费用的差异

4. 下列关于固定制造费用成本差异的公式不正确的是（　　）。

A. 固定制造费用成本差异 = 固定制造费用耗费差异 + 固定制造费用能量差异

B. 固定制造费用成本差异 = 固定制造费用耗费差异 + 固定制造费用能力差异

C. 固定制造费用能量差异 = 固定制造费用效率差异 + 固定制造费用能力差异

D. 固定制造费用能量差异 = 固定制造费用效率差异 + 固定制造费用产量差异

5.（　　）会导致直接人工工资率差异的产生。

A. 工人技术状况　　　　　　　　　　B. 工作环境

C. 设备条件的好坏　　　　　　　　　D. 加班和使用临时工

二、多项选择题

1. 以下关于变动制造费用差异的计算公式中，正确的有（　　）。

A. 变动制造费用实际数 − 变动制造费用预算数

B.（实际产量实际工时 − 标准产量标准工时）× 变动制造费用标准分配率

C.（变动制造费用实际分配率 − 变动制造费用标准分配率）× 实际产量实际工时

D.（实际产量实际工时 − 实际产量标准工时）× 变动制造费用标准分配率

2. 下列成本差异的计算公式不正确的是（　　）。

A. 用量差异 = 标准价格 ×（实际用量 − 标准用量）

B. 用量差异 = 实际价格 ×（实际用量 − 标准用量）

C. 价格差异 =（实际价格 − 标准价格）× 实际用量

D. 价格差异 =（实际价格 − 标准价格）× 标准用量

三、判断题

1. 在成本差异分析中，数量差异的大小是由用量脱离标准的程度以及实际价格高低所决定的。（　　）

2. 利用三因素差异法进行固定制造费用的差异分析时，“固定制造费用能力差异分析”是根据“预算产量下的标准工时”与“实际产量下的实际工时”之差，乘以“固定制造费用标准分配率”计算求得的。（　　）

四、实训题

1. 某企业生产甲产品，有关资料如下：（1）预计本月生产甲产品500件，每件产品需10小时，制造费用预算为15 000元（其中变动性制造费用预算10 000元，固定制造费用预算5 000元），该企业产品的标准成本资料如下：

（2）本月实际投产甲产品520件，已全部完工入库，无期初、期末在产品。假设完工产品在本月全部销售。（3）本月材料每千克0.62元，全月实际领用46 800千克。（4）本月实际耗用5 200小时，每小时平均工资率为3.8元。（5）制造费用实际发生额为16 000元（其中变动制造费用10 920元，固定制造费用5 080元），变动制造费用实际分配率为2.1元/小时。

要求：根据上述资料，计算甲产品的成本差异及甲产品的实际成本（固定制造费用差异用三因素差异法）。

2. 运用传统成本法和作业成本法的成本来计算并比较。

资料：某企业生产甲、乙、丙、丁等四种产品，某月生产费用资料如下表所示。

生产费用表

产品	产量（件）	单位材料消耗（元/件）	单位直接人工（元/件）	单位机器工时（小时）
甲	10	6	0.5	0.5
乙	100	6	0.5	0.5
丙	10	18	1.5	1.5
丁	100	18	1.5	1.5

生产费用表

产品	起动数	订单数	加工次数	备件数
甲	1	1	1	1
乙	3	3	3	1
丙	1	1	1	1
丁	3	3	3	1
制造费用金额	940	1 000	2 000	2 000

要求：根据上述资料，利用下表完成下列事项：

（1）按传统成本计算法（制造费用按机器工时比例分配）计算各产品的总成本和单位成本。

（2）按作业成本法计算各产品的总成本和单位成本。

（3）比较上述两种方法计算结果的差异，并说明原因。

传统成本计算法计算：

制造费用分配表

项目	甲产品	乙产品	丙产品	丁产品
直接人工工时（小时）				
分配率				
制造费用（元）				

产品成本计算单

项目	甲产品	乙产品	丙产品	丁产品
直接材料				
直接人工				
制造费用				
总成本				
单位成本				

作业成本计算法计算：

项目	制造费用	作业量	单位产品作业成本	甲产品	乙产品	丙产品	丁产品
起动							
订单							
加工							
备件							
合计							

产品成本计算单

项目	甲产品	乙产品	丙产品	丁产品	合计
直接材料					
直接人工					
制造费用					
总成本					
单位成本					

第八章　现代成本会计的新兴领域

学习目标

【知识目标】随着社会经济的加速发展，成本会计的应用范围也在不断拓展，其研究领域和研究对象也在不断扩大，从而推动现代成本会计新兴领域不断涌现。从20世纪70年代资本成本会计问世以来，一些学者先后对质量成本会计、环境成本会计、人力资源成本会计以及自然资源成本会计等新兴成本会计问题展开研究，并取得了一些初步成果。通过本章的学习，学生应当在把握传统成本会计的基础上，对现代成本会计的新兴领域有一些初步的了解，并进行更广泛而深入的思考。

【技能目标】尝试对现代成本会计加以运用。

第一节　资本成本会计

一、资本成本会计的理论基础

会计主体和成本是财务会计的两个基本概念，是建立资本成本会计的理论基础。资本成本会计是以现代金融市场和企业制度为依托，以企业资本成本为对象，将企业成本概念及计量引入产权领域，全面确认、计量和报告企业资本成本信息的一个新的会计领域。会计主体是现代会计学赖以存在和发展的前提条件，现代企业制度是现代会计主体概念发展的经济学基础。在19世纪，所有权观念主宰着财务会计。当时，大部分企业组织都是独资或合伙形式，由其所有者直接管理，公开持股的公司十分罕见。根据所有权观念，企业的全部资产归所有者所有，企业的全部负债也由所有者承担，构成所有者的义务。在这种情况下单独确认和计量股权资本成本没有多大的意义，相反更重要的是要确认和计量债务资本成本。因为从所有者角度来看，债权人才是唯一的、真正的“外来者”，在满足了这些“外来者”的权益之后，剩下的就是业主的利润。因此，在金融市场不发达和企业组织形式以独资或合伙形式为主体时，重要的是如何确认和计量债务资本成本而不是股权资本成本。

随着金融市场和企业组织形式的变革，公司这种企业组织形式后来居上。这时财务会计的基本观念发生了相应的变革，从原来的所有权观念转变为主体观念，公司被认为是一个与其所有者独立的个体，甚至具有自身的“人格化”，与发达的金融市场相联系的公司通过两个渠道来筹集其所需的资本，即从债权人那里筹集债务资本和从投资者那里筹集股权资本。这时，从公司作为一个独立主体的角度来看，是主体而不是其所有者拥有资产，是主体而不是其所有者结欠债务，无论是债权人还是股东相对于公司这个独立的“人格化”主体而言都是外来者，至于债务资本与股权资本如何组合，这是公司理财的一个重要课题。

根据主体观念，所有原始资本都是由公司主体“外来者”提供的，无论从哪个渠道取得的资本，对于独立的“人格化”主体而言都是有代价的。根据主体观念，无论是债务资本成本还是股权资本成本都应作为成本处理。因为就公司作为独立主体而言，它们都是公司使用资本的代价。然而遗憾的是现代财务会计一方面倾向于接受主体观念，而另一方面却在会计实务中的某些领域继续采用所有权观念，股权资本成本的处理就是其中一例。

成本是指在成本客体上耗费的全部资源的数额。众所周知，在现行的财务会计实务中，仅仅确认了债务资本成本即我们通常所说的利息费用，而没有确认股权资本成本。安东尼教授认为利息费用不仅包括债务资本成本，而且还应包括股权资本成本。股权资本成本与债务资本成本，以及直接材料成本、直接人工成本、间接费用等成本项目在性质上并没有本质的区别，因为债权人不会为需要资本的公司提供资本，除非这样做他们可以得到回报，这个回报在会计上称为“利息”，就是公司使用债务资本的成本；而股东也不会为需要资本的公司提供资本，除非这样做他们也可以得到回报，这个回报就是公司使用股权资本的成本。根据主体观念，应用股权资本的成本与应用债务资本的成本没有什么区别，只不过是表现形式不同而已。从形式上看股权资本成本属于隐含成本，而债务资本成本属于显现成本。

综上所述，安东尼教授提出的资本成本会计理论构想，明确了主体权益，进一步强化了会计主体的概念，拓展了会计学研究的视野，突破了传统会计学只计量债务资本成本而不计量股权资本成本的局限，从而将会计学成本概念及其计量引入产权领域，全面计量产权成本。

二、股权资本成本的计算

由于债务资本成本一般是明确的，即利息费用，所以计算公司资本成本的关键是计算股权资本成本，这是会计理论界的一个难点和核心问题。股权资本成本的计算，通常先计算股权资本成本率，再计算股权资本成本。

股权资本成本由风险报酬与无风险报酬两部分构成，股权资本成本率也由风险报酬率与无风险报酬率两部分构成，本章将做如下设想：

首先，由民间来组建权威的风险评估机构，由权威机构评估确定各行业的平均风险系数，并在此基础上根据企业生产规模进行调整，确定行业中大型企业风险系数、中型企业风险系数和小型企业风险系数，及新进入该行业的风险系数等基本风险系数值。这些风险系数指标，由权威评估机构定期公布，用以指导各个行业的发展，也有利于引导企业进行风险投资。

其次，以权威评估机构定期公布的基本风险系数值为标准，对于多元化经营的公司，则以各行业所占资产的比重为权数，计算出综合风险系数值作为标准。至于经营者的经营理念、个性等所带来的风险，由公司委托人（即股东代表，下同）与经营者进行谈判，通过不断博弈，确定公司的风险报酬率。在博弈过程中，债权人（指主要债权人）也应列席，避免出现有损债权人利益的行为发生，保护债权人的权利，另外其风险报酬率也应得到债权人的认可。

再次，无风险报酬率则以当期国债利率作为标准确定，这样投资者的投资报酬率也就确定了，这就是资产投资者所要求的必要报酬率。投资报酬率的确立过程，符合公司经营者与委托人之间“契约关系”的确立过程。契约中应明确规定各方的权利与义务，更重要的是其所传递的信息，能反映出公司经营者对其职责履行情况与公司的实际运行状态，以便委托人及时监督、约束公司经营者的行为。另外在契约执行过程中，随着权威评估机构所公布风险系数值的变化，而进行不断博弈，以达到动态的均衡。

根据上述方法确定的投资报酬率，再乘以股东权益总额就是投资者的报酬，即股权资本成本。由于明确了股权资本成本，则股东将不再拥有剩余控制权和剩余索取权，因为“在契约中明确指定的那部分对财产的控制权是特定的控制权”，“凡在契约中未经指定的权利都是剩余控制权”。（钱颖一，1994）从而使经营者拥有了公司剩余索取权，能充分体现公司人力资源的价值，与当今重视人力资源的趋势相吻合；另外也能充分调动经营者的积极性、主动性和创造性，充分发挥其聪明才智。

该方法所确定的投资报酬率比较客观，受主观因素影响较少，但受客观经济环境变化的影响，从而使投资者的收益与风险联系起来，经营者不再承担由于外部环境变化所造成利润波动的风险，有利于增强经营者的公平效用；该方法所确定的投资报酬率是可行的，也符合成本效益原则；该方法体现了公平、公正的原则，也充分体现了经营者、股东、债权人三者之间的利益关系；所确定的经营契约也更完善、更合理和公平。

最后，将股权资本成本加债务资本成本就计算出资本成本总额。

三、资本成本的会计处理

第一，设立资本成本会计后，为了使债权人、投资者和经营者的权益在会计上得到充分的展示，需将传统的会计恒等式变为：资产 = 负债 + 股东权益 + 主体权益。设置“利息汇总”“应付债权利息”“股权股利”和“经营风险准备”及“主体公积”等账户。“利息汇总”是费用归集分配账户；“应付债权利息”是负债类账户；“股权股利”是股东权益类账户；“经营风险准备”“主体公积”是主体权益类账户。“主体公积”包括：接受捐赠的资产和资产重估增值。因为接受捐赠的资产，从捐赠者来看，是为公司或经营者而捐赠，非投资者；资产重估增值，是经营者对资产投资、保管和使用得当而带来的，非投资者带来的，所以这两项应作为主体权益，单独设置一个“主体公积”科目来反映。股东权益包括：实收资本（或股本）、资本公积及股权股利。主体权益包括：经营风险准备、主体公积、公益金和未分配利润。

第二，每期根据计算出的资本成本总额，计提资本成本时，借记“利息汇总”，贷记“应付债权利息”（债务资本成本）“股权股利”（股权资本成本）。

第三，期末将资本成本总额除以使用中的资本总额，得到资本成本率。再将计算出来的资本成本率乘以各个成本目标所应用的资本数额，便得到各该成本目标所应分配的资本成本数额，借记有关资产、费用类账户，贷记“利息汇总”。

第四，支付利息时，借记“应付债权利息”，贷记“银行存款”。当监事机构与经营者协商决定发放股利时，借记“股权股利”，贷记“应付股利”“应交税费——应交所得税”；当留存于公司中股权股利用于转增资本时，借记“股权股利”，贷记“股本或实收资本”。

第五，当经营者加入本公司时，可根据董事会的要求，或通过双方协商确定，由经营者先期注入一定的风险准备金，借记“银行存款”，贷记“经营风险准备”；当公司实现净利润，按规定计提风险准备金时，借记“利润分配”，贷记“经营风险准备”，当经营风险准备金达到股东权益的50%时，可不再计提；当公司发生亏损，用风险准备金弥补亏损时，借记“经营风险准备”，贷记“利润分配”，补亏后的风险准备金不得低于股东权益的25%；当经营者退出本公司时，可根据协议规定返还或延后返还其所享有全部或部分风险准备金时，借记“经营风险准备”，贷记“银行存款”；当公司破产时，以其破产的财产先偿还债务，有剩余的可在股东之间偿还，如还有剩余的才可在经营者之间分配。另外计提的风险准备金率，也应由经营者与委托人通过不断的博弈来确认。

第六，当公司接受捐赠或资产评估增值时，借记有关资产类账户，贷记“主体公积”、“递延税款”；当资产评估减值时，借记“营业外支出”，贷记有关账户。当公司发生亏损时，也可用“主体公积”弥补亏损。

第二节　质量成本会计

一、质量成本会计的成因

产品质量问题是极其重要的竞争要素，尤其是在当今国际化时代，基于“顾客满足”（Customer Satisfaction，简称 CS）的要求，企业必须把产品质量问题摆到经营战略的层次上加以考虑。因为当今的检测技术相当之先进，哪怕是被查出一个极其偶发的不合格品，企业就面临着在国际上丧失部分乃至全部市场的危险，因而产品质量问题对企业来说是生死攸关的。欲重视质量，必须增加在质量管理上的投入，这就使得质量成本问题显得日益突出。

成本通常定义为为某种目的而导致的牺牲。在工业生产中，它表现为为获取产品而付出的代价，为维持乃至提高产品质量的支出。在传统成本会计中，它被忽视，或者说未能独立地分析与其说是一种疏失，不如说是时代的必然。随着市场消费资料的日益丰富、竞争日趋激烈化，迫使经营管理人员以更为专业、更为精致的方法手段去适应，这就是质量成本会计这一领域的由来。

二、质量成本会计的确立

传统上，质量是由非会计的职能部门掌控的，与质量相关的信息是借助统计手法、管理图法等实际操作提供的。显然这类信息缺乏一条前后贯穿一致的主线。

引入质量成本这一价值形态的指标，使得不同部门间不同的质量控制活动以单一、明了且系统的形式体现出来了。上述的质量成本核算可以说是特定成本调查的一个分支，质量成本控制则是成本改善控制的一个专门领域，这二者已结合成为一个独特的会计子系统。

且不论质量成本核算的对象包括丧失销售收入这样的机会成本，质量成本核算的属性也毫无疑问应该是内部核算。在其基础上的质量成本控制与业绩评价，既可以采用预算管理的形式并实施差异分析，也可以设定投资基准评价其成果指标。因此，上述的会计子系统具有传统管理会计最一般的计划与控制特性，可认为是管理会计的一个新分支。鉴于该子系统在“顾客满足”为先导的现代产业社会起着日益重大的作用，因而确立“质量成本会计”这一新学科，并将其定位为现代战略性管理会计的一个分支来深入研究是极为重要的。

三、质量成本会计的作用

质量成本会计的出现不但丰富了会计理论体系，而且对加强企业质量管理具有十分重要的作用。

（一）建立质量成本会计能提高全员质量意识

由于建立质量成本核算体系及考核体系，将各项成本指标落实到车间、班组及相关部门，建立奖惩制度，促使职工形成自觉加强工艺纪律、自检、互查，自觉控制和减少故障废品损失的质量意识，大大降低了不合格品发生的几率，提高了产品质量，降低了产品成本，提高了经济效益。

（二）建立质量成本会计能为企业经营管理提供有效依据

建立质量成本会计核算体系，对质量成本进行分析控制，不仅仅是为了降低一些质量成本，更重要的是一个管理概念。通过趋势分析、对比分析等方法，可掌握产品质量信息，了解产品质量所处的状态，衡量质量管理效果，使领导者做出正确的经营决策。

（三）建立质量成本会计将带来质量管理模式的转变

目前，公司的质量管理还停留在定性化管理阶段，日常所发生的质量费用与质量管理呈现脱节现象。这主要表现为：质量费用由财务部门进行核算，且不单独核算，不对质量管理部门提供质量费用信息，质量管理缺少决策的依据。建立质量成本核算体系后，使质量管理转化为量化管理，处于有序、可控状态。

四、质量成本会计的核算体系

（一）质量成本会计的核算对象

根据公司的实际，可将质量费用划分为质量鉴定费、质量管理费和质量损失费三类。质量鉴定费核算内容为质量检查中心发生的各项费用，采购部门的原料、材料入库前的检验费，内部各单位之间产品转移发生的化验、检验费等。质量管理费核算内容为各单位发生的质量培训费、质量管理部门发生的各项费用、质量奖励费等。质量损失费核算内容为各单位发生废次品损失、产品降价损失、产品售出后因质量问题而发生的相关费用等。

（二）质量成本会计的财务处理

根据企业会计制度有关会计科目设置的规定，增设“质量成本”一级科目，该科目的借方反映企业发生的各项质量费用，贷方反映期末分配的质量成本费用，期末无余额。每期可根据质量成本科目的借方发生额明细对质量成本费用进行分析。在该一级科目下设置二级科目：“质量鉴定费”“质量管理费”“质量损失费”。会计期末将“质量成本”科目结转到相关科目。其中：质量鉴定费、质量检查中心费用结转到“管理费用——质量成本结转”科目；生产部门费用结转到“制造费用——质量成本结转”科目；采购部门费用结转到“原主材料——质量成本结转”“燃料——质量成本结转”等相关科目。质量管理费、生产部门费用结转到“制造费用——质量成本结转”科目；质量管理部门费用结转到“管理费用——质量成本结转”科目；质量损失费、公司内部产品转移发生的废次品降价损失结转到“主营业务（内销/代销）收入——质量成本结转”；外部降价损失结转到“主营业务收入——质量成本结转”，发生的其他损失费用结转到相关会计科目。

（三）质量成本分析

会计期末，由各单位财务部门会同质量管理部门对当期质量成本费用进行分析，找出变化趋势和原因，并提交公司财务部门，由公司财务部门及相关部门对公司质量成本的总体变化进行综合分析，寻求一个质量成本最佳区域，使产品质量既能满足客户使用要求，同时质量成本又能达到最佳状态。产品质量分析可采用“ABC”分析法，把各质量成本明细项目，根据核算结果，按成本高低顺序进行排列，再计算各项目成本占质量总成本的百分比和累积百分比，将所有项目分为 A、B、C 三类。A 类项目占项目总数的 10% ~20%，其成本累计百分比占总成本的 60% ~80%。A 类项目就是要重点研究的项目，把 A 类项目费用降下来，总成本和产品质量就可能趋向最佳区域。

第三节　环境成本会计

随着环境保护运动的不断深入和可持续发展呼声的不断高涨，国内外会计学者将环境纳入会计领域进行了卓有成效的研究，我们必须借此平台正确处理环境成本并予以恰当披露。尤其在当前我国外资利用额不断扩大的背景下，环境成本会计对防止外国资本对我国社会环境的疯狂掠夺是大有裨益的，更是必不可少的。

一、环境成本的概念

环境成本是“以保护资源、维护生态环境为目标，充分考虑产品生产前后对生态环境所产生的影响，按所测定的自然资源消耗标准，对产品投入进行计量和控制，并列计必须的资源消耗与环境治理补偿性费用，使其成为必要消耗与必要补偿组合而成的产品价值的载体”。相对于传统成本而言，环境成本内容更为广泛和复杂。具体可分为环境污染补偿成本、环境损失成本、环境治理成本、环境保护维持成本、环境保护发展成本等。环境污染补偿成本指企业由于污染和破坏生态环境应予补偿所缴纳的款项；环境损失成本指企业对生态环境的污染或破坏而造成的损失以及由于环境保护需要而勒令某些企业停产或减产而造成的损失；环境治理成本指企业为治理被污染和破坏的环境而发生的各项支出；环境保护维持成本指为预防生态环境污染和破坏而支出的日常维持费用；环境保护发展成本指为进一步发展环境保护产业而投入的各项开支。

二、环境成本会计的特殊核算原则

环境成本的会计处理首先要遵循一般会计核算原则，除此之外，由于环境成本的特殊性质，我们还要制定并遵循其特殊原则。

（一）社会性原则

社会性原则是指环境成本的会计处理要站在全社会的角度，反映企业对资源的消耗和对环境的破坏，及企业为这些行为所付出的代价和所做的补偿。企业要注重环境资源的综合开发和合理利用，降低环境污染，减少环境风险，努力营造良好的生产环境和生活环境，并积极承担社会责任，提高环境的舒适度。社会性原则本是所有会计处理都应遵循的一般原则，但由于环境成本发生和处理的特殊性，为强调其重要性在此着重提出，以便于环境成本的处理不违背此原则，从而更好地保护全社会有限的资源不被浪费、人类的生存环境不被破坏，提高社会整体福利水平。

（二）政策性原则

政策性原则是指环境成本的处理必须体现国家的方针、政策、法律和法规的要求。在环境成本的核算过程中，必须严格执行国家颁布的有关环保政策和法规，以及相关会计制度和规定，处理好企业会计活动与环境的关系。可见，企业的环境行为要合法、合规，更要符合国家宏观调控的政策性需要。

（三）灵活性原则

环境成本的核算既符合一般成本核算的要求，又有其特殊性，由此环境成本的会计处理，既要遵循一般处理程序、方法，又要在原有的基础上有所突破、有所创新，做到借鉴与创新相结合。如在计量方法上，由于环境成本核算的内容许多难以量化，因此，除了按货币计量外还要采用实物指标。有的只能用文字来说明企业对资源环境所造成的损失，从而由单一货币计量转变为多样化计量法。

（四）充分披露原则

政府会计管理部门、环境保护部门必须对企业最低限度的环境成本信息的披露做出明确的和强制性的规定。当然，如果企业主动地披露尽可能多的环境信息，政府及社会公众应给予支持和鼓励。企业披露的环境成本信息必须真实、准确，全面揭示企业活动对环境污染程度和资源的消耗量，使信息使用者较好地了解企业环境成本信息。

三、环境成本的会计处理方法

因环境成本的产生和性质的不同，其处理方法包括记入资产、记入当期损益、作为负债或有负债、作为损失。

（一）记入资产

如果以上环境成本的发生能提高企业所拥有的其他资产的能力，改进其安全性或提高其效率能减少或防止今后经营活动造成的环境污染或潜在污染有助于环境保护，那么应将其作为资产并将其进行资本化处理。将企事业单位为实施环境预防和治理而购置、建造或改造固定资产的支出作为资本性支出，借记“固定资产”科目，贷记“在建工程”“银行存款”等科目。提折旧时，借记“环境预防费用”“环境治理费用”科目，贷记“累计折旧”科目。将其他环境预防和治理费用作为递延资产，分期摊销时，借记“环境预防费用”“环境治理费用”科目，贷记“待摊费用”科目。企业因使用可能造成污染的商品或包装物向政府有关部门缴纳的押金，借记“其他应收款”科目，贷记“银行存款”科目。为了进行清洁生产和申请绿色标志而发生的支出，借记“无形资产”科目，贷记“银行存款”等科目。

（二）记入当期损益

许多环境成本并不会在未来给企业带来经济利益，因而不能将其资本化，而应作为费用记入当期损益。这些成本包括废物处理、与本期经营活动有关的清理成本、清除前期活动引起的损害、持续的环境管理以及环境审计成本等。当费用发生时，借记“制造费用”、“管理费用”等科目，贷记“银行存款”等科目。具体来说，降低污染和改善环境的研究与开发支出和企业环境管理机构和人员的经费支出及其他环境管理费用，借记“管理费用”，贷记“银行存款”等科目。政府对正常排污和超标排污征收的排污费，对生产或使用可能对环境造成损害的产品和劳务征收的专项治理费用，借记“制造费用”，贷记“银行存款”等科目。

（三）作为负债或有负债

当与环境有关的将来可能支付的费用，能够被合理而可靠地计量时，应作为负债进行处理。

可以预计并可靠计量的超标排放或污染事故罚款及对污染造成他人人身和经济损害的赔款，应借记“制造费用——环境损害费用”科目，贷记“其他应付款——应付环境费用”科目。计提预计将要发生的污染清理支出时，借记“制造费用——环境清理费用”科目，贷记“预提费用——预提环境清理费用”科目。

（四）作为损失

当企业被罚款或被勒令停产、减产而发生损失时，记入损失。为了保护环境使用新型机器设备造成现有机器设备价值的减损损失和污染严重限期治理的停工损失，借记“营业外支出”科目，贷记“银行存款”等科目。

四、环境成本信息的披露

从国内情况看，我国政府、企业和会计实务界对环境会计还没有给予足够的重视，目前还没有专门的环境会计准则或相关规定。在企业会计制度及信息披露的相关法规中也很少涉及环境问题。在环境信息披露方面，只是在中国证监会发布的《公开发行证券的公司信息披露内容与格式准则第 1 号——招股说明书》中仅有两处涉及环保问题，而对于上市公司的年报却没有关于环境问题的具体披露要求。因此，企业在环境问题的信息披露方面的做法不一，存在很大差异。据北京大学光华管理学院王立彦等老师的调查，企业目前环境事项的披露方式主要有五种，包含在年度报告中、内部工作会议记录、单独报告、包含在会计报表附注中、包含在董事长的报告中。

对于发展中国家来说，没有办法像发达国家那样全方位、全面地报告企业有关环境的问题，因此在采用原来已经存在且已经形成模式化的传统会计信息披露和报告模式下，进行一些必要的修改就成为我们进行环境成本信息披露的现实选择，即我们将环境成本相关处理编入资产负债表、利润表、现金流量表这三大主要会计报表中，并予以公布，将此作为主要披露方式。在报表附注中予以详细反映会计报表尚未反映及反映不全面或者容易引起报表使用者误解的信息。

此外，还要通过编制环境成本计算表在企业内部予以披露，以便做好环境成本预算，更好地控制环境成本。在环境成本计算表中只要能分清成本对象的，计入“生产成本”，不能分清的，先计入“制造费用”，再按一定比例进行归集和分配，以编制出完整的环境成本计算表。

第四节　人力资源成本会计

人类正步入一个以人力资源的取得、开发、使用为重要因素的经济时代，企业的管理将以人才储备为前提，以人力资源开发为导向，以人力资源管理为中心。因而，提供有关人力资源投资的增减、人力资源价值大小和人力资源利用效果等方面信息的人力资源会计必将成为知识经济时代的会计主流。

一、人力资源成本会计的含义

关于人力资源成本会计的含义，主要有以下三种定义：日本学者若杉明的定义是：“人力资源会计是这样一种会计，它通过会计方法和跨学科领域的方法，测定和报告有关人力资源的会计信息，以提供给企业的经营者及其利害关系者利用。”美国会计学会的定义是：“辨认和衡量有关人力资源的信息，并沟通这种信息给有利害关系的当事人的程序。”弗兰霍尔茨的定义是：“人力资源会计是把人的成本和价值作为组织的资源而进行的计量和报告。”

归纳上述观点，人力资源成本会计是把人作为有价值的资源，运用会计方法和跨学科领域的方法，对其价值进行确认、计量和报告，并提供给企业的经营者及其利害关系者利用的一门专业会计。

二、人力资源成本

人力资源成本是组织为了获得人力资源而发生的招聘、录用、教育、培训、医疗、保险、福利、使用、管理等的费用和支出。人力资源成本包括历史成本和重置成本两部分。

(一) 历史成本

人力资源的历史成本是企业、单位取得人力资源时所支付的全部价值。这是为了取得人力资源而支付的招募、选拔、雇佣、安置等费用，可成为人力资源的原始成本。此外，还应包括为提高人员素质和技能而支付的培训和继续教育费用，可成为人力资源的开发成本。人力资源的一个重要特点是，在使用过程中会消耗许多费用，必须支付工资、津贴和各种福利待遇，这一部分费用可成为人力资源的消耗成本，这是人力资源历史成本的重要组成部分。

(二) 重置成本

人力资源重置成本是目前重置人力资源应该支出的成本。比如，由于目前受雇的某一职工流出还需要补充一名替代者所发生的费用。这里又包括职务重置成本和个人重置成本两种。职务重置成本是指用一个能够在既定的职务上提供一组同等服务的人来替代该职务上的人员而现在必须付出的代价，这是替代既定职务的任何任职者所能提供的一组服务的成本。个人重置成本是指用一个能够提供一组同等服务的人来替代目前雇佣的人而现在必须付出的代价。这是用一个提供同等服务来代替某个人的服务的重置成本。

三、人力资源成本的会计处理

人力资源成本应纳入无形资产进行核算。

(一) 人力资源账户设置

人力资源入账价值不仅要反映企业的实际投资成本，更要反映企业的实际投资成本，即企业为取得、开发、使用人力资源付出的代价，更要反映人力资源的公允价值。因此在“无形资产”下增设“人力资产”这个二级科目，并在这个二级科目下分设两个三级科目:“实际成本”和“公允价值调整差额”明细科目。其中公允价值调整差额等于公允价值减去实际成本两个账户之和，即为人力资源的公允价值，这样，“人力资产”账户既反映了公允价值，又反映了企业付出的实际成本。将人力资源价值分设这两个账户来反映缘于下面两个理由：（1）人力资产由于人力资源年龄的增长以及知识的老化等原因会使其价值逐渐减少而需要进行摊销，而人力资源公允价值的本质是一种基于市场信息的一种评价，而非企业实际支出，不能将其全部价值进行摊销计入费用类科目，否则会造成费用不实。只有企业对人力资源的实际投资成本才能进行摊销并计入费用。(2) 作为人力资源的所有者——劳动者只能依据公允价值和实际成本之差额参与税后利润的分配。

(二) 人力资源的入账价值

人力资源入账价值的确认，最常用的计量方法有两种：未来工资报酬折现法和未来收益折现法。

1. 未来工资报酬折现法

未来工资报酬折现法是将一个职工从录用到因退休或死亡停止支付报酬为止预计支付的报酬，按一定的折现率折成现值，作为人力资源价值。这实际上反映了人力资源的交换价值。根据马克思的理论，交换价值是商品价值的表现形式，价值是交换价值的内容和基础。所以，排除市场供求关系的影响，交换价值是可以反映人力资源价值的。以这种方法确定人力资源价值符合谨慎性原则。

2. 未来收益折现法

未来收益折现法是一种计量人力资源群体价值的方法，这种方法的依据是：人力资源的价值在于它能提供未来收益，因此将企业各期未来收益折现，然后按人力资源的投资占全部投资的比例求出人力资源所创造的剩余价值。

(三) 人力资源的账务处理

人力资源的会计核算应分类进行，分为劳动者、中级技术和管理人员、高级技术和管理人员、特别关键性人员（具体指总经理、总会计师、总工程师等人）四类。

1. 人力资源视作劳动者对企业的无形资产投资人力资源，增加时按其公允价值入账，同时，按公允价值与企业的实际投资成本之差额贷记“实收资本”。

借：无形资产——人力资产（实际成本）

　贷：实收资本（公允价值调整差价）

　　　银行存款

2. 摊销价值的会计处理

首先应计算年摊销额，其公式为：

人力资源实际成本年摊销额 = 人力资源实际成本/职工预计工作年限

人力资源实际成本月摊销额 = 人力资本实际成本年摊销额/12

每月摊销时：

借：管理费用——人力资源摊销

　贷：无形资产——人力资产（实际成本）

3. 人力资源减少的会计处理

因企业职工离职、退休、死亡等原因会导致人力资源减少，此时应做如下处理：

若企业实际成本已摊销完毕，则：

借：实收资本

　贷：无形资产——人力资产（公允价值调整差）

若企业实际成本未摊销完，则：

借：其他业务成本

贷：无形资产——人力资产（实际成本）

同时：

借：实收资本

贷：无形资产——人力资产（公允价值调整差额）

若收到离职职工违约金，则：

借：库存现金

贷：其他业务收入

4. 参与分配的会计处理

现行会计制度规定：工资记入成本、费用，所以，企业的税后利润已不包括分配给职工的工资部分。因此，人力资源参与分配时应扣除已分配的利润部分。即：年末人力资源实际应分配的利润部分＝［（可供分配的税后利润＋工资总额）÷实收资本］×（人力资本/实收资本）－工资总额。在“利润分配”账户下增设“提取人力资源盈余公积”“人力资源未分配利润”账户；在盈余公积账户下增设“人力资源盈余公积”；增设“人力资源分红”账户，反映企业实付给劳动者的实际利润数。

第五节　资源消耗成本会计

一、资源消耗成本会计的概念

资源消耗成本会计将成本（资源）要素分配于成本（资源）中心，成本中心是按下述标准定义的：

（1）该中心必须有可识别的、可计量的产出以及相应的可识别的、可区分成本；

（2）产出必须是重复的并且依计划而定的；

（3）中心的成本、技术、资源类型和工作是相似的；

（4）成本中心的规模是有限的并且在地理上是紧凑的；

（5）有一个管理者对成本中心负责，尽管他可以对多于一个中心负责；

资源可以包括在一个集合中作为初级成本，通过直接法追踪，或者作为次级成本，通过动因进行分配。在成本中心，成本要素被分为固定和变动部分。这种划分有助于成本依具体情况进行分配。固定资源的剩余能力是不分配的。

资源消耗会计的灵活性反映在其成本模型会根据经营环境的变化及时做出调整。同时它可以与企业其他相关管理系统有机的集成。资源消耗会计方法的全面性反映在其关注的是资源上，但也包括了 ABC、ABM、变动成本法、完全成本法、实际成本法、标准成本、完整的分行业损益表、作业基础资源计划、主要成本、次要成本等。通常资源消耗成本会计应用于企业 ERP 系统以便更好地与成本管理原理融合。

二、资源消耗成本会计的核算

资源消耗会计理论的基础是由三个重要的概念或要素组成的。它们分别是：资源的透析、量化方法的使用以及成本属性。

第一，资源消耗成本会计关注的基础是资源。资源归集组在资源消耗会计理论中指的是所有的资源（包括服务于资源的成本）。资源消耗成本会计认为一些资源的存在就是为了服务于其他资源。所以它们的成本需要按那些消耗它们的资源来分配。按照这种要求资源消耗成本会计中的资源会全部成本化。

需要对所有由资源归集组和消耗主体之间产生的消耗关系所形成的成本动因加以明确（包括作为资源消耗主体的作业和资源归集组）。这就要求对这种因果关系进行分析以便对操作成本的分配给予正确的反映。

以资源为主导的资源消耗会计理论对能力的计量也有一些要求:(1) 定义和管理能力所处的位置；(2)通过完全揭示使能力过剩/闲置能力更加可视、透明，但不能轻率地将其分配到产品和其他成本对象上；(3)同时保持在分配公式中作为分母的产量所使用的产能供应概念的一贯性（如，理论和实践的产能）。

同时资源消耗成本会计也允许制定特殊的程序来实现作业成本法或以作业成本为主导。该程序要保证 ABC 成本管理理念在使用中的一致性。现在存在多种 ABC 的版本和实施方法，所以不同的应用所得出的结果迥然不同。在赞同资源消耗是成本发生的基础这一事实的同时，资源消耗成本会计也认识到 ABC 系统的正确应用所带来的益处。

第二，资源消耗成本会计使用产出量化方法来建立资源组。它通过定义资源消耗的关系来减弱和成本价值的关系。资源消耗成本会计衡量资源产出的计量单位而不是货币单位。这样量化后的资源可以进行成本分配。

资源消耗成本会计的量化方法对资源的消耗和成本的分配做出了明确的区分。对两者的区分有助于消耗量和价值之间的差异分析。

第三，资源消耗成本会计认识到成本具有双重属性。一是成本在资源消耗中要么固定要么变动的自然属性。二是变动成本属性在资源消耗时点的可变性。资源按比例来供给时，它也可能会以固定成本的方式被消耗。所以，在成本分配过程中，对变动成本的处理应该按照消耗模式来判断，可能是变动也可能是固定的。相反，固定成本的自然属性在消耗模式中是不会改变的。

资源消耗会计的量化结构不仅提供产品/服务的成本方法而且还有助于预算和计划。资源消耗会计中的预算和计划功能被称为以作业为基础的资源计划，它包括以下四个步骤：

（1）为资源建立资源归集组层次和单位标准；

（2）为消耗主体建立资源产出消耗单位标准；

（3）制定资源产出消耗需求计划；

（4）将产出消耗需求计划转换为相应的货币价值。

三、资源消耗成本会计的评价

资源消耗成本会计可以满足企业对复杂经营环境的成本管理要求，并对其他成本管理系统做出重大的改进。正如许多公司在实施 ERP 系统来整合数据一样，资源消耗会计也在为成本管理提供一套可整合的解决方案。

资源消耗成本会计具有如下优点：(1) 适当地分配成本于特定的生产过程和产品中，从而实现更精确的成本分配，达到对资源消耗类型有更好的了解；(2)通过对成本更精确的分配获得仅利用相关成本进行资源规划的能力；(3)重置成本折旧的使用消除了对消耗类似资源和支持活动的类似产品的不平等的分配；(4)产品成本仅包括所耗用的资源的费用；(5)对于建立在未耗用的理论产能基础上的管理层来讲，过量或闲置的产能的数量变得可得；(6)仅建立在因果关系基础上的成本分配消除了分配到其他产品中的，建立在非相关变化基础上的成本；(7)非战略的降价以主观地把成本分配给特定产品的动机被消除；(8) 建立在特定成本内在本质基础上的资源消耗成本，增强了管理层理解资源内在关系以及使用现有信息进行决策的能力。

本章小结

资本成本会计认为，企业使用的各种资本成本都应像生产成本一样计算，从企业收入中扣除，以确定企业利润。也就是说，利息费用既有属于债务资本成本的部分，也有属于权益资本成本的部分。权益资本成本属于隐含成本，而债务资本则与直接材料成本、直接人工成本、间接费用等一样属于显现成本。

质量成本会计是以质量成本为核心内容的会计核算与管理体系，其基本内容是：通过事前的最佳质量成本决策、日常的质量成本控制，以及事后的质量成本核算与分析三个环节来加强质量成本管理。质量成本会计核算是将质量成本纳入会计核算体系，按照质量成本开支范围的规定，采用会计方法，对生产经营过程中发生的质量成本进行归集、分配与计算的方法。

根据定义，环境成本的内容通常应包括：①用于弥补已发生的环境损失所导致的环境性支出；②用于维护环境现状的环境性支出；③用于预防未来可能出现的不良环境后果的环境性支出。

“人力资源成本”这一概念是从一般的成本概念中推演出来的，人力资源成本会计是人力资源会计的组成部分。通常，人力资源成本包括五个方面，即人力资源的取得成本、人力资源的开发成本、人力资源的使用成本、人力资源的保障成本和人力资源的损失闲置成本。

资源消耗成本可以理解为自然资源的生成、开发、储存、使用、保护、恢复、替代、服务、更新和综合利用等环节所耗费的需要补偿的价值。相对于其他成本概念来说，资源消耗成本应当是一种比一般成本概念的内涵更为丰富、所涉及范围更加广泛的成本概念。

练习题

1. 什么是资本成本会计，其核算内容包括哪些？
2. 什么是质量成本会计，质量成本会计包括哪些？
3. 环境成本会计是在什么背景下提出来的，环境成本核算的意义表现在哪些方面？
4. 简述人力资源成本会计的发展历程。人力资源成本会计的核算内容是什么？
5. 对自然资源成本进行确认与计量的意义表现在哪些方面？

参考文献

[1] 中国注册会计师协会．会计．北京：中国财政经济出版社，2011.

[2] 李金泉，郭小金，张绪军．成本会计．北京：中国财政经济出版社，2007.

[3] 全国会计专业技术资格考试领导小组办公室．成本会计．北京：中国物价出版社，1995.

[4] 崔国萍．成本管理会计．北京：机械工业出版社，2010.

[5] 赵书和．成本与管理会计．北京：机械工业出版社，2010.

[6] 冯浩，刘克自．成本会计理论与实务（第二版）．北京：清华大学出版社，2010.

[7] 万寿义，任月君．成本会计（第二版）．大连：东北财经大学出版社，2010.

[8] 吴丽新，于北方．新编成本会计．大连：大连理工大学出版社，2009.

[9] 马英华，张卫红．成本核算岗位实用技能与技巧．北京：中国财政经济出版社，2008.

[10] 侯邦君，等．成本会计．济南：山东人民出版社，2009.

[11] 万寿义，等．成本会计．大连：东北财经大学出版社，2007.

[12] 陈汉文．成本管理．北京：高等教育出版社，2008.

[13] 高志勇．ABC 理论与实施．北京：人民大学出版社，2002.

[14] 吴大军．管理会计．大连：东北财经大学出版社，2007.

[15] 陈良华．成本会计习题与案例．大连：东北财经大学出版社，2009.

[16] 曾繁荣．成本会计．大连：东北财经大学出版社，2009.

[17] 田雪峰．成本会计前沿——资源消耗会计．http：//www. anylunwen. com，2008.

[18] http：//lw. chinaue. com（中国大学生网）.

图书在版编目(CIP)数据

成本会计/吴再芳主编 .—成都：西南财经大学出版社，2011.5
(2012.12 重印)
ISBN 978-7-5504-0244-7

Ⅰ.①成… Ⅱ.①吴… Ⅲ.①成本会计—教材 Ⅳ.①F234.2

中国版本图书馆 CIP 数据核字(2011)第 067516 号

成本会计

主　编:吴再芳
副主编:朱宝安　陈星平　苏翠莲

责任编辑:孙　婧　罗　丹
封面设计:何东琳设计工作室
责任印制:封俊川

出版发行	西南财经大学出版社(四川省成都市光华村街 55 号)
网　　址	http://www.bookcj.com
电子邮件	bookcj@foxmail.com
邮政编码	610074
电　　话	028-87353785　87352368
印　　刷	四川森林印务有限责任公司
成品尺寸	185mm×260mm
印　　张	15.5
字　　数	335 千字
版　　次	2011 年 7 月第 1 版
印　　次	2012 年 12 月第 2 次印刷
印　　数	3001—6000 册
书　　号	ISBN 978-7-5504-0244-7
定　　价	29.80 元